Dorothea Meyer-Liedholz (Hrsg.)

Geschichtenkiste

TVZ

reformierte
kirche kanton zürich
religionspädagogisches gesamtkonzept rpg

Dorothea Meyer-Liedholz (Hrsg.)

Geschichtenkiste

Neue Geschichten für minichile,
3. Klass-Unti und Club 4

TVZ

reformierte
kirche kanton zürich
religionspädagogisches gesamtkonzept rpg

Wo nicht anders nachgewiesen, werden Bibelstellen nach der Zürcher Bibel (2007) zitiert.
© Verlag der Zürcher Bibel beim Theologischen Verlag Zürich

Bibliografische Informationen der Deutschen Nationalbibliothek
Die Deutsche Nationalbibliothek verzeichnet diese Publikation in der Deutschen Nationalbibliografie;
detaillierte bibliografische Daten sind im Internet über http://dnb.dnb.de abrufbar.

Illustrationen Umschlag und Innenteil
Tanja Stephani

Gestaltung, Layout und Satz
Druckerei Zollinger AG, Adliswil; Juerg Giger, Scantop AG, Sargans

Druck
AZ Druck und Datentechnik GmbH, Kempten

© 2016 Theologischer Verlag Zürich, www.tvz-verlag.ch
Evangelisch-reformierte Landeskirche des Kantons Zürich, www.zh.ref.ch
ISBN 978-3-290-17875-8

Alle Rechte, auch die des auszugsweisen Nachdrucks, der fotografischen und audiovisuellen Wiedergabe,
der elektronischen Erfassung sowie der Übersetzung, bleiben vorbehalten.
Zum Schutz des Urheberrechts siehe www.fair-kopieren.ch.

Biblische Geschichten wollen immer wieder neu erzählt werden. So können Kinder aus ihnen Hoffnung und Kraft schöpfen, um den eigenen Weg unter die Füsse zu nehmen. Die *Geschichtenkiste* enthält ausgewählte Geschichten eines Erzählprojekts, zu dem die reformierte Kirche Zürich eingeladen hat: Katechetinnen und Katecheten sowie Geschichtenschreiberinnen und -schreiber erzählen neue Geschichten zu Themen der Zürcher Lehrmittel vom 2. bis zum 4. Schuljahr. Entstanden sind 44 altersgerechte Geschichten mit z.T. überraschenden Erzählperspektiven: Geschichten aus der Praxis für die Praxis des kirchlichen Unterrichts. Der Geschichtenpool ergänzt die *Zürcher Unterrichtshilfen*, kann aber auch in Familiengottesdiensten Verwendung finden.

Konzipiert wurde das Erzählprojekt von der Steuergruppe mit Katharina Sigel, Sabine Stückelberger und Dorothea Meyer-Liedholz. Die Mitglieder der Jury, bestehend aus Eva Ebel, Markus Fässler, Bettina Lichtler Steck, Andreas Maurer, Sabine-Claudia Nold, Christa Schmid, Sabine Stückelberger, haben die eingereichten Geschichten sorgfältig gelesen, diskutiert und diejenigen ausgewählt, die dann von der Herausgeberin in Zusammenarbeit mit den Autorinnen und Autoren redaktionell bearbeitet und für die Herausgabe vorbereitet wurden.

Wiederum danken wir Lisa Briner Schönberger, Lektorin und Co-Verlagsleiterin des Theologischen Verlags Zürich, die auch diesen Ergänzungsband der *Zürcher Unterrichtshilfen* aufmerksam und kompetent betreut hat.

Auch danken wir dem KiK-Verband für die freundliche Unterstützung des Erzählprojekts.

Unser besonderer Dank gilt den 22 Autorinnen und Autoren, die ihre Geschichten mit Freude, Einfühlungsvermögen und Tiefgang erzählt haben: Margrit Alija-Walder, Mirjam Fisch-Köhler, Susanne Gugger, Barbara Hefti, Andrea Herzog Kunz, Ralph Kunz, Ursula Kaufmann, Anita Keiser, Roswith Krummenacher, Irène Lehmann-Gysin, Doris Müller, Jens Naske, Nadja Papis-Wüest, Karin Pfister, Esther Ramp, Manuela Raschle-Kundert, Regina Sauer, Lukas Spinner, Sabine Stückelberger, Felix Studer-Wehren, Rahel Voirol-Sturzenegger, Sandra Wey-Barth.

Zürich, im August 2016
Dorothea Meyer-Liedholz (Hrsg.)
im Auftrag der Reformierten Kirche Zürich

Inhalt

Überblick: Sequenzen, Geschichten und kurze Inhaltsangabe 9

Geschichten für die minichile *Wir gehören zusammen* **(AH2)**

An(n)a und zweimal Fabian *Nadja Papis-Wüest* 15

Simon besucht seine Gotte *Esther Ramp* 17

Familie Meister und das Hochzeitsfest *Esther Ramp* 19

Marie und Luca feiern Hochzeit *Regina Sauer* 21

Das blaue Katzenkissen *Nadja Papis-Wüest* 25

Der Engel bringt Maria eine Botschaft *Anita Keiser* 27

Andreas und Simeon warten auf den Retter *Rahel Voirol-Sturzenegger* 29

Wenn Hirten zu Königen werden *Nadja Papis-Wüest* 31

Der zwölfjährige Jesus im Tempel *Anita Keiser* 33

In der Wüste: Erinnerung an den Auszug aus Ägypten *Anita Keiser* 37

Die Prophetin Mirjam singt und tanzt *Mirjam Fisch-Köhler* 39

Manna *Anita Keiser* 41

Grossvater, Franz und die Schöpfung *Doris Müller* 43

Geschichten für den 3. Klass-Unti *Wir leben Kirche* **(AH3)**

Jesus segnet die Kinder *Irène Lehmann-Gysin* 51

Simon, Natan und die Taufe des Johannes *Susanne Gugger* 53

Wasser ist Leben *Nadja Papis-Wüest* 55

Das kostbare Buch *Lukas Spinner* 57

Aus Kleinem entsteht Grosses *Barbara Hefti* 59

Was ist Gottes Wille? *Barbara Hefti* 61

Noomi und Rut *Anita Keiser* 63

Der Engel mit dem Zaubersack *Lukas Spinner* 67

Eine Oster-Steingeschichte *Sabine Stückelberger* 71

Fisch und Brot – eine Ostergeschichte *Sabine Stückelberger* 73

Der Oberzöllner Zachäus *Jens Naske* 75

Ein Besuch, der das Leben von Zachäus verändert *Manuela Raschle-Kundert* 79

Hat Tikwa umsonst gehofft? *Felix Studer-Wehren* 81

Bei Jesus werden alle satt *Mirjam Fisch-Köhler* 83

Ein wundersamer Ausflug *Karin Pfister* 85

Pfingsten – ein stürmischer Neuanfang *Sabine Stückelberger* 87

Warum nicht ich? *Lukas Spinner* 89

Geschichten für den Club 4 *Wir entdecken die Bibel* **(AH4)**

Levi und die Juden im babylonischen Exil *Ursula Kaufmann* 93

Der Sprung aus dem Paradies *Margrit Alija-Walder* 97

Hoch – höher – am höchsten *Margrit Alija-Walder* 101

David, der Hirt *Roswith Krummenacher* 105

König David gibt das Zepter weiter *Margrit Alija-Walder* 107

Jesus kommt in seine Heimatstadt zurück *Anita Keiser* 111

Die ersten Jünger *Anita Keiser* 113

In Gottes Welt gelten andere Regeln *Rahel Voirol-Sturzenegger* 115

Der Himmel über Lea *Sandra Wey-Barth* 119

Heilsame Begegnungen am Sabbat *Barbara Hefti* 121

Streng geheim! *Ursula Kaufmann* 123

Vom Kreuz zum Lebensbaum *Rahel Voirol-Sturzenegger* 127

Ein Haupt und viele Glieder *Andrea Herzog Kunz, Ralph Kunz* 129

Das Mahl in Korinth *Jens Naske* 133

Stichwortverzeichnis 136

Verzeichnis der Bibelstellen 140

Autorinnen und Autoren und ihre Geschichten 142

Literaturtipps für kreative Methoden und Gestaltungsformen des Erzählens 143

Buchtipp *Buchstabe für Buchstabe* 144

Die *Zürcher Unterrichtshilfen:* **Alle Arbeitshilfen und Begleitmaterialien** 145

Überblick:
Sequenzen, Geschichten und kurze Inhaltsangaben

Geschichten für die minichile *Wir gehören zusammen* (AH2)

Sequenz in AH2	Titel der Geschichte	Seite	Inhalt in aller Kürze
AH2 / 1 / 2 Ich gehöre dazu	An(n)a und zweimal Fabian	15	Anna und ihre Freunde erleben ihre erste Untistunde.
	Das Mahl in Korinth	133	Als der Tagelöhner Quintus müde und hungrig zur Versammlung der Christen kommt, sind die Platten schon wieder leer gegessen. Quintus findet Unterstützung durch Priscilla.
	Ein Haupt und viele Glieder	129	Phoebe, Tochter eines Sklaven in Korinth, findet es ungerecht, dass die Reichen mit dem Essen vor dem Gottesdienst nicht auf die Sklaven warten. Und sie wird aktiv.
AH2 / 2 / 2 Wir begegnen Menschen, die für die Kirche arbeiten	Simon besucht seine Gotte	17	Simon erhält Einblick in den Berufsalltag einer Pfarrerin, eines Sigrists und einer Organistin.
AH2 / 2 / 3 In der Kirche feiern wir	Familie Meister und das Hochzeitsfest	19	Familie Meister ist an die Hochzeit von Anita und Kevin eingeladen.
	Marie und Luca feiern Hochzeit. Eine romantische Geschichte zu den Bildern von M10	21	Die Liebesgeschichte von Marie und Luca wird in 8 Textbausteinen passend zur Bildergeschichte erzählt.
AH2 / 2 / 4 In der Kirche nehmen wir Abschied	Das blaue Katzenkissen	25	Daria beerdigt zusammen mit ihrer Familie ihre Katze Pablito, die von einem Auto überfahren wurde.
AH2 / 3 / 1 Der Engel bringt Maria eine Botschaft	Der Engel bringt Maria eine Botschaft	27	Der Engel überbringt Maria eine Botschaft, die ihr Leben verändern wird.
AH2 / 3 / 2 Die Menschen warten	Andreas und Simeon warten auf den Retter	29	Der alte Simeon ist überzeugt: Der Retter, auf den Andreas wartet, wird anders sein, als er ihn sich vorstellt.
AH2 / 3 / 4 Die Hirten auf dem Feld	Wenn Hirten zu Königen werden	31	Gerade den verachteten Hirten verkündet der Engel zuerst die Geburt des Retters der Welt.
AH2 / 3 / 6 Der zwölfjährige Jesus im Tempel	Der zwölfjährige Jesus im Tempel	33	Nach verzweifelter Suche finden Maria und Josef ihren zwölfjährigen Sohn im Tempel, wo er mit Schriftgelehrten diskutiert.
AH2 / 4 / 3 Das Volk Israel in Ägypten	Die Prophetin Mirjam singt und tanzt	39	Auf dem Weg ins versprochene Land ermuntert Mirjam das Volk Israel, in Gefahren nicht aufzugeben, sondern auf Gottes Hilfe zu vertrauen.
	In der Wüste: Erinnerung an den Auszug aus Ägypten	37	Die Mutter erzählt Tabea vom Auszug aus Ägypten. Das gibt neuen Mut für den gefahrenvollen Weg durch die Wüste.
AH2 / 4 / 4 Mose und der brennende Dornbusch	Die Prophetin Mirjam singt und tanzt	39	Auf dem Weg ins versprochene Land ermuntert Mirjam das Volk Israel, in Gefahren nicht aufzugeben, sondern auf Gottes Hilfe zu vertrauen.
AH2 / 4 / 5 Mirjam tanzt und singt	Die Prophetin Mirjam singt und tanzt	39	Auf dem Weg ins versprochene Land ermuntert Mirjam das Volk Israel, in Gefahren nicht aufzugeben, sondern auf Gottes Hilfe zu vertrauen.
	In der Wüste: Erinnerung an den Auszug aus Ägypten	37	Die Mutter erzählt Tabea vom Auszug aus Ägypten. Das gibt neuen Mut für den gefahrenvollen Weg durch die Wüste.
AH2 / 4 / 6 Gott begleitet in der Unzufriedenheit	In der Wüste: Erinnerung an den Auszug aus Ägypten	37	Die Mutter erzählt Tabea vom Auszug aus Ägypten. Das gibt neuen Mut für den gefahrenvollen Weg durch die Wüste.
	Manna	41	Joel meckert über das eintönige Essen. Seine grosse Schwester Tabea erzählt von einer Zeit, als das Volk gar nichts zu essen hatte.
AH2 / 5 Gottes schöne Welt	Grossvater, Franz und die Schöpfung	43	Franz und sein Grossvater verbringen eine herrliche Woche in den Bergen. Gemeinsam entdecken sie dort Gottes schöne Welt.

Geschichten für den 3. Klass-Unti *Wir leben Kirche* (AH3)

Sequenz in AH3	Titel der Geschichte	Seite	Inhalt in aller Kürze
AH3 / 1 / 3 Meine Taufe	Jesus segnet die Kinder	51	Auch Salome, die grosse Tochter von Susanna, bekommt den Segen.
AH3 / 1 / 4 Die Taufe von Jesus	Simon, Natan und die Taufe des Johannes	53	Die Geschichte einer Taufe, die das Leben von Natan und Simon verändert.
AH3 / 1 / 5 Wasser	Wasser ist Leben	55	Plötzlich steht er da, der kleine Tropfenmann, und lädt die Untikinder zu einem Ausflug der besonderen Art ein.
AH3 / 1 / 6 Psalm 23 – Gott führt zum Wasser	David, der Hirt	105	Der Hirt David sorgt für seine Schafherde und beschützt sie. Eine Geschichte, die vom Leben eines Hirten erzählt.
AH3 / 2 / 2 Geheiligt werde dein Name	Das kostbare Buch	57	Die Grosseltern denken sich etwas Besonderes aus, um herauszufinden, welcher Familie sie die alte Bibel schenken sollen.
AH3 / 2 / 3 Dein Reich komme	Aus Kleinem entsteht Grosses	59	Manchmal braucht es nicht viel, dass sich eine unerträgliche Situation verändert: eine Engelsbohne und einen Jungen namens Sam.
AH3 / 2 / 4 Dein Wille geschehe	Was ist Gottes Wille?	61	Robins Grossvater ist sehr krank und liegt im Spital. Zusammen mit seiner Mutter besucht Robin ihn und erfährt, dass Gott Gutes will.
AH3 / 2 / 5 Unser tägliches Brot gib uns heute	Noomi und Rut	63	Noomi und ihre moabitische Schwiegertochter Rut finden in der neuen Heimat nicht nur das tägliche Brot, sondern auch eine neue Heimat.
AH3 / 2 / 7 Und führe uns nicht in Versuchung	Der Engel mit dem Zaubersack	67	Der Engel Fridolin geht eine Woche auf die Erde und hilft Kindern, die auf dumme Gedanken kommen.
AH3 / 3 Abendmahl	Das Mahl in Korinth	133	Als der Tagelöhner Quintus müde und hungrig zur Versammlung der Christen kommt, sind die Platten schon wieder leer gegessen. Quintus findet Unterstützung durch Priscilla.
AH3 / 3 / 1 Palmsonntag – Karfreitag – Ostern	Eine Oster-Steingeschichte	71	Aus einem hochmütigen Granitblock, der grosse Pläne hat, wird der Grabstein von Jesus.
	Fisch und Brot – eine Ostergeschichte	73	Die Jünger wissen nicht, wie das Leben ohne Jesus weitergehen soll. Da begegnet ihnen der Auferstandene am See Gennesaret.
AH3 / 3 / 4 Zachäus	Der Oberzöllner Zachäus	75	Kein Durchkommen für den unbeliebten Oberzöllner von Jericho! Dennoch kommt es zu einer überraschenden Begegnung mit Jesus.
	Ein Besuch, der das Leben von Zachäus verändert	79	Der Rabbi Jesus kommt in die Stadt. Den will Zachäus unbedingt sehen. Eine Geschichte, die mit einfachen Mitteln inszeniert wird.
	Hat Tikwa umsonst gehofft?	81	Die Zachäus-Geschichte wird aus der Perspektive eines mutigen Mädchens erzählt – mit einem überraschenden Schluss.
AH3 / 3 / 6 Fünf Brote und zwei Fische	Bei Jesus werden alle satt	83	In Timons Bündel sind fünf Brote und zwei Fische. Die bringt er zu Jesus. Denn die Menschen haben Hunger.
	Ein wundersamer Ausflug	85	Die Geschichte einer Schulreise, die wunderbar zur Speisung der fünftausend passt.
AH3 / 4 / 1 Das Pfingstfest	Pfingsten – ein stürmischer Neuanfang	87	Im Haus der Jesus-Leute geht Ungewöhnliches vor sich: Gottes heilige Geistkraft erfasst die mutlosen Frauen und Männer. Das verändert ihr Leben und auch das von Michael.
AH3 / 4 / 3 Mut zum Brückenbauen	Warum nicht ich?	89	Mirjam und Chantal waren einmal beste Freundinnen. Wie es zur Versöhnung kommt, und das nicht nur bei den Mädchen, davon erzählt diese Geschichte.
AH3 / 4 / 4 Die goldene Regel	Warum nicht ich?	89	Mirjam und Chantal waren einmal beste Freundinnen. Wie es zur Versöhnung kommt, und das nicht nur bei den Mädchen, davon erzählt diese Geschichte.

Geschichten für den Club 4 *Wir entdecken die Bibel* (AH4)

Sequenz in AH4	Titel der Geschichte	Seite	Inhalt in aller Kürze
AH4 / 1 / 4 Die Bibel entsteht	Levi und die Juden im babylonischen Exil	93	Eigentlich möchte Levi viel lieber zu den Babyloniern gehören. Armselig erscheinen ihm die alten Erzählungen seines jüdischen Volks. Die Geschichte einer Identitätsfindung.
AH4 / 1 / 7 Ist die Bibel wahr?	Levi und die Juden im babylonischen Exil	93	Eigentlich möchte Levi viel lieber zu den Babyloniern gehören. Armselig erscheinen ihm die alten Erzählungen seines jüdischen Volks. Die Geschichte einer Identitätsfindung.
AH4 / 2 / 4 Die Menschen werden selbständig	Der Sprung aus dem Paradies	97	Die Viertklässlerin Evi ist abenteuerlustig. Sie will allein in der Dunkelheit den Sihlwald erleben. Eine Geschichte vom Reiz und vom Risiko der Selbständigkeit.
AH4 / 2 / 6 Gute Beziehung will geübt sein	Hoch – höher – am höchsten	101	Für Jamling geht ein Traum in Erfüllung: Er darf den höchsten Berg der Welt besteigen. Damit das gelingt, braucht es Hilfsbereitschaft, Rücksichtnahme, Ehrfurcht und Geduld.
AH4 / 3 / 1 Der Hirtenjunge David	David, der Hirt	105	Der Hirt David sorgt für seine Schafherde und beschützt sie. Eine Geschichte, die vom Leben eines Hirten erzählt.
AH4 / 3 / 6 Leben im Vertrauen auf Gott (Psalm 103)	König David gibt das Zepter weiter	107	König David ist alt geworden und blickt auf ein bewegtes Leben zurück. Nun ist es an der Zeit, Abschied zu nehmen.
AH4 / 4 / 1 Den kennen wir doch!	Jesus kommt in seine Heimatstadt zurück	111	Jesus kehrt in seine Heimatstadt Nazaret zurück. Doch die Leute begegnen Jesus mit Skepsis, Spott, ja Aggression. Da kann Jesus nicht zeigen, wer er ist.
AH4 / 4 / 2 Soll ich mit ihm gehen?	Die ersten Jünger	113	Enttäuscht wollen die drei Fischer nach Hause gehen, denn sie haben nichts gefangen. Doch da treffen sie Jesus. Und ihr Vertrauen wird belohnt.
AH4 / 4 / 3 Was Jesus sagt, tut gut!	In Gottes Welt gelten andere Regeln	115	Im Unti hat Carla von Gottes Reich gehört. Sie denkt über Erfahrungen von Ausgrenzung und Dazugehören nach. Eine Geschichte von Inklusion, die im Kleinen beginnt.
AH4 / 4 / 4 Jesus erzählt Gleichnisse	Aus Kleinem entsteht Grosses	59	Manchmal braucht es nicht viel, dass sich eine unerträgliche Situation verändert: eine Engelsbohne und einen Jungen namens Sam.
AH4 / 4 / 5 Jesus richtet auf	Der Himmel über Lea	119	Das Leben ist schwer für die schmerzgeplagte Lea. Trotzdem will sie Jesus sehen. Er berührt nicht nur ihren kranken Körper, sondern auch ihre dürstende Seele.
	Heilsame Begegnungen am Sabbat	121	An einem Sabbat wird die Sabbatruhe eines Dörfchens gestört: Nahum tränkt die Ochsen und Jesus heilt Hanna. Wann darf man das Gesetz brechen?
AH4 / 5 / 1 Ein besonderer Fisch	Streng geheim!	123	Die Geschichte ist eine Zeitreise in eine Zeit, in der Christen verfolgt wurden. Eine spannende Geschichte, die in Damaskus im Jahr 253 n. Chr. spielt.
AH4 / 5 / 2 Was das Kreuz bedeuten kann	Vom Kreuz zum Lebensbaum	127	Welche Bedeutung kann das Kreuz haben? Stefan entdeckt auf dem Grabkreuz des Grossvaters blühendes Moos. Das alte Holzkreuz ist zum Lebensbaum geworden.
AH4 / 5 / 3 Wir leben in Gemeinschaft (Symbol Leib)	Ein Haupt und viele Glieder	129	Phoebe, Tochter eines Sklaven in Korinth, findet es ungerecht, dass die Reichen mit dem Essen vor dem Gottesdienst nicht auf die Sklaven warten. Und sie wird aktiv.
	Das Mahl in Korinth	133	Als der Tagelöhner Quintus müde und hungrig zur Versammlung der Christen kommt, sind die Platten schon wieder leer gegessen. Quintus findet Unterstützung durch Priscilla.

Geschichten für die minichile
Wir gehören zusammen (AH2)

An(n)a und zweimal Fabian

Nadja Papis-Wüest

Zum Inhalt: Nach dem Sommerferien beginnt für Anna, Fabian, Fiona und Etienne das 2. Schuljahr, das viel Neues bringen wird, z. B. den kirchlichen Unterricht. Die vier sind ein wenig aufgeregt, denn in den Unti kommen auch Kinder aus einem anderen Schulhaus. Und wie ist das so im Unti? Was macht man da? Die Geschichte erzählt von der ersten Untistunde, in der sich die Kinder kennenlernen und merken: Wir gehören zusammen.
Biblischer Bezug: Mt 18,20
Stichwörter: Gemeinschaft, Kirche heute, Rituale, Schule, kirchlicher Unterricht, Zusammengehörigkeit
Bezug zur Arbeitshilfe: AH2 / 1 Wir gehören zusammen / 2 Ich gehöre dazu
Erzählzeit: 13'
Hinweise zur Gestaltung: Jede Untigruppe ist wieder anders, die Kindergruppe und die Katechetin/der Katechet, der Ort und der Zeitpunkt des Untis sowie die Gestaltung. Deshalb ist die Geschichte «An(n)a und zweimal Fabian» als Anregung gedacht, die eigene Unti-Situation erzählerisch auszugestalten, die Kinder bei ihren Erfahrungen und Erlebnissen abzuholen und einen Ausblick auf das Schuljahr zu geben.

Am Morgen ist Anna früh erwacht. Heute geht endlich die Schule wieder los! Und endlich ist sie in der zweiten Klasse! Anna springt aus dem Bett. Nur noch schnell das Zmorge. «Mami, wann kann ich gehen?», will Anna wissen. Kaum hat sie die Frage gestellt, läutet es schon unten an der Tür. «Das ist Fiona, sie kommt mich abholen!», ruft Anna, schwingt sich den Schulthek auf den Rücken und rennt bereits die Treppe hinab. Ihre Mutter schüttelt nur den Kopf. Unten begrüsst Anna ihre Freundin, und schon sind die beiden zur Tür hinaus. Annas Mutter kann nur noch schnell «Tschüss» hinterherrufen. Auf dem Schulweg erzählen sich die Mädchen von den langen Ferien und holen Fabian ab, der oben an der Strasse an der Ecke wohnt. Fabians Grossvater steht in der Tür, denn er schaut heute nach seinem Enkel. Fabian freut sich schon jetzt aufs Mittagessen, das sein Grossvater kochen wird: Älplermagronen! Niemand macht die so gut wie er.

Auf dem Pausenplatz angekommen, feiern alle das Wiedersehen. «He, danke für die Postkarte!», ruft Etienne Fabian zu. Da stupst Fiona Anna an: «Schau mal, dort drüben sind die Erstklässler! Jöö, sind die klein!» Alle sind sich einig: So klein und vor allem so schüchtern waren sie als Erstklässler nicht. Doch Etiennes ältere Schwester Daria grinst: «Natürlich wart ihr auch so, aber jetzt seid ihr eben nicht mehr die Kleinsten.» Plötzlich löst sich aus der Schar der Erstklässler ein Mädchen, rennt auf Fiona zu und fällt ihr lachend um den Hals. Es ist Nora. Sie waren zusammen im Kindergarten. Fiona war das «Kindergarten-Gotti» von Nora. Es ist ein schönes Wiedersehen, aber auch ein wenig merkwürdig. Der Kindergarten und die Freundschaft mit Nora sind schon so lange her. Fiona hat jetzt ihre Freundinnen hier in der zweiten Klasse. Erleichtert sieht sie, wie Noras Mutter das Mädchen ruft, sie müssen in den Saal, wo es eine Begrüssungsfeier für die Erstklässlerinnen und Erstklässler gibt. Auch das ist lange her. Fiona erinnert sich genau: Dort hat sie ihre Lehrerin das erste Mal gesehen. Unglaublich, jetzt kennt sie sie schon so gut.

«Freust du dich aufs Englisch?» Annas Frage reisst Fiona aus ihren Gedanken. «Ja, schon, aber ich freue mich noch viel mehr auf die Handarbeit», antwortet sie. Was werden sie wohl in diesem Jahr alles lernen? Und erleben?

Der erste Schultag vergeht wie im Flug und auch der zweite und der dritte. Am Donnerstag fragt Remo: «Du, Fabian, gehen wir zusammen heim? Ich bin heute im Hort, das ist auf dem Weg bei dir vorbei.» Fabian schüttelt den Kopf: «Nein, heute gehe ich nicht heim, wir haben noch Unti.» «Ah, von der Kirche? Den haben wir schon am Dienstag gehabt», meint Remo und verabschiedet sich. Er ist katholisch und darum schon seit der ersten Klasse im Unti.

Etienne und Fabian machen sich auf den Weg, aber sie sind ein wenig still. Wie wird es wohl in diesem Kirchenunti, fragt sich Etienne, müssen wir da die ganze Zeit still sitzen? Fabian denkt an das, was ihm sein Bruder vom Unti erzählt hat, aber er kann sich das alles noch nicht recht vorstellen. Die Mädchen gesellen sich zu ihnen. Anna meint: «Habt ihr gehört, auch die vom anderen Schulhaus kommen mit uns in den Unti! Wie sind die wohl so?» «Sicher nett!», meint Fiona, sie kennt nämlich schon jemanden: Corina, die mit ihr in die Mädchenriege geht. Und sie ist sehr nett. Sie will unbedingt neben ihr sitzen.

Nun sind sie da, im Untiraum. Die anderen sitzen schon im Kreis, und die Katechetin, Frau Meyer, die den Unti leitet, begrüsst sie freundlich. Alle stellen sich vor. Fiona hat sich gleich neben Corina gesetzt, und beide erwähnen bei der Vorstellungsrunde ihr gemeinsames Hobby, die Mädchenriege, natürlich nicht ohne zu lachen. Anna staunt: Das Mädchen, das ihr gegenübersitzt, heisst Ana – wie Anna, nur mit einem n weniger. Neugierig schaut sie sie an. Auch Fabian wundert sich: Er ist nämlich nicht der einzige Fabian hier, es gibt noch einen zweiten. Fürs Namenlernspiel müssen sie sich überlegen, wie sie unterschieden werden wollen. «Mir sagen alle sowieso nur Fabi, das können wir hier auch so machen», meint der andere Fabian.

Nach dem Spiel erklärt Frau Meyer das Anfangsritual, mit dem jede Untistunde beginnen wird: Immer ein Kind darf zuerst die Untikerze anzünden. Wer dran ist, das wird ausgelost. Heute zündet Frau Meyer selbst die Kerze an und zieht anschliessend gleich das Los fürs nächste Mal. «Corina ist dran!», liest sie auf dem Los. Dann bittet sie die Kinder, für das Anfangsgebet aufzustehen. In einer Schale liegen verschiedene Gebetskärtchen, Frau Meyer sucht sich ein grünes aus und betet vor: «Gott, du bist wie ein Hirt. Du führst uns und zeigst uns den Weg. Amen.» Auch ein Lied gehört zum Ritual. Anna freut sich, denn sie singt gern. Sie schaut zu Fabian hinüber, der singt nämlich gar nicht gern. Und tatsächlich, er verzieht das Gesicht. So ist das in einer Gemeinschaft, nicht alle mögen dasselbe.

(Hier liesse sich eine kleine Vorschau auf das gemeinsame Erleben und Lernen im kommenden Unti einfügen.)

«Heute habe ich euch etwas mitgebracht. Also, eigentlich habe ich es von euren Eltern», sagt Frau Meyer. Sie hat Babyfotos der Kinder von den Eltern bekommen. Die Kinder dürfen nun raten, wer wer ist. Bei einigen ist das sehr schwierig, andere erkennen sie sofort. Dann bekommt jedes Kind sein neues Untibuch, schreibt es gleich mit dem Namen an und klebt das Babyfoto ein. Und dann ist die Untistunde schon um.

Voller Eindrücke kommt Fabian nach Hause. Schon wieder riecht es wunderbar nach Älplermagronen. Sein Grossvater begrüsst ihn: «Wie war's in der Schule?» «Äh», zögert Fabian, «die Schule – ja, die war gut. So wie immer. Und heute hatten wir das erste Mal Unti in der Kirche.» «Hm, und wie war das?», fragt der Grossvater, während er noch den Salat und den Wasserkrug auf den Tisch stellt. «Habt ihr das Spiel mit der Zeitung gemacht?», fragt Fabians Bruder Robin. «Ja, das ist lässig!», begeistert sich Fabian. Robin ist viel älter als Fabian, er ist gerade aus dem Konflager zurückgekommen. Im nächsten Sommer wird er seine Konfirmation feiern. Acht Jahre lang war er nun mit den anderen aus seinem Jahrgang im Unti, manchmal sogar in Lagern und an Samstagen. Fabian hat das bisher nicht so interessiert, aber jetzt nimmt es ihn schon wunder, wie das so ist. «Die Gemeinschaft ist toll», sagt Robin. «Am Anfang kannte ich fast niemanden, wir waren ja erst gerade hierhergezogen. Aber jetzt kennen wir uns und haben viel gemeinsam erlebt! Manchmal ist es sehr lustig, vor allem wenn wir Spiele machen, aber manchmal ist es auch sehr ernst und manchmal auch ein wenig langweilig. Im Konfunti sprechen wir über Dinge, über die ich sonst mit niemandem rede.» Das kann sich Fabian nicht so recht vorstellen. «Für mich ist die Kirche sehr wichtig», mischt sich nun auch der Grossvater ein. «Nach dem Tod eurer Grossmutter habe ich dort eine Gemeinschaft gefunden, die mich trägt. Ich konnte einfach kommen, egal, wie es mir ging. Es gab andere Leute, die das Gleiche erlebt hatten. Und ich fand eine sinnvolle Beschäftigung.» «Kochen!», sagen Fabian und Robin wie aus einem Mund. «Genau, ich habe kochen gelernt, das hätte ich früher nie gedacht», schmunzelt der Grossvater. «Und jetzt koche ich am Mittagstisch Älplermagronen.» «So wie heute bei uns – an unserem ‹Mittagstisch›!», lacht Fabian.

Simon besucht seine Gotte

Esther Ramp

Zum Inhalt: Simons Gotte ist Pfarrerin in einer kleinen Gemeinde auf dem Land. Heute darf Simon sie besuchen und miterleben, was eine Pfarrerin, ein Sigrist und eine Organistin so alles tun. Am Schluss steht Simons Entschluss fest: Wenn ich gross bin, werde ich entweder Sigrist oder Pfarrer – oder vielleicht doch lieber Organist.
Biblischer Bezug: 1Kor 12,4–6
Stichwörter: Kirche heute, Kirchgemeindehaus, Organistin, Paten, Pfarrerin, Sigrist
Bezug zur Arbeitshilfe: AH2 / 2 Die Kirche – ein besonderes Haus / 2 Wir begegnen Menschen, die für die Kirche arbeiten
Erzählzeit: 12'

Ein Morgen in den Sommerferien. Simon ist gerade aufgewacht und dreht sich noch einmal im Bett um. Da hört er die Stimme seiner Mutter: «Simon, komm, es ist Zeit zum Aufstehen. Du hast doch nicht etwa vergessen, dass du heute deine Gotte besuchst?» Mit einem Satz springt Simon aus dem Bett. Ja, natürlich, heute darf er zu seiner Gotte Heidi fahren, die Pfarrerin in einer kleinen Gemeinde auf dem Land ist. Dort ist Simon gern, denn bei seiner Gotte gibt es immer etwas zu erleben. Simon ist schon in der zweiten Klasse. Deshalb darf er allein mit dem Zug fahren. Seine Gotte wird ihn am Bahnhof abholen, und für den Notfall hat Simon Mamas Handy dabei. Ein bisschen aufgeregt ist Simon schon, wenn er ehrlich ist.

Alles geht gut. Schon fährt der Zug in den Bahnhof ein. Tatsächlich, da steht Gotte Heidi mit ihrem roten Mantel und winkt fröhlich. Nach einer stürmischen Begrüssung fragt Simon: «Und, was machen wir heute?» Gotte Heidi lacht: «Mal langsam, junger Mann, lass dich überraschen. So viel kann ich dir schon sagen: Wir haben einiges vor. Zuerst gehen wir zu Frau Keller zum Gratulieren, denn sie hat heute Geburtstag. Sie wird neunzig Jahre alt.»

Frau Keller ist eine muntere alte Dame, die sich sehr über den Besuch freut. Immer wieder sagt sie: «Frau Pfarrerin, wenn ich gewusst hätte, dass Sie Ihren Göttibub mitbringen, dann hätte ich doch Gummibärchen besorgt. Nun habe ich gar nichts für den Jungen im Haus.» Simon ist froh, dass Frau Keller das nicht wusste, denn er hasst Gummibärchen. Und die belegten Laugenweggli schmecken wirklich nicht schlecht.

Auf dem Weg zum Pfarrhaus will Simon genau wissen, was eine Pfarrerin so den ganzen Tag macht. Er ist ganz erstaunt, als seine Gotte ihm erzählt, dass sie viele Stunden am Computer sitzt und Mails beantwortet oder Predigten schreibt, aber auch Leute besucht, mit der Katechetin das Kinderlager vorbereitet und mit Paaren Gespräche führt, die gern in der Kirche heiraten möchten. Manchmal kommen auch Leute, die ein Problem haben und jemanden zum Zuhören brauchen, einfach so vorbei. «Du, Simon, ich muss jetzt noch den Gottesdienst fertig vorbereiten», sagt Heidi, «ich bin gestern Abend einfach nicht fertig geworden. Hast du Lust, in der Zwischenzeit Herrn Hofer zu helfen? Er hat heute viel zu tun.» Und ob Simon Lust hat! Simon mag Herrn Hofer, den Sigristen der Kirchgemeinde. Herr Hofer ist schon etwas älter, hat einen grauen Bart und ist immer gut gelaunt. «Hallo, Simon», sagt er und streckt ihm die Hand entgegen, «wie schön, dass du gerade heute da bist. Es hat schon lange nicht mehr geregnet, und unsere Pflanzen und Büsche rund um die Kirche brauchen dringend Wasser.» Das lässt Simon sich nicht zweimal sagen. Herr Hofer schliesst den langen Schlauch an den Wasserhahn an, und los geht's. Wie ein richtiger Feuerwehrmann fühlt sich Simon. Der Wasserstrahl macht einen riesigen Bogen. Es ist nicht ganz einfach, genau den Boden unter den Büschen zu treffen. Simon ist so vertieft in seine Arbeit, dass er nicht merkt, dass Frau Hofer aus dem Kirchgemeindehaus kommt. «Iii», ruft sie, «das Wasser ist aber kalt!» Oh, Simon hat Frau Hofer aus Versehen nass gespritzt! Doch sie lacht und sagt: «Ich wollte dich nur fragen, ob du etwas frischen Holundersirup trinken magst. Der Sirup steht in der Küche. Ich muss mir jetzt erst einmal etwas Trockenes anziehen.»

In der Küche trifft Simon auf Herrn Hofer, und der hat gleich eine neue Aufgabe für Simon. «Hast du Lust,

minichile

17

mit mir die Tische im Kirchgemeindehaus zu decken? Wir haben nämlich heute Abend ein Fest.» Klar hat Simon Lust! Das Tischdecken ist aber gar nicht so einfach. Die gelben Tischsets müssen schön gerade liegen, ebenso die Messer, Gabeln und Löffel. Und die grossen Teller müssen aus der Küche geholt werden. Die sind ganz schön schwer: Bloss nicht fallen lassen! Simon hat sich das Tischdecken nicht so anstrengend vorgestellt. Beim Arbeiten erzählt Herr Hofer Simon, was ein Sigrist den ganzen Tag so macht. Er hat viel zu tun im Garten rund um die Kirche, muss Sachen reparieren oder die Handwerker bestellen, Anlässe vorbereiten und natürlich auch die Kirche für Gottesdienste, Abdankungen und Hochzeiten herrichten.
«Ich muss kurz hinüber in die Kirche», sagt Herr Hofer, «morgen ist ja Familiengottesdienst, da gibt es noch einiges vorzubereiten.» «Darf ich mitkommen? Ich war schon lange nicht mehr in der Kirche», fragt Simon. «Aber natürlich», lacht Herr Hofer, «du kannst mir helfen, den Blumenschmuck herzurichten. Ach, und Frau Brunner, unsere Organistin, kommt sicher jeden Moment und übt die Orgelstücke für morgen.»

Schon unter der Kirchentür ist Orgelmusik zu hören. Frau Brunner ist schon da. Herr Hofer und Simon gehen leise in die Kirche. Simon ist ganz beeindruckt von der schönen Musik. Sie gefällt ihm so gut, dass er noch ein paar Minuten mitten in der Kirche stehen bleibt und zuhört. Herr Hofer ist schon mit den Blumen beschäftigt.
Wenig später kommt Gotte Heidi in die Kirche. «Komm, Simon», sagt sie, «ich will dich Frau Brunner vorstellen und auch mit ihr die letzten Sachen für den Gottesdienst besprechen.» Zusammen steigen sie die Treppe zur Empore hinauf, wo sie Frau Brunner an der Orgel sehen. Frau Brunner bemerkt die beiden zunächst gar nicht, so sehr ist sie ins Spielen vertieft. Als sie sich begrüsst haben, sagt Gotte Heidi: «Frau Brunner, ich brauche für den Gottesdienst noch ein Sommerlied, das auch die Kinder gern singen.» Frau Brunner blinzelt zu Simon und sagt: «Da haben wir ja heute einen Experten bei uns!» Simon lacht, und ihm fällt sofort sein Lieblingslied ein, das er im Unti gelernt hat: «Himmel, Erde, Luft und Meer». «Was ein Glück, dass du heute da bist», sagt Gotte Heidi, und Frau Brunner spielt schon die Melodie auf der Orgel.

Der Nachmittag wird gemütlich, denn nun hat Gotte Heidi frei. Im Garten des Pfarrhauses grillieren sie frische Fische und Champignons. Nach dem Dessert plaudern sie noch ein Weilchen unter dem grossen Kirschbaum und spielen «Elfer raus!». Plötzlich blickt Gotte Heidi auf die Uhr. «Was, schon vier? Wie schnell die Zeit vergeht! Bald fährt dein Zug. Verabschiede dich noch von Herrn und Frau Hofer, dann bringe ich dich zum Bahnhof.»

Ganz glücklich ist Simon, als er wieder im Zug sitzt, der ihn nach Hause bringt. Beim Nachtessen hat er viel zu erzählen. «Es war mega spannend», berichtet er, «wenn ich gross bin, werde ich entweder Sigrist oder Pfarrer – oder vielleicht doch lieber Organist.» «Da hast du ja noch etwas Zeit», schmunzelt Simons Vater. «Aber wie wäre es, wenn du für deine Gotte, die Hofers und Frau Brunner eine Zeichnung vom heutigen Tag machst? Da haben sie doch sicher Freude.»
Das hat Simon dann auch gemacht. Und beim Zeichnen hat er überlegt, dass er unbedingt so rasch wie möglich seine Gotte, die Hofers und Frau Brunner wieder besuchen will.

Familie Meister und das Hochzeitsfest

Esther Ramp

Zum Inhalt: Familie Meister ist an die Hochzeit von Anita und Kevin eingeladen. Da gibt es einiges vorzubereiten und zu besprechen. Die Eltern holen das Fotoalbum hervor und zeigen den Kindern Fotos ihrer eigenen Hochzeit. Die Kinder wollen wissen, warum es für sie wichtig war, in der Kirche zu heiraten. Und die Hochzeit von Anita und Kevin wird für die ganze Familie ein wunderschönes Fest.
Biblischer Bezug: 1Kor 13,4–7
Stichwörter: Brautpaar, Familie, Fest, Geschwister, Hochzeit, Kirche heute, Pfarrer, Rituale, Segen, Trauung
Bezug zur Arbeitshilfe: AH2 / 2 Die Kirche – ein besonderes Haus / 3 In der Kirche feiern wir
Erzählzeit: 13'
Hinweise zur Gestaltung: Im Anschluss an das Erzählen der Geschichte mit den Kindern sich darüber austauschen, wie verschieden Hochzeiten gestaltet sein können und dass es für eine schöne Hochzeit nicht wesentlich ist, wie aufwendig man feiert.

Gleich ist Zeit zum Nachtessen. Marlis Meister stellt die Schüssel mit den Spaghetti auf den Tisch, der Vater beendet schnell sein Telefongespräch mit einem Kunden. Die drei Kinder sitzen schon am Tisch und warten ungeduldig auf das Essen: Simon, der Zweitklässler, Linda, die Erstklässlerin, und der Kindergärtner Luca. Endlich sitzen auch die Eltern am Tisch, und das Essen kann beginnen.

Heute gibt es Neuigkeiten. «Kinder», sagt der Vater, «wir haben heute eine Einladung bekommen. Meine Cousine Anita und ihr Kevin werden in vier Wochen heiraten. Ihr wisst ja, die beiden kennen sich schon lange. Die Hochzeit ist in der Kirche, und im Anschluss gibt es ein grosses Fest. Und stellt euch vor: Wir sind alle fünf zur Hochzeit eingeladen.» Die Kinder sind begeistert. Eine Hochzeit, das haben sie noch nie erlebt. «Da brauchen wir aber auch noch etwas Hübsches zum Anziehen», wirft die Mutter ein, während sie den Salat mischt. Simon ist da ganz anderer Meinung. «Mami, muss das sein? Ich will viel lieber meine Lieblingsjeans anziehen», jammert er. «Das kommt überhaupt nicht infrage», antwortet die Mutter und schaut ihn mit diesem Was-ist-denn-mit-dir-los-Blick an. «Wir können doch nicht in unseren Alltagskleidern an eine Hochzeit gehen! Wir wollen uns für das Brautpaar schön machen. Schliesslich ist es ihr grosser Tag! Ich suche mir ein neues Kleid aus, und Lindas schönes Kleid ist zu klein, sie braucht auch ein neues. Papi, Luca und du, ihr bekommt eine Hose und ein weisses Hemd mit einer Krawatte.» «Nun übertreib nicht gleich, Liebes», sagt der Vater und schaut seine Frau schmunzelnd an. «Meine schwarze Hochzeitshose würde es doch noch tun!» Doch seine Frau tätschelt ihm den Bauch: «Na, ob die noch passt?» Der Vater lacht, klopft Simon auf die Schulter und sagt: «Mama hat mal wieder recht. Klar schaffen wir das mit der Krawatte, das ist ja schliesslich Männersache.»

Am Samstag geht Familie Meister in die Stadt. Es wird etwas anstrengend, aber schliesslich haben alle etwas Festliches zum Anziehen gefunden. Und auch ein Hochzeitsgeschenk haben sie gekauft, eine wunderschöne Blumenvase aus Kristallglas. «Für so etwas schwärmt Anita», hat die Mutter gesagt, und damit war die Sache entschieden.

Vor dem Zubettgehen sitzen alle zusammen im Wohnzimmer. Marlis Meister hat soeben ihr neues Abendkleid nochmals anprobiert. «Du bist so schön wie damals, als wir geheiratet haben», sagt der Vater begeistert. «Habt ihr auch in der Kirche geheiratet?», fragt Linda die Mutter. «Und hattest du ein weissen Hochzeitskleid an?» Mutter Meister setzt sich neben ihre Tochter und schaut sie fröhlich an. «Ja, wir haben auch in der Kirche geheiratet, mein Kleid war wunderschön, ich hatte es von meiner Freundin ausgeliehen. Weisst du, wir hatten damals kein Geld für neue Kleider und teures Essen, aber es war ein wunderschönes Fest.» Sie holt das Fotoalbum aus dem Regal. Alle zusammen betrachten sie die Hochzeitsfotos. Die Kinder staunen, wie ihre Eltern damals ausgesehen haben. So ganz anders und irgendwie doch ähnlich wie heute. Und es

gibt auch Fotos, auf denen die Mutter zwar einen Blumenstrauss in der Hand hat, aber kein weisses Kleid trägt. Auch Papa sieht ganz festlich aus. «War das auch an eurer Hochzeit?», will Linda wissen. Papa erklärt: «Weisst du, bevor ein Paar in der Kirche heiraten kann, geht es zuerst aufs Standesamt. Dort fragt der Standesbeamte sie vor Zeugen, ob sie einander wirklich heiraten wollen. Wenn beide Ja sagen und das mit ihrer Unterschrift bezeugen, bekommen sie eine Heiratsurkunde. Nun sind sie vor dem Gesetz ein Ehepaar. Mit der Urkunde gehen sie dann zum Pfarrer und besprechen, wie sie die Trauung in der Kirche gestalten wollen. Eine Hochzeit vorzubereiten, das gibt viel Arbeit, aber es macht auch viel Freude. Zum Glück gibt es einen Brautführer und eine Brautführerin, die mithelfen, dass es ein schönes Fest wird. Übrigens, es gibt auch Paare, die heiraten nur auf dem Standesamt, nicht in der Kirche. Sie machen trotzdem ein schönes Fest.»
«Aber warum habt ihr dann noch in der Kirche geheiratet?», will Simon wissen. Papa überlegt ein Weilchen, dann sagt er: «Es ist einfach schön, vor Gott und der Festgemeinde zueinander Ja zu sagen. Und weisst du, es war Mama und mir wichtig. Uns war klar, dass es manchmal nicht einfach ist, wenn zwei Menschen lange zusammenbleiben wollen, am liebsten ein Leben lang. Wir spürten, dass es uns helfen würde, wenn wir Gott um seinen Segen für unsere Ehe bitten.»
Linda ist inzwischen auf den Schoss ihrer Mutter geklettert und kuschelt sich fest an sie. «Laura hat mir gestern erzählt, dass ihr Vater nicht mehr bei ihr zu Hause wohnt. Aber Laura darf ihren Vater jedes Wochenende besuchen.» Die Mutter streicht ihrer Tochter über den Kopf: «Ja, das ist sehr traurig, für die Kinder und auch für die Eltern. Manche Paare merken mit der Zeit, dass sie nicht mehr zusammenpassen. Dann ist es manchmal besser, wenn sie sich trennen.» «Hoffentlich bleiben Anita und Kevin für immer zusammen», sagt Linda, und die anderen stimmen ihr zu. «Aber jetzt», sagt die Mutter, «ist es Zeit für euch, ins Bett zu gehen.»

Vier Wochen später ist das Hochzeitsfest. Simon, Luca und Vater Meister zeigen den Hochzeitsgästen, wo sie ihre Autos neben der Kirche parkieren können. Das macht den Jungen viel Spass.
In der mit Blumen geschmückten Kirche geht es feierlich zu. Die Orgel spielt den Hochzeitsmarsch, und alle stehen auf, als die Braut am Arm ihres Vaters in die Kirche kommt. Kevin wartet vorn in der Kirche auf Anita. Der Pfarrer begrüsst das Brautpaar und die Hochzeitsgesellschaft. Ein Lied wird gesungen, und der Pfarrer spricht ein Gebet. Anschliessend hält der Pfarrer eine Predigt über die Liebe. Was er genau gesagt hat, wissen die Kinder später nicht mehr so genau. Und dann, dann wird es besonders feierlich, noch feierlicher als vorher. Der Pfarrer fragt Kevin, ob er Anita heiraten will; natürlich sagt er Ja. Dann fragt der Pfarrer Anita, ob sie Kevin heiraten will, und auch sie sagt Ja. Linda bringt dem Brautpaar die Ringe. Sie sieht wunderschön aus in ihrem neuen violetten Kleid, nur ihre Hände zittern ein wenig. Das Brautpaar steckt sich gegenseitig die Ringe an. Dann sagte der Pfarrer: «Jetzt dürfen Sie einander küssen», was sich Anita und Kevin nicht zweimal sagen lassen. Alle klatschen. Marlis Meister sieht ihren Mann an, und wirklich, sie hat Tränen in den Augen.
Dann spielt wieder die Orgel, und alle gehen aus der Kirche, das Brautpaar zuerst, dann folgen die Gäste. Draussen stehen die Eishockeyspieler Spalier, denn Kevin spielt im Eishockeyclub. Einer nach dem anderen gratuliert dem Brautpaar, und es gibt einen feinen Apéro. Luca schnappt sich so schnell ein Glas Cola, dass er es über Lindas Kleid kippt. Linda ist wütend auf ihren Bruder, doch dann beschwichtigt der Vater sie: «Zum Glück ist es nicht vor der Trauung passiert!»
Bald heisst es einsteigen, denn der Autobus ist da. Zusammen machen sie einen Ausflug zu einem schönen Aussichtspunkt. Viele Fotos werden geschossen, alle wollen mit dem Brautpaar aufs Bild.
Am Abend gibt es ein grosses Festessen mit viel feinem Essen und Trinken. Alle schwatzen, lachen und tanzen bis ganz spät in der Nacht. Auch Simon, Linda und Luca.

Am nächsten Morgen wachen die Kinder in ihren eigenen Betten auf. Sie können sich nicht erinnern, wie sie nach Hause gekommen sind: Die Eltern haben sie schlafend ins Auto getragen und dann ins Bett gebracht.
Noch lange erzählen die Meisters von diesem wunderschönen Festtag und schauen sich die Fotos an. Sogar Simon findet, dass er doch ganz gut aussieht in der schwarzen Hose, dem weissen Hemd und der Krawatte.

Marie und Luca feiern Hochzeit

Eine romantische Geschichte zu den Bildern von M10

Regina Sauer

Zum Inhalt: Die Geschichte erzählt zu den acht Illustrationen von M10 (AH2 / 2) die Liebesgeschichte von Marie und Luca, vom ersten Kennenlernen bis zur kirchlichen Trauung.
Biblischer Bezug: 1Kor 13,4–7
Stichwörter: Brautpaar, Fest, Hochzeit, Kirche heute, Liebespaar, Pfarrer, Rituale, Segen, Trauung
Bezug zur Arbeitshilfe: AH2 / 2 Die Kirche – ein besonderes Haus / 3 In der Kirche feiern wir (M10 *Wir feiern eine Hochzeit*)
Erzählzeit: 17'
Hinweise zur Gestaltung: Vor dem Erzählen der Geschichte die Illustrationen von M10 an die Kinder verteilen. Das Kind, das das zur Szene passende Bild in den Händen hält, legt es beim Erzählen in die Mitte. So werden die Kinder ins Entstehen der Bildergeschichte eingebunden. An der Stelle mit Sternchen (*) den Ortsnamen der eigenen Kirchgemeinde einfügen.

Bild 1

An einem sonnigen Wintertag spazieren Marie und ihre beste Freundin dem Ufer des Zürichsees entlang. Die beiden jungen Frauen sind so sehr ins Gespräch vertieft, dass sie nicht auf den Weg achten und mit den zwei Männern zusammenstossen, die ihnen entgegenkommen. Erschrocken über ihre Unachtsamkeit schauen Marie und ihre Freundin auf. Und kaum sieht Marie den einen Mann an, ist es schon passiert: Sie verliebt sich auf den ersten Blick in Luca. Luca geht es genau gleich: Noch nie hat er eine so schöne Frau wie Marie gesehen! Sein Herz beginnt heftig zu klopfen. Diese Frau kann er nicht einfach so weitergehen lassen! Im nächsten Moment hört er sich sagen: «Hoppla, schöne Frau! Könnte es sein, dass Sie jemanden brauchen, der Ihnen beim Spazieren hilft? Wie wäre es, wenn wir beide das morgen zusammen übten?» Marie muss lachen über diesen lustigen Vorschlag. Und so kommt es, dass Marie und Luca am nächsten Tag zusammen spazieren gehen und von da immer mehr Zeit miteinander verbringen.
Sie gehen ins Kino. Sie treffen sich in einem Restaurant zu einem romantischen Essen. Sie gehen in die Badi oder spazieren dem Zürichsee entlang und schauen den Schwänen zu, wie sie majestätisch über den See gleiten. Und manchmal sitzen sie einfach Arm in Arm auf einer Bank im Park. Vor lauter Glück ritzt Luca ein Herz in den Baum gleich hinter ihrer Parkbank, obwohl das vom Naturschutz eigentlich verboten ist.

Bild 2

Ja, sie sind sehr glücklich miteinander. Marie ist glücklich mit Luca und Luca mit Marie. Sie sind so glücklich, dass sie sich wünschen, sich nicht mehr trennen zu müssen und jeden Morgen nebeneinander aufzuwachen. Eines Tages fasst sich Marie ein Herz und schreibt Luca einen richtigen Liebesbrief, auf schönem Briefpapier und mit Tinte, so, wie man das früher gemacht hat. Sie schreibt: «Mein Liebster! Ich bin so glücklich mit dir. Du bist der Mann meines Lebens! Wollen wir nicht zusammenziehen?» Und ob Luca will! So machen sie sich auf die Suche nach einer Wohnung und finden eine herzige kleine Wohnung ganz in der Nähe des Sees.

Bild 3

Es vergeht ein ganzes Jahr, und Luca denkt im Stillen: Ich will mehr als eine gemeinsame Wohnung. Ich will, dass Marie und ich ganz zusammengehören. Und ich will der ganzen Welt sagen können: Schaut, das ist meine wundervolle Frau! Da hat Luca eine Idee …
Es ist ein lauer Sommerabend im August, als Luca seiner Marie die entscheidende Frage stellt: «Willst du mich heiraten?» Wie Marie wohl reagieren wird? Marie starrt Luca zunächst ungläubig an. *(Pause lassen.)* Dann muss sie laut lachen. Genau dieselbe Frage wollte sie Luca auch stellen! Was für ein Zufall! Wenn das kein Zeichen ist! «Jaaa!», ruft sie aus tiefstem Herzen, und die beiden umarmen sich überglücklich.
Und so kommt es, dass sie an einem sonnigen Tag im Mai heiraten. Gemeinsam gehen sie aufs Standesamt. Der Standesbeamte fragte zuerst Luca: «Bist du, Luca, bereit, Marie als deine rechtmässige Ehefrau anzunehmen, und willst du ihr die Treue halten?» «Ja, ich will», antwortet Luca laut und deutlich. Dann fragt der Standesbeamte Marie: «Bist auch du, Marie, bereit, Luca als deinen rechtmässigen Ehemann anzunehmen, und willst du ihm die Treue halten?» Auch Marie antwortet mit einem deutlichen «Ja, ich will». Als sie Luca anschaut, sieht sie, dass er Tränen in den Augen hat. Sie besiegeln ihr gegenseitiges Eheversprechen mit einem dicken Kuss und unterschreiben die Heiratsurkunde. Dies ist die Bestätigung, dass Marie und Luca nun vor dem Schweizer Gesetz ein Ehepaar sind.

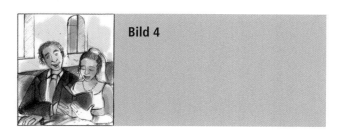

Bild 4

Luca und Marie wollen die Freude über ihre Beziehung auch anderen zeigen. Sie wollen auch Gott danken, dass sie einander gefunden haben, und ihn um den Segen für ihre Ehe bitten. Und sie wollen mit ihren Familien und Freunden ein wunderschönes Fest erleben. So feiern sie in der reformierten Kirche in (*) ihre kirchliche Trauung. Marie trägt ein Brautkleid, in dem sie fast ein bisschen wie eine Prinzessin aussieht – so, wie sie sich das als Mädchen gewünscht hat. Nach dem festlichen Einzug in die Kirche singt die ganze Hochzeitsgemeinde ein fröhliches Loblied. Das Brautpaar hat es sich ausgesucht. In der Predigt spricht die Pfarrerin darüber, dass die Liebe ein Geschenk Gottes ist, das wir sorgsam hüten sollen.

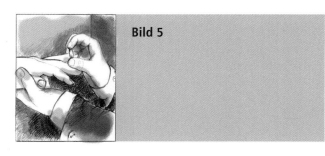

Bild 5

Dann kommt das feierliche Eheversprechen vor Gott und der Festgemeinde. Die Pfarrerin bittet das Brautpaar, sich zu erheben und sich so hinzustellen, dass die Festgemeinde beide gut sehen kann. Dann fragt die Pfarrerin: «Seid ihr bereit, immer füreinander da zu sein? Wollt ihr einander lieben und ehren und einander die Treue halten, in guten wie in schlechten Tagen? So antwortet ‹Ja, mit Gottes Hilfe›.» Luca und Marie sagen beide: «Ja, mit Gottes Hilfe.» Als Zeichen ihrer Verbundenheit stecken sie einander die Eheringe an. In Maries Ehering steht der Name von Luca und das Hochzeitsdatum. Und in Lucas Ehering steht der Name von Marie und das Hochzeitsdatum.

Bild 6

Dann segnet die Pfarrerin das Brautpaar. Sie bittet Gott um seinen Segen für Luca und Marie, dass die Ehe gelingen möge. Ein Segen ist wie eine schützende Hand Gottes, die besagt: Ich freue mich für euch und bin für euch da! So sind Marie und Luca nun ein kirchlich gesegnetes Ehepaar. Vor lauter Freude über Gottes Segen gibt sich das frisch getraute Ehepaar einen langen Kuss! Die ganze Hochzeitsgemeinde freut sich mit und klatscht spontan Beifall.

Bild 7

Nach dem Abschluss der Trauung schreitet das Brautpaar Arm in Arm aus der Kirche. Vor ihnen streuen die Blumenmädchen, die festliche Kleider und Blumenkränze tragen, Rosenblätter und Blüten. Es sind Antonia, die siebenjährige Nichte von Marie, und die vierjährige Kathrin, die Tochter von Lucas bestem Kollegen.

Bild 8

Die ganze Hochzeitsgesellschaft freut sich mit dem frisch gebackenen Ehepaar. Alle winken fröhlich, lachen und gratulieren dem Brautpaar von ganzem Herzen zu ihrem Glück. Besonders bei den Eltern der Brautleute ist die Freude gross. Sie hätten sich keinen besseren Schwiegersohn und keine bessere Schwiegertochter wünschen können! Ja, Gott meint es wirklich gut mit Luca, Marie und ihren Familien.

Möge ihre Liebe immer stark bleiben – mit Gottes Hilfe. Und wenn sie nicht gestorben sind, dann leben sie noch heute glücklich miteinander. Und wer weiss, vielleicht seht ihr das Brautpaar ja eines Tages zufällig in einem Gottesdienst in der Kirche in (*)?

Das blaue Katzenkissen

Nadja Papis-Wüest

Zum Inhalt: Das grosse blaue Kissen neben Darias Bett ist leer. Denn Pablito, Darias Katze, ist von einem Auto überfahren worden. Wie Daria, ihre Familie und ihr Freund Oliver von dem Kätzchen Abschied nehmen, davon erzählt diese Geschichte. Und von einem Trauergeheimnis, das ihr ein alter Mann anvertraut.

Biblischer Bezug: Ps 103,14–16

Stichwörter: Abschied, Beerdigung, Erinnerung, Familie, Freundschaft, Friedhof, Grab, Kreuz, Rituale, Tod, Trauer, Trauerrituale

Bezug zur Arbeitshilfe: AH2 / 2 Die Kirche – ein besonderes Haus / 4 In der Kirche nehmen wir Abschied

Erzählzeit: 13'

Hinweise zur Gestaltung: Die Mitte gestalten mit einem blauen Kissen, Grabkerze und Foto einer Katze.

Heute ist ein trauriger Tag für Daria. Eigentlich möchte sie den Tag gar nicht anfangen. Am liebsten würde sie sich in ihrem warmen Bett verkriechen und dann... «Aufstehen, Daria!», ruft Gina, ihre ältere Schwester. Sie wartet schon lange, dass Daria endlich aufsteht. Die beiden haben heute etwas Besonderes vor. Daria aber zieht sich die Decke über den Kopf. Schon wieder kommen ihr die Tränen, und wütend wird sie auch. «Jetzt komm schon, Daria, wir müssen im Garten ein Loch graben und noch das Kreuz basteln für Pablito!» Schwups, weg ist die Decke. Langsam steht Daria auf und zieht sich an. Sie blickt auf das grosse blaue Kissen, das neben ihrem Bett liegt. Dort lag Pablito immer, der kleine Kater, den sie so lieb hatte. «Kann man jemanden lieb haben, der tot ist?», fragt sich Daria im Stillen. Sie drückt das Kissen an sich und riecht daran. Es riecht noch ein bisschen nach Katze.

Gestern ist Pablito gestorben. Am frühen Morgen wurde er von einem Auto überfahren. Oliver, ein Schulkamerad, hat es gesehen. Und er ist sofort zu Daria nach Hause gerannt und hat ihr davon berichtet. Darias Vater kam mit ihnen, zusammen bargen sie die tote Katze und nahmen sie mit nach Hause. Nicht nur Daria weinte, auch Gina und ein bisschen sogar ihre Eltern. Miteinander streichelten sie das weiche Fell ein letztes Mal und legten Pablito in eine Kiste, mit einer schönen Decke darunter und ein paar Blumen darauf. Dann malten sie ein Bild von Pablito und allem, was er immer gemacht hatte: Wie er jeweils draussen an allem geschnuppert hatte, wie er vom Baum heruntersprang, wie er Mäuse jagte und wie er neben Darias Bett schlief – auf dem blauen Kissen, jede Nacht. Auch ein schönes Foto hängten sie auf. Und heute sollte die Beerdigung sein. Im Garten steht ein Strauch, unter dem Pablito im Sommer immer Schatten suchte, wenn die Sonne sein Fell erhitzt hatte. Dort soll er nun beerdigt werden. Das Herz wird Daria unendlich schwer.

Gina steht schon mit der Schaufel bereit, als Daria kommt. Auch der Vater ist da und hilft ihnen beim Graben, damit das Loch genug gross wird. Vorsichtig legen sie die Kiste mit der toten Katze hinein. Das Kreuz basteln sie aus verschiedenen Zweigen, die sie im Wald gesucht haben und nun mit einer Schnur aneinanderbinden. Dann zünden sie eine Kerze an und holen die Mutter. Oliver kommt dazu. Er möchte auch Abschied nehmen, schliesslich war Pablito auch sein Freund. Jeden Morgen, wenn er Daria für die Schule abholte, begrüsste ihn der Kater mit einem lauten Miauen und wollte gestreichelt werden. Und zudem will Oliver Daria jetzt nicht allein lassen. Er weiss, wie traurig sie ist, auch wenn sie nichts sagt.

Der Vater erzählt von Pablito und erinnert sie an all das, was sie mit ihm erlebt haben. Alle müssen lächeln bei der Erinnerung an den jungen Kater, der immer seinem eigenen Schwanz nachjagte. Und alle seufzen bei der Erinnerung an die vier Tage im letzten Sommer, als das Tier nicht nach Hause gekommen ist. Die Mutter spricht ein Gebet: «Du, Gott des Lebens. Hier stehen wir am Grab von Pablito, unserer Katze. Pablito ist gestorben, und wir sind traurig. Wir bitten dich für ihn. Lass es ihm gut gehen dort, wo er jetzt ist. Und hilf uns in der Trauer um ihn.» Langsam schaufeln sie Erde über die Kiste, bis sie ganz zugedeckt ist. Jetzt kommen die Tränen wieder. Der Abschied fällt allen so schwer. Die Kinder streuen ein paar Blumensamen auf das Grab und decken sie vorsichtig mit ein wenig Erde zu. Im nächsten Frühling werden dann die Blumen blühen und sie an Pablito erinnern. Dann gehen sie in die Küche und essen etwas miteinander.

Gina ist ganz nachdenklich und fragt: «Wie ist das eigentlich bei uns Menschen? Kann man uns auch im Garten vergraben?» «Nein, das geht nicht», meint der Vater, «wir Menschen bekommen ein Grab auf dem Friedhof.» Oliver kennt den Friedhof gut: «Meine Grossmutter ist dort beerdigt. Wir gehen manchmal an ihr Grab, um uns an sie zu erinnern.» «Ich war noch nie auf dem Friedhof», sagt Gina. «Ich habe eine Idee», sagt die Mutter. «Wir könnten heute zusammen auf den Friedhof gehen.»

Auf dem Friedhof ist es wunderschön. Staunend sehen sich Daria, Gina und Oliver die Gräber an: All diese farbigen Blumen und die kunstvollen Grabsteine! Es gibt so viel zu entdecken: Laternen, kleine Engel aus Porzellan, Steine, Briefe, Windräder und Blumensträusse. «Also, hier möchte ich auch begraben werden, es ist so schön!», meint Gina. Die Mutter lacht und sagt: «Ich hoffe, du wirst noch lange nicht begraben!» «Aber Grossmutter könnte bald sterben, sie hat schon graue Haare.» Plötzlich wird Daria wieder traurig. «Ich will nicht, dass sie stirbt!» «Ja, es ist schwer, wenn jemand stirbt und wir Abschied nehmen müssen», sagt ihr Vater und drückt sie fest an sich. «Darum bringen die Menschen Blumen zum Grab und erinnern sich an die Verstorbenen.» «Aber das tut dann ja noch viel mehr weh, wenn man daran denkt und sich erinnert», sagt Oliver. «Ja, es tut weh, aber wir spüren auch, wie sehr wir jemanden geliebt haben», fährt Vater fort. Nun wird sogar Daria neugierig: «Erzählen dann die Leute auch von dem verstorbenen Menschen und beten wie wir heute bei Pablito?» «Genau», antwortet die Mutter, «zuerst nimmt man am Grab Abschied und dann gehen alle zusammen in die Kirche zur Abdankung. Dort wird aus dem Leben des verstorbenen Menschen erzählt, wer er war und wie er uns in Erinnerung bleiben wird. Der Pfarrer oder die Pfarrerin begleitet die Trauernden.» Plötzlich entdeckt Oliver etwas: «Da vorn, da hat es keinen Grabstein, nur ein Holzkreuz. Warum?» Ein alter Mann steht neben dem Grab. Er sagt zu Oliver: «Das ist das Grab meiner Frau. Sie ist letzte Woche gestorben und gestern beerdigt worden.» «Oh, bist du sehr traurig?», fragt Daria mit grossen Augen. «Ja, ich bin sehr traurig, aber ich bin auch froh. Wir hatten sechzig wunderbare Jahre miteinander. Und meine Frau war ganz schwer krank. Jetzt ist sie erlöst von ihrem schlimmen Leiden», meint der Mann. «Meine Katze ist gestern überfahren worden, und ich bin gar nicht froh», meint Daria ganz leise. «Das verstehe ich. Du vermisst sie sicher sehr», sagt der Mann. «Ja, und ich bin wütend auf den Autofahrer – und auf Gott auch!», sagt sie jetzt lauter. Sie merkt, dieser Mann versteht sie. «Ja, manchmal bin ich auch wütend auf Gott, ich hätte meine Frau lieber gesund hier bei mir. Aber manchmal tröstet Gott mich auch», sagt er. «Wie tröstet Gott denn?», will Daria nun wissen. «Ich spüre im Herzen ganz viel Liebe und auch Kraft. Und wenn ich ganz traurig bin, dann ist da gerade im richtigen Moment ein Mensch, der mich hält oder mit mir spricht. Ich glaube, in all dem steckt Gott.» «Hm», meint Daria, «ja, das könnte sein.» «Und übrigens haben wir beide nun eine Aufgabe. Weisst du, welche?», fragt der Mann. Daria schüttelt den Kopf. «Ich denke, wenn wir uns an sie erinnern und sie weiter lieben, dann können sie in unserem Herzen ein wenig mitleben. Und jetzt verrate ich dir noch mein ganz grosses Trauergeheimnis: Wenn wir singen, hören die Verstorbenen es, das glaube ich fest.» Nachdenklich geht Daria mit ihrer Familie weiter. Sie schauen sich noch lange die verschiedenen Gräber an. Da gibt es eine Wand mit Steinplatten davor, in die Namen eingraviert sind, die Urnenwand. Und es gibt eine grosse Wiese, in der ganz viele Verstorbene gemeinsam begraben sind, das Gemeinschaftsgrab. *(Hier können Merkmale des örtlichen Friedhofs ergänzt werden, z. B. die Abdankungshalle.)*

Abends im Bett liegt Daria noch eine ganze Weile wach und denkt an den alten Mann und sein Trauergeheimnis. Vielleicht hat er ja recht: Vielleicht hören die Toten uns Lebende noch. Wer weiss, wo Pablito jetzt ist? Vielleicht im Himmel bei den Sternen? Vielleicht bei Gott in einem warmen Licht? Vermisst Pablito mich auch? Oder ist er einfach nur glücklich dort, wo er jetzt ist? Vielleicht ist er jetzt bei Uromi, die kurz nach meiner Geburt gestorben ist. Vielleicht hat er eine eigene Wolke, auf der er gemütlich liegen und schlafen kann – so wie hier jeweils auf seinem blauen Kissen?
Ganz leise beginnt Daria zu summen und drückt das blaue Pablitokissen an sich. Vielleicht hört er sie ja.

Der Engel bringt Maria eine Botschaft

Anita Keiser

Zum Inhalt:	Ein Engel begegnet Maria, einer jungen Frau in Nazaret, und überbringt ihr eine Botschaft, die ihr Leben, aber auch das Leben ihres unterdrückten Volks verändern wird.
Biblischer Bezug:	Lk 1,26–38
Stichwörter:	Advent, Botschaft, Engel, Geschichte und Umwelt, Herrschaft, Licht, Maria, Nazaret, Römer, Schwangerschaft
Bezug zur Arbeitshilfe:	AH2 / 3 Advent, Weihnachten und die Kindheit von Jesus / 1 Der Engel bringt Maria eine Botschaft
Erzählzeit:	7'

Maria mahlt mit der Steinmühle Korn. Sie kann nicht – wie wir heute – zum Bäcker gehen und Brot kaufen. Nein, sie muss die Getreidekörner selbst zu Mehl mahlen und das Brot backen. Diese Arbeit ist anstrengend und braucht viel Kraft. Marias Arm beginnt zu schmerzen. Seufzend schüttelt sie ihn aus. Zum Glück ist Maria gesund und stark. So kann sie die vielen täglichen Arbeiten von Hand verrichten. Die junge Frau wohnt in Nazaret bei ihren Eltern, denn sie ist noch nicht verheiratet.

Heute ist Maria allein zu Hause. Die Eltern sind in aller Frühe auf den Markt gefahren, um ihre Waren anzubieten. Plötzlich dringen seltsame Geräusche von draussen an Marias Ohr. Sie lauscht angestrengt. Der Lärm kommt immer näher. Was ist denn da wieder los? Maria steht auf und geht ans Fenster. Was sie dort sieht, lässt sie erstarren: römische Soldaten, die einen alten Mann mitzerren, der sich mit Händen und Füssen dagegen wehrt. Viel Volk läuft mit und schreit durcheinander. Die Soldaten schlagen auf den Alten ein. Eine schlimme Szene! Maria wendet sich ab und lehnt sich an die Wand. Warum nur ist ihr Land von den Römern beherrscht? Sie sind die Herren der Welt und wollen es auch bleiben. Deshalb wird jeder Widerstand im Keim erstickt. Wer sich wehrt, wird gefangen genommen, manche werden sogar hingerichtet. Den Römern reicht schon der kleinste Verdacht. Maria gehört zu einem unterdrückten Volk, den Juden. Sie kennt es nicht anders. Wenigstens haben wir unseren Gott, denkt Maria. Er ist unsere Hoffnung, die kann uns niemand nehmen. Aber wann schickt Gott uns endlich den versprochenen Retter, der uns Frieden und Freiheit bringt? Wie lange müssen wir noch ausharren und geduldig sein? Bitte, Gott, schick uns bald den Retter, betet sie im Stillen.

Da merkt Maria, dass es ruhig geworden ist auf der Strasse. Ach ja, und sie sollte sich wieder an die Arbeit machen. Sonst wird das Brot nicht fertig, und die Eltern werden nicht mit ihr zufrieden sein, wenn sie am Abend heimkommen. Nun hat Maria genug Mehl gemahlen. Sie nimmt eine Schüssel und beginnt, den Teig zu mischen. Sie versucht, auf andere Gedanken zu kommen, denn was soll sie sich mit solchen Fragen quälen? Sie kann die Welt sowieso nicht verändern.

Während Maria den Teig knetet, huscht ein Lächeln über ihr Gesicht. Sie denkt an Josef. Josef ist ihr Verlobter. Sie wollen bald heiraten. Gerade gestern hat Josef ihr freudestrahlend berichtet, dass er nun bald genug Geld gespart hat, um für sie beide ein kleines Haus zu bauen. Ja, Josef ist ein tüchtiger Mann, und Häuser bauen ist sein Beruf. Maria wird es richtig warm ums Herz, wenn sie an Josef denkt. Es ist so schön, einen Menschen zu haben, der einen liebt. Ist das nicht das Wichtigste? Nun ist der Teig fertig, Maria hat ihn richtig gut geknetet. Sie legt ihn in die Schüssel und deckt ihn mit einem Tuch zu, damit er aufgehen kann. Dann wäscht sich Maria die Hände in der Waschschüssel.

Inzwischen ist es dämmrig geworden. Maria will gerade die Öllampe anzünden, da wird es plötzlich hell hinter ihr. Erschrocken dreht sie sich um. Sie schlägt sich die Hand vor den Mund, um nicht zu schreien. Was ist das für eine Gestalt, die so hell leuchtet, dass es sie blendet? Wie ist die nur ins Haus gekommen? Marias Herz klopft heftig, sie kann nichts sagen. Da richtet die leuchtende Gestalt das Wort an sie: «Ich grüsse dich, Maria. Gott hat dich auserwählt. Du wirst schwanger werden und einen Sohn gebären, und du sollst ihm den Namen Jesus geben. Er wird Gottes Liebe und Frieden in die Welt bringen.» Das muss ein Engel Gottes sein! Maria kann den Blick nicht von der hellen Gestalt wenden, so wunderschön sieht sie aus. Was hat der Engel gesagt? Ich werde einen Sohn bekommen? Marias Gedanken purzeln durcheinander. «Aber wie ist das möglich?», sagt sie leise. «Ich habe doch noch nie mit einem Mann geschlafen.» Der Engel antwortet: «Hab keine Angst, Maria. Gott ist mit dir, er schenkt dir seine Kraft. Und sein Geist wird dies alles bewirken.» Was sind das für Worte? Was haben sie zu bedeuten? Maria weiss es nicht. Sie kann sich nur Gott anvertrauen. «Ich will Gott dienen, so, wie ich bin. Mir soll geschehen, wie du gesagt hast», antwortet sie leise, aber mit fester Stimme. Ob der Engel sie überhaupt gehört hat?

Irgendwann bemerkt Maria, dass es dunkel geworden ist. Wie lang steht sie schon da? Schnell zündet sie die Öllampe an, bevor es ganz dunkel ist. Ihre Hände zittern ein wenig. Maria schaut in die kleine Flamme, die einen warmen Schein im Raum verbreitet. «Mir ist ein Engel erschienen», flüstert sie, «und ich werde ein Kind bekommen, ein ganz besonderes Kind.»

Andreas und Simeon warten auf den Retter

Rahel Voirol-Sturzenegger

Zum Inhalt:	Andreas wartet auf Simeon, den alten Mann, der die Stimme Gottes hören kann. Denn Andreas will wissen, wann endlich der Retter kommt, der die Römer aus dem Land vertreibt. Und wenn der Retter kommt, dann will Andreas ihm dienen. Doch der Retter, von dem Simeon spricht, ist anders, als Andreas es sich vorstellt.
Biblischer Bezug:	Lk 2,1–3
Stichwörter:	Advent, Angst, Geschichte und Umwelt, Heilige Schrift, Herrschaft, Konflikt, Leiden, Retter, Römer, Trost, Volk Israel
Bezug zur Arbeitshilfe:	AH2 / 3 Advent, Weihnachten und die Kindheit von Jesus / 2 Die Menschen warten
Erzählzeit:	12'

«Simeon, Simeon! Warst du im Tempel? Sag, hast du die Stimme wieder gehört?» Aufgeregt läuft Andreas Simeon entgegen. Er hat so gehofft, dass er Simeon heute sehen wird! «Nun aber langsam, Andreas», sagt Rebekka, die Mutter von Andreas. «Hast du denn Simeon überhaupt schon Guten Tag gesagt?» Rebekka tritt aus dem Haus und begrüsst den alten Simeon freundlich: «Guten Tag, Simeon. Magst du einen Moment zu uns hereinkommen? Wie du siehst, kann Andreas es kaum erwarten, mit dir zu reden.»

«Ja, weisst du, Simeon, im Unterricht in der Synagoge hat unser Lehrer ...», schon sprudelt Andreas wieder los. Seine Mutter legt ihm mahnend die Hand auf die Schulter. «Ach ja», Andreas wird etwas leiser. «Guten Tag, Simeon. Mutter hat gesagt, ich darf dich einladen, wenn ich dich vorbeigehen sehe. Ich warte schon lange auf dich.»

Simeon lächelt. Er spürt, dass Andreas etwas ganz Wichtiges auf dem Herzen hat. Er mag den Jungen. Wenn Simeon Zeit hat, erzählt er Andreas Geschichten von Gott und seinem Volk. Simeon erzählt gern. Und Andreas hört ihm gern zu. «Danke», sagt der Alte nun zu den beiden, «ich nehme eure Einladung gerne an.»

Rebekka trägt Tee auf, und die drei setzen sich an den Tisch im kleinen Raum. Andreas weiss, dass er noch etwas warten muss. Zuerst dürfen immer die Erwachsenen reden. Simeon fragt Rebekka, wie es ihr und der Familie gehe. «Danke, uns geht es gut. Gott sei Dank haben wir, was wir brauchen. Aber wir sehen, wie andere Menschen leiden. Viele haben nicht einmal mehr genug zu essen. Und sie haben Angst. Die Angst ist wie eine dunkle Wolke, die sich über unser Land gelegt hat. Die Zeiten sind schwer, Simeon.»

Die Zeiten sind wirklich schwer für die Menschen in Israel. Die Römer haben das Land erobert. Sie verlangen von den Bewohnern Geld, viel Geld. Sie haben Herodes als König eingesetzt. Herodes ist kein guter Herrscher. Alle haben Angst vor ihm. Er macht junge Männer aus dem Volk zu Soldaten. Und wenn die Leute sich gegen das Unrecht wehren, schickt er seine Soldaten aus, um sie zum Schweigen zu bringen.

«Vor allem für die jungen Leute ist es schwer», sagt Rebekka zu Simeon. «Sie haben noch so viele Träume. Sie wollen frei sein. Sie können all das Unrecht kaum ertragen. Sie wehren sich. Aber das ist gefährlich. Denn die Wut der jungen Menschen bleibt König Herodes nicht verborgen. Er rüstet sich. Überall sind seine Soldaten. Das macht mir Angst.»

Jetzt meldet sich Andreas zu Wort: «Wenn ich einmal gross bin, will ich auch gegen die Bösen kämpfen. Ich will die Römer aus dem Land vertreiben! Unser Lehrer hat gesagt, dass auch Gott dem Unrecht nicht mehr lange zuschauen wird. Er hat uns aus den alten Schriften vorgelesen. Ich habe mir die Worte genau gemerkt: ‹Das Volk, das im Dunkeln ist, sieht ein grosses Licht. Es wird nicht dunkel bleiben über denen, die Angst haben.› (nach Jes 9,1)

Unser Lehrer hat uns erzählt, dass einmal ein König kommen wird, einer von uns! Er wird Herodes vom Thron stürzen und die Römer aus dem Land jagen. Er wird den Armen helfen. Es wird sein wie früher, als König David noch König in Jerusalem war. Unser Lehrer hat auch gesagt: Wenn die Not am Schlimmsten ist, dann greift Gott ein!

Simeon, du hast doch auch von diesem Retter erzählt! Du hast mir doch erzählt, dass Gott dir versprochen hat, dass du ihn selbst sehen wirst. Sag, wann endlich kommt der Retter? Hast du die Stimme im Tempel wieder gehört? Müssen wir noch lange warten? Wenn ich gross bin, will ich diesem König dienen und mit ihm gegen die Bösen kämpfen! Dann wird Israel wieder mächtig. Es wird stärker als alle anderen Völker. Denn Gott ist auf unserer Seite. Er hat uns nicht vergessen! Sag, Simeon, wann kommt der Retter?»

Einen Moment lang ist es ganz still. Simeon schaut Andreas ernst an. Er sieht das Funkeln in seinen Augen. Er spürt die Hoffnung, die diesen Jungen bewegt. Nein, denkt Simeon. Andreas ist kein Kind mehr. Er ist schon bald ein junger Mann. Auch Andreas wird sich wehren wollen. Simeon schaut Rebekka an. In ihren Augen sieht er die Sorgen der Mutter, die Angst um ihren Sohn.
«Nein, Andreas», sagt Simeon. «Ich habe die Stimme im Tempel nicht mehr gehört. Aber ich vertraue darauf, dass Gott uns den Retter schicken wird, schon bald. Denn ich glaube auch, was in den alten Schriften steht: ‹Das Volk, das im Dunkeln ist, sieht ein grosses Licht. Es wird nicht dunkel bleiben über denen, die Angst haben.›
Es wird einer kommen! Es wird einer kommen, der uns rettet, der die Welt verwandelt. Gott hat uns nicht vergessen. Gott greift ein. – Aber wie er das macht, das wissen wir nicht.»
Simeon macht eine kleine Pause. Es ist, als lausche er. Dann fährt er fort:
«Vielleicht kommt ja der Retter nicht als gewaltiger König. Vielleicht ist er nicht deshalb mächtig, weil er ein guter Kämpfer ist. Vielleicht meint Gott das ja ganz anders? In den alten Schriften steht auch etwas über den, den Gott uns senden wird. Willst du dir auch diese Worte merken? Hör gut zu:
‹Er schreit nicht und wird nicht laut.› (nach Jes 42)
‹Er heilt gebrochene Herzen. Er befreit, die gefangen sind. Die Weinenden tröstet er. Und wer den Mut verloren hat, atmet auf.› (nach Jes 61)
‹Er wird aus Feinden Freunde machen.› (nach Jes 11)
‹Kein Volk wird mehr gegen ein anderes Krieg führen.› (nach Jes 2)»
Andreas ist nachdenklich geworden. Aus Feinden Freunde machen? Kein Volk wird mehr gegen ein anderes Krieg führen? Was sein Lehrer gesagt hat, klang kämpferisch und stark. Aber Simeons Worte haben eine stille Kraft. Sie trösten, schenken Ruhe. Und Andreas vertraut Simeon. Deshalb hört er ihm auch weiter zu:
«Weisst du, Andreas», sagt nun Simeon, «vielleicht schickt uns Gott keinen gewaltigen König. Vielleicht kommt sein Retter klein und unscheinbar, so dass ihn nur erkennt, wer ganz genau hinschaut. Vielleicht kommt er sogar als Kind? Vielleicht erkennen ihn nur wenige. Aber er wird die Welt verwandeln!»

Simeons Worte klingen in Andreas' Ohren nach: «Vielleicht kommt der Retter klein und unscheinbar. Man muss genau hinschauen, damit man ihn erkennt.» Andreas will den Retter erkennen. Er will darauf achtgeben, was Simeon gesagt hat, über den, den Gott uns senden wird:
«Er schreit nicht und wird nicht laut.»
«Er heilt gebrochene Herzen. Er befreit, die gefangen sind. Die Weinenden tröstet er. Und wer den Mut verloren hat, atmet auf.»
«Er wird aus Feinden Freunde machen.»
Und wenn er ihn erkennt, will er diesem Retter dienen.

Wenn Hirten zu Königen werden

Nadja Papis-Wüest

Zum Inhalt: Hirten sind wahrhaftig keine Könige, sondern verachtet und arm. Gerade ihnen verkündet der Engel zuerst die Geburt des Retters der Welt. Da machen sich die Hirten von Betlehem auf, das königliche Kind zu finden. Sie finden das Kind und kehren verwandelt zurück, strahlend wie Könige.
Biblischer Bezug: Lk 2,8–20
Stichwörter: Botschaft, Engel, Frieden, Geschichte und Umwelt, Hirten, Jesus von Nazaret, Könige, Licht, Reich Gottes, Retter, Schafe, Stall, Weihnachten
Bezug zur Arbeitshilfe: AH2 / 3 Advent, Weihnachten und die Kindheit von Jesus / 4 Die Hirten auf dem Feld
Erzählzeit: 13'
Hinweise zur Gestaltung: Die Mitte als Hirtenfeuer mit Holzscheiten, Teelichtern/Kerzen und Schaffellen/Wolldecken gestalten. Die Geschichte als Weggeschichte erzählen: Hirtenfeuer – im Stall – Hirtenfeuer.

Es wird Nacht über Betlehem. Die Menschen kehren heim in ihre Häuser und essen gemütlich zusammen. Draussen auf den Feldern aber sind Hirten unterwegs. Sie treiben ihre Schafherden zusammen, zählen die Tiere und führen sie ins Gehege.
Simon hat heute viel zu tun. Seine Schafe sind unruhig. Sie möchten lieber draussen auf der Weide bleiben. Sie wissen nicht, wie gefährlich das ist. Denn die wilden Tiere warten nur darauf, dass eines der Schafe vergessen geht. «30, 31, 32, 33, 34, 35 – endlich, jetzt habe ich alle», murmelt Simon zufrieden und streckt seine müden Beine. Es war ein langer Tag und die Nacht hat noch nicht begonnen. Die Sonne geht unter und malt den Himmel prachtvoll an. Simon bleibt einen Moment stehen und betrachtet das orange Glühen und die rot gefärbten Wolken. Schön ist es, trotz allem, schön ist es, draussen zu sein bei den Herden an der frischen Luft. Ein Schaf stupst ihn von hinten. «Ja, ja, es ist schön mit euch, ihr lieben Tiere, schön und streng», lächelt Simon.

Wenn es Abend wird, treffen sich die Hirten von Betlehem beim Sammelplatz für die Herden. Matthias hat schon ein grosses Feuer gemacht. Es leuchtet fast genauso schön wie der Abendhimmel. Die anderen sind schon alle da, als Simon ankommt. Lukas hat frisch gebackenes Brot dabei, Andreas packt gerade einen kleinen Laib Käse aus und Benjamin eine Wurst. Und frisch geerntete Trauben und reife Datteln gibt es auch. «Das ist ja heute ein richtiges Festmahl», sagt Matthias. «Wie bei Königen», meint Simon. «Wir und Könige», lacht Lukas, «alles andere als Könige sind wir!» «Wieso denn, ich kann auch vornehm tun, wenn du willst», scherzt Benjamin und wedelt elegant mit seinen Händen in der Luft herum. «Deine edlen Hände sind schmutzig und stinken nach Schaf, da nützt alles Wedeln nichts, du bist und bleibst ein dreckiger Hirt», zieht ihn Andreas auf. «Schau uns Hirten doch an: dreckig, arm und einsam sind wir. Wir hüten die Schafe anderer, arbeiten Tag und Nacht hart, aber wen interessiert's? Nur wenn ein Schaf fehlt, dann kommen sie und schimpfen. Nein, nein, Hirten und Könige, die haben gar nichts miteinander zu tun.» Simon ist ernst geworden und auch ein wenig traurig. Die anderen schweigen. Niemand mag widersprechen. Hirten sind wirklich keine Könige und können auch nie Könige werden. Im Gegenteil, Hirten werden von allen verachtet. Die Männer stehen um das Feuer. Mittlerweile ist es ganz dunkel geworden. Die Schafe sind ruhig, nur ab und zu blökt ein Lamm nach seiner Mutter. Die Hirten trinken heissen Tee, um sich zu wärmen. Sie sind still. Es gibt nichts zu sagen.

Da, plötzlich ein Licht. Immer heller und heller wird es. Ja, es blendet sie richtig. Sie trauen ihren Augen nicht: Was ist denn das? Sie fürchten sich. Aus dem strahlenden Licht kommt ihnen ein Engel entgegen und spricht: «Fürchtet euch nicht! Denn seht, ich verkündige euch grosse Freude. Euch wurde heute der Retter geboren. Und das sei für euch das Zeichen: Ihr werdet ein neugeborenes Kind finden, das in Windeln gewickelt ist und in einer Futterkrippe liegt.» Und dann erscheinen

noch mehr Engel, ganz viele hell strahlende Engel, und sie singen: «Ehre sei Gott in der Höhe und Friede auf Erden unter den Menschen seines Wohlgefallens.» Der Gesang der Engel ist schöner als alles, was die Hirten je gehört haben.
Dann wird der Engelsgesang leiser und leiser, und das Licht verschwindet langsam und mit ihm die Engel. Es ist wieder dunkel, aber ein grosser Friede bleibt. Die Hirten stehen staunend da, mit offenem Mund. Eine lange Zeit. Dann aber sprechen sie alle wild durcheinander: «Was war das denn?» «Hast du schon Engel gesehen?» «Was hat der Engel gemeint mit dem Retter?» «Sollen wir Hirten das Kind wirklich suchen?» «Das glaubt uns niemand!» «Haben wir uns das nur eingebildet?» «Dieses Licht und dieser Gesang – das war das Schönste, was ich je erlebt habe!» …
«Habt ihr gehört? Wir sollen das Kind suchen!», ruft Simon. Andreas ist noch ganz entsetzt: «Das kann doch nicht sein, ich meine, wir Hirten sollen diesen – wie heisst denn das schon wieder? – diesen Retter besuchen?» «Was ist überhaupt ein Retter?», fragt jetzt Lukas. «Ja, so etwas wie ein Königskind, einfach anders», meint Matthias. «Wie bitte?» Lukas versteht das alles nicht. «Na ja, der Retter kommt und befreit uns, und er richtet ein neues Reich auf», beginnt Simon. Doch er merkt, wie schwierig es ist, die richtigen Worte zu finden. Matthias versucht, ihm zu helfen: «In diesem neuen Reich wird niemand mehr arm sein und alle Menschen leben in Frieden. Der Retter sorgt für alle, die in seinem Reich leben.» «Also doch wie ein König», meint Andreas, «wir dürfen zum König! Wir Hirten dürfen zum Königskind!» «Ja, so ähnlich.» Simon sucht immer noch nach Worten, aber dann sagt er: «Kommt, lasst uns gehen.»

Und so machen sich die Hirten auf den Weg nach Betlehem. Doch unterwegs kommen ihnen Zweifel. «In einem Stall soll das Königskind liegen? Das ist doch merkwürdig», meint Matthias. «Also wenn ich König wäre, würde ich nie zulassen, dass mein Kind in einem Stall geboren wird», wendet nun auch Lukas ein. «Ein Stall ist doch kein Ort für eine Geburt, und erst recht nicht für die Geburt eines Königskinds.» «Ein Königskind muss doch in einem Palast auf die Welt kommen und in Samt und Seide gewickelt werden», pflichtet Andreas bei.

Als sie in Betlehem ankommen, finden sie mühelos den Stall und treten neugierig ein. Und wirklich, sie finden Maria und Josef und das Kind in Windeln gewickelt, wie es der Engel gesagt hat. Mit ihnen sind noch andere Hirten da. Andreas, Matthias, Lukas und Simon müssen warten, bis sie an der Reihe sind. «Also, wenn das ein Königskind ist, bin ich ein Kaiser», sagt Matthias leise. «Guckt mal, das Kind hat noch nicht einmal eine Krone auf.» «Und die Eltern sind genauso arm wie wir. Schau sie dir doch mal an! Das können nicht die Eltern des – wie heisst der schon wieder? – des Retters sein», sagt Lukas. «Das Kind wird niemals ein König werden, das ist doch klar», pflichtet Andreas den beiden anderen bei. «Aber die Engel haben es uns gesagt», beharrt Simon.
Und dann sind sie da, an der Krippe. Maria legt Simon das Kind in die Arme. Es lächelt, und plötzlich erkennen die Hirten das Licht wieder, das auch bei den Engeln war, ein Strahlen, das sie alle glücklich und zufrieden macht. Sie erzählen Maria und Josef von den Engeln und betrachten das Kind lange. Maria sagt ihnen seinen Namen: «Jesus heisst er, das heisst ‹Gott hilft›. Er ist unser erstes Kind. Auch mir hat ein Engel verkündet, dass er der von Gott versprochene Retter ist. Danke, dass ihr uns besucht habt.»

Als die Hirten zu ihren Herden zurückgekehrt sind, schweigen sie lange. «Jetzt verstehe ich, was der Retter ist», meint Matthias. «Ich fühle mich so frei und so hell.» «Ja», sagt auch Simon, «genau das meint es. Ich kann es nicht gut in Worte fassen, ich bin ein Hirt, kein Dichter.» Und Andreas ergänzt: «Warm ist es in mir geworden und so friedlich.» Lukas sagt ganz verträumt: «Gott hat uns zum Stall geführt, wir Hirten sind die Ersten, die von dem Kind gehört und es besucht haben.» Dann wird er ernst: «Und jetzt ist es unsere Aufgabe, anderen davon zu erzählen.» «Ob uns irgendjemand glauben wird?», fragt Matthias. «Wir sind ja nur arme Hirten.» Doch Andreas sieht das ganz anders und schmunzelt: «Die Menschen müssen uns nur anschauen, dann wissen sie, dass es wahr ist, was wir sagen. Wir leuchten wie Könige! Hirten als Könige, wer hätte das gedacht!»

Der zwölfjährige Jesus im Tempel

Anita Keiser

Zum Inhalt:	Jesus darf zum ersten Mal zum Passafest nach Jerusalem mitreisen. Er freut sich besonders auf den Tempel. Auf dem Rückweg stellen seine Eltern fest, dass Jesus nicht bei der Reisegruppe ist. Sie kehren nach Jerusalem zurück. Nach verzweifelter Suche finden sie ihren Sohn im Tempel, wo er mit Schriftgelehrten diskutiert.
Biblischer Bezug:	Lk 2,41–52
Stichwörter:	Beten, Geschichte und Umwelt, Jerusalem, Jesus von Nazaret, Josef, Maria, Passa, Reisen, Schriftgelehrte, Tempel
Bezug zur Arbeitshilfe:	AH2 / 3 Advent, Weihnachten und die Kindheit von Jesus / 6 Der zwölfjährige Jesus im Tempel
Erzählzeit:	15'

Wieder ist Frühling. Das Passafest steht vor der Tür. Es erinnert das Volk Israel daran, dass Gott sein Volk vor langer Zeit aus der Sklaverei in Ägypten befreit hat. Zum Passafest reisen viele Menschen aus ganz Israel nach Jerusalem, um dort im Tempel zusammen zu feiern und Gott für die Befreiung zu danken.

Auch in Nazaret, einem kleinen Städtchen in Galiläa, bereiten sich Leute auf die grosse Reise vor. Unter ihnen sind auch Josef und Maria – und Jesus. Jesus ist mit seinen zwölf Jahren endlich alt genug, um nach Jerusalem mitzureisen. Maria seufzt hin und wieder, wenn sie daran denkt, was es noch alles vorzubereiten gibt. Vier Tage lang werden sie nach Jerusalem unterwegs sein, alles zu Fuss. Maria ist damit beschäftigt, Brotteig zu machen, damit sie genug Proviant haben für die lange Reise. Da hört sie Stimmen vor dem Haus. Ah, das ist Josef, der zusammen mit Jesus nach Hause kommt. Jesus ist für seinen Vater wirklich schon eine grosse Hilfe bei der Arbeit. Nun treten die beiden ins Haus. Maria spürt, dass Jesus aufgeregt ist. Noch nie hat er so eine weite Reise unternommen. Er kennt kaum das nächste Dorf. «Worauf freust du dich am meisten?», fragt Josef seinen Sohn. «Auf den Tempel natürlich», ruft Jesus begeistert. «Endlich darf ich den Tempel sehen, unser heiliges Gotteshaus.» In der Nacht vor der Reise schläft Jesus nicht viel, so aufgeregt ist er.

Am nächsten Tag brechen sie ganz früh am Morgen auf. Sie wollen vor der Hitze des Tages schon ein grosses Stück Weg hinter sich haben. Es ist eine grosse Gruppe, die sich auf den Weg macht, von Nazaret bis nach Jerusalem. Der Fussmarsch ist anstrengend. Die Strassen sind heiss und staubig. Jesus geniesst das unbeschwerte Zusammensein mit den Jungen aus seinem Dorf. Die Eltern sehen ihn nur, wenn sie abends rasten. Dann erzählt Josef gern die alten Geschichten ihres Volkes und Jesus hört gebannt zu. Seine Augen leuchten und er stellt viele Fragen. – Wie wissbegierig er doch ist, denkt Maria und schaut ihren Sohn nachdenklich an. Und sie erinnert sich an eine andere Reise, als sie hochschwanger war, die Reise nach Betlehem. Dort wurde Jesus in einem Stall geboren. Und jetzt diskutiert er angeregt mit seinem Vater. Er macht sich über vieles Gedanken. Was wird wohl einmal aus ihm werden?, fragt sich Maria. Vielleicht ein guter Handwerker wie sein Vater. Sie lächelt zufrieden. Langsam wird es dunkel, Maria fröstelt und legt sich eine Decke über die Schulter. Josef sieht sie an: «Du bist müde, nicht wahr? Kommt, wir legen uns schlafen. Der Tag morgen wird noch einmal anstrengend. Lasst uns Gott danken, dass er uns heute bewahrt hat auf unserem Weg.» Josef legt den Arm um Marias Schulter und spricht ein kurzes Dankgebet. Dann legen sie sich unter freiem Himmel schlafen. Morgen sind wir in Jerusalem!, denkt Jesus und schaut in den Sternenhimmel.

Endlich. Da ist Jerusalem, die heilige Stadt! Jesus ist überwältigt, als er die Stadt vom Ölberg aus sieht: Häuser und Gärten und den imposanten Tempel. Josef merkt, wie ergriffen Jesus ist, und streicht ihm über das zerzauste Haar. Der schaut seinen Vater an: «Jerusalem ist unvergleichlich!», sagt er glücklich. «Ja, das finde ich auch!», bestätigt Josef. Sie gehen Richtung Stadttor. Mit ihnen ist eine grosse Menschenmenge unterwegs. Vor dem Tor nehmen Josef und Maria ihren

Sohn beiseite. «Hör mir gut zu», sagt Josef. «Du siehst die vielen Menschen, die zum Fest gekommen sind. Jerusalem ist gross, und du kennst dich nicht aus. Bleib also bei uns. Wir müssen jetzt eine Unterkunft finden und dann das Passalamm kaufen. Und, Jesus, du weisst, eine so grosse Stadt birgt auch viele Gefahren.» Schon bald wird Jesus klar, was sein Vater meint. An den Strassenecken sitzen Bettler, traurige, zerlumpte Gestalten. Alle rufen durcheinander, Eselskarren holpern über die Pflastersteine, Soldaten marschieren mit klirrenden Waffen vorbei. Bettler schreien um eine milde Gabe, aber niemand kümmert sich um sie. Sie werden sogar weggestossen oder mit einen Fusstritt vertrieben. Jesus wird nachdenklich. Vielleicht sind auch Diebe unterwegs, denkt er, jetzt, da so viele Leute volle Geldbeutel bei sich haben. Jetzt ist Jesus doch fast ein wenig enttäuscht von Jerusalem. Er hat sich die Stadt anders vorgestellt, heiliger. Er muss achtgeben, dass er seine Eltern nicht verliert. Endlich finden sie eine Unterkunft. Hier ruhen sie sich erst mal aus.

Am nächsten Tag gehen sie früh los, um alles für das Passafest einzukaufen. Jesus ist sehr aufgeregt, denn heute darf er das erste Mal zum Tempel! Da stehen sie schon auf dem Tempelplatz, und Jesus staunt, wie riesig der Tempel doch ist, mit den hohen Säulen und all dem Glanz. Ja, so muss ein Gotteshaus aussehen! «Komm, wir müssen jetzt das Lamm besorgen», sagt Josef und reisst Jesus aus seinen Gedanken. Ist das ein buntes Treiben! Endlich finden sie, was sie suchen. Als Josef den Preis aushandelt, beobachtet Jesus, wie nebenan zwei Händler aufeinander losgehen. Josef scheint es gar nicht zu bemerken. Jesus ist froh, als sie diesen lärmigen Ort verlassen. Jetzt können sie in aller Ruhe das Festessen vorbereiten.

Das Passafest mitzuerleben, wird ein unvergessliches Ereignis! Die Menschen feiern, essen, tanzen zusammen. Dann, nach sieben Tagen, ist das Fest zu Ende. Die Menschen machen sich auf den Heimweg. Maria und Josef schliessen sich der Gruppe aus Nazaret an. Sie plaudern fröhlich mit den anderen, denn sie haben viel erlebt. Gegen Mittag rasten sie an einem schattigen Plätzchen. «Josef, du glaubst nicht, wie mir die Füsse schmerzen», stöhnt Maria, «dabei sind wir erst vier Stunden unterwegs.» «Oh, das tut mir leid», Josef nimmt Maria das Gepäck ab. «Komm ruh dich erst mal aus, hier ist es schön schattig.» Die beiden setzen sich unter einen knorrigen Olivenbaum. «Du, Josef, wo ist eigentlich Jesus?», fragt Maria. «Hast du ihn gesehen? Er ist doch sicher hungrig.» «Der Junge ist aber auch immer sonstwo!», schimpft Josef. «Lukas!», ruft er einem Jungen zu, «hast du Jesus gesehen?» «Nein, schon lange nicht mehr», lautet die Antwort. «Er wird schon irgendwo sein», murmelt Josef vor sich hin und sagt zu Maria: «Dann fangen wir schon einmal zu essen an.»
Während des Essens überlegt Maria, wann sie Jesus das letzte Mal gesehen hat. War das etwa noch in Jerusalem? «Ich mache mir wirklich Sorgen, Josef, ich habe Jesus seit heute früh nicht mehr gesehen.» «Ich auch nicht», antwortet Josef nachdenklich, «wir müssen ihn suchen.» Schnell stehen die beiden auf, der Appetit ist ihnen vergangen. Sie fragen alle Leute, aber niemand hat Jesus gesehen. Josef und Maria werden immer besorgter. Was sollen sie nur tun? Schliesslich entschliessen sie sich, nach Jerusalem zurückzukehren. Die ganze Festfreude ist dahin.

Am Abend erreichen sie Jerusalem, todmüde und am Ende ihrer Kräfte. Nachdem sie eine Unterkunft gefunden haben, beginnen sie sofort mit der Suche. Doch sie finden nicht die geringste Spur von Jesus. Wo ist der Junge nur? Die Eltern wissen weder ein noch aus. «Was sollen wir nur tun?», flüstert Maria. Josef seufzt tief: «Jetzt ist es dunkel, weiter nach Jesus suchen, wird wohl nichts bringen. Morgen haben wir neuen Mut, dann suchen wir weiter. Lass uns beten, dass Gott uns hilft.» Josef und Maria bitten Gott um Schutz für ihren Sohn und dass sie ihn bald wiederfinden. Dann legen sie sich hin. Trotz ihrer Müdigkeit machen sie kaum ein Auge zu.

Als sie am nächsten Morgen erwachen, machen sie sich sofort auf die Suche. Sie hetzen die Gassen hinauf und hinunter und fragen jeden nach ihrem Jungen. Die Stadt ist merklich ruhiger, und dennoch ist es fast aussichtslos, hier ein Kind zu finden! Maria verliert fast die Hoffnung. Sie zieht Josef in eine ruhige Ecke und sagt: «Ich weiss einfach nicht mehr weiter. Lass uns Gott nochmals um seine Hilfe bitten.» Und so beten sie: «Grosser Gott, du siehst unsere Not! Schon so oft hast du uns geholfen, lass uns jetzt bitte nicht allein.»
«Wo steckt Jesus bloss?», sagt Maria, als sie wieder den Blick auf die Gassen richtet. «Das ist doch gar nicht seine Art, dass er einfach verschwindet, ohne uns etwas zu sagen. Was nur könnte so wichtig sein, dass er alles andere vergisst?» Da geht ein Strahlen über Josefs Gesicht: «Genau, das ist es! Was ist Jesus so wichtig?», ruft er aufgeregt. «Der Tempel! Er hat doch gesagt, dass er sich darauf am meisten freut!» Ein Hoffnungsschimmer. Und schon laufen Josef und Maria zum Tempel. Sie hasten über den Tempelplatz. Heute ist er fast menschenleer. Doch da vorn diskutiert eine Gruppe von Männern. Maria lässt enttäuscht die Schultern hängen. Kein Junge zu sehen! Aber halt,

hören sie da nicht eine helle Kinderstimme? Sie kennen die Stimme! «Jesus!», schreit Maria, es ist ein Schrei der Erleichterung. Sie eilen zu der Gruppe, und tatsächlich: Dort sitzt ihr Sohn inmitten der Schriftgelehrten und diskutiert mit ihnen, als würde er nie etwas anderes tun. Er ist so ins Gespräch vertieft, dass er seine Eltern gar nicht bemerkt hat. Maria drückt Jesus fest an sich. Nur mit Mühe kann sie die Tränen zurückhalten. «Jesus, wir haben dich überall gesucht und Todesängste ausgestanden!» Jesus aber schaut seine Eltern verwundert an und sagt: «Ich muss doch im Haus meines Vaters sein.» Diese Antwort verschlägt den Eltern die Sprache. «Seid nicht zu streng mit eurem Sohn», mischt sich ein Schriftgelehrter ein. «Euer Sohn stellt tiefgründige Fragen und gibt erstaunlich kluge Antworten.» Maria und Josef wissen nicht recht, was sie von der Sache halten sollen. Sie verabschieden sich von den Schriftgelehrten und verlassen mit Jesus den Tempel.

Draussen reden Josef und Maria eindringlich mit ihrem Sohn: So etwas dürfe er nie wieder tun. Im Herzen aber danken sie Gott, dass sie Jesus gesund wiederhaben. Und dann machen sie sich zum zweiten Mal auf den Heimweg, dieses Mal mit Jesus. Jesus aber schaut immer wieder zurück, bis Jerusalem und der Tempel endgültig ausser Sichtweite sind. Und Maria denkt noch lange über die Worte von Jesus und vom Schriftgelehrten nach.

In der Wüste: Erinnerung an den Auszug aus Ägypten

Anita Keiser

Zum Inhalt:	Seit langer Zeit ist das Volk Israel unterwegs in der Wüste auf dem Weg ins verheissene Land. Es ist eine Zeit der Entbehrung und der Gefahren, auch für Tabea und ihre Mutter. Die Mutter erzählt der Tochter die Geschichte des Auszugs aus Ägypten und vom Eingreifen Gottes. Das gibt neuen Mut für den gefahrenvollen Weg, der vor ihnen liegt.
Biblischer Bezug:	Ex 5–15
Stichwörter:	Angst, Auszug, Befreiung, Flüchtlinge, Hoffnung, Mose, Notlage, Passa, Pharao, Vertrauen, Wasser, Wüste
Bezug zur Arbeitshilfe:	AH2 / 4 Biblische Wandergeschichten / 6 Gott begleitet in der Unzufriedenheit / 3 Das Volk Israel in Ägypten / 5 Mirjam tanzt und singt
Erzählzeit:	15'

Wenigstens wird es jetzt etwas kühler. Tut das gut!, denkt Tabea. Diese ständige Hitze, den ganzen Tag wandern, Wüste, so weit das Auge reicht, überall Sand, in den Haaren, auf der Haut, im Mund, sogar zwischen den Zähnen. Das macht müde, sehr müde. Seit vielen Wochen ist Tabea in der Wüste unterwegs, zusammen mit ihrer Familie und dem ganzen Volk Israel mitsamt den Tieren. Nun liegt sie auf einer Matte im schützenden Zelt und schaut zu ihrer Mutter hinüber. Das Gesicht der Mutter ist zerfurcht von Sonne und Wind. Ihre Kleider sind zerschlissen, nur notdürftig geflickt.

«Mama, wie lange müssen wir noch wandern? Verfolgt uns der Pharao immer noch?», fragt Tabea. In ihrer Stimme klingen Furcht und Sorge. Die Mutter setzt sich neben ihre Tochter. Tabea legt den Kopf in den Schoss ihrer Mutter. Die Mutter streicht ihr übers Haar und schweigt. Man hört nur den Wind, der um das Zelt bläst, ein paar Stimmen draussen und das Gemecker der Ziegen. Die Mutter denkt daran, wie lange sie nun schon unterwegs sind. Flüchtlinge sind wir, ohne Heimat. Wohin wird uns unser Weg führen? Wir sind alle so erschöpft, so hungrig und durstig. Wie lange noch? Gott allein weiss es. «Nein», beruhigt sie ihre Tochter, «der Pharao verfolgt uns nicht mehr, denn seine Streitwagen und seine Soldaten sind im Meer ertrunken» «Da bin ich aber froh», sagt Tabea. Die Mutter versucht, ihrer Stimme einen zuversichtlichen Klang zu geben: «Mach dir keine Sorgen, wir sind in Sicherheit. Wenn es nicht so wäre, hätte uns der Pharao mit seinen schnellen Streitwagen schon längst eingeholt.»

«Mama, erzähl mir vor dem Schlafengehen eine Geschichte», bittet Tabea. Geschichten, die die Mutter erzählt, sind eine willkommene Abwechslung auf dem eintönigen Weg durch die Wüste. Die Mutter betrachtet ihre Tochter liebevoll, aber auch voller Sorge. Wie mager sie doch ist, wie trocken ihre Lippen und wie verfilzt ihr Haar! Sie gibt sich einen Ruck: «Aber natürlich, mein Schatz! Ich werde dir noch einmal die Geschichte erzählen, wie Gott unser Volk aus Ägypten herausgeführt hat. Damit du sie nicht vergisst und später einmal deinen Kindern weitererzählen kannst.» Tabea nickt eifrig, sie will sich jeden Satz genau merken. «Au ja, diese Geschichte habe ich besonders gern! Aber kann ich zuerst etwas zu trinken haben?» Sie leckt sich die ausgedörrten Lippen. Die Mutter zuckt ein wenig zusammen: So ein kleiner Wunsch, und sie kann ihn kaum erfüllen! Doch sie versucht, sich nichts anmerken zu lassen: «Ja, ich hole den Wasserschlauch.» Der Schlauch ist besorgniserregend leicht, das Wasser abgestanden und lauwarm. Tabea ist daran gewöhnt und nimmt zwei, drei Schluck Wasser, das muss reichen. «Oh, das tut gut!», seufzt sie zufrieden. Dann machen es sich die beiden auf der Matte bequem, und die Mutter beginnt zu erzählen.

«Vor langer, langer Zeit, kam unser Stammvater Jakob mit seinen Söhnen und ihren Familien nach Ägypten, weil in Kanaan, wo sie lebten, Hungersnot herrschte. Der Pharao erlaubte ihnen, sich dort niederzulassen. Und Gott segnete unser Volk, und wir wurden zahlreich, ein grosses Volk. Lange Zeit ging es uns gut in Ägypten. Wir wohnten in Frieden. Doch dann kam ein neuer Pharao. Der erinnerte sich nicht mehr an unseren Stammvater. Er begann, unser Volk zu unterdrücken, ja er machte uns zu Sklaven. Wir mussten Pyramiden

bauen. Er gönnte uns keine Ruhe, er schlug unsere Arbeiter. Und der Pharao wurde immer grausamer, weil er fürchtete, unser Volk werde zu stark und mächtig, eine Gefahr für ihn. Schliesslich verlangte er, dass wir unsere Knaben umbringen, sobald sie geboren sind. Wir klagten Gott unser Leid. Doch Gott schwieg. Viele, viele Jahre. Wir waren verzweifelt und hatten keine Hoffnung mehr. Dann endlich schickte Gott uns Mose. Gott hat unsere Gebete also doch gehört.»
Tabea schaut die Mutter an: «Ich bin froh, dass Mose uns führt» «Ja, ich auch. Gott hat Mose den Auftrag gegeben, zum Pharao zu gehen und ihn zu bitten, uns ziehen zu lassen, in ein Land, das Gott selbst uns zeigen wird.» Die Stimme der Mutter klingt beinahe fröhlich. «Aber natürlich hat sich der Pharao geweigert. Warum sollte er auch den Wunsch von Mose erfüllen? Der Pharao brauchte uns ja für den Bau seiner Pyramiden! Da schickte Gott Plagen: Heuschrecken, die alles auffrassen, Krankheiten, an denen Menschen und Tiere starben, Frösche, die das Land bedeckten! Es war schlimm! Aber all das stimmte den Pharao nicht um. Er blieb dabei, wir durften nicht gehen. Ja der Pharao auferlegte uns Strafen. Wir mussten noch mehr und noch härter schuften. Wir verzweifelten fast. War der Pharao mächtiger als unser Gott, der Himmel und Erde geschaffen hat? Konnte Mose nichts ausrichten?

Eines Abends erhielten wir seltsame Anweisungen von Mose: ‹Haltet euch bereit zum Aufbruch! Schlachtet ein Lamm und bestreicht mit dem Blut des Lamms die Türrahmen des Hauses. Das wird ein Zeichen des Schutzes für euch sein. Denn etwas Furchtbares wird in dieser Nacht geschehen: In allen ägyptischen Häusern wird der Erstgeborene sterben. Und genau in dieser Nacht wollen wir losziehen.› Wir waren verunsichert und sehr besorgt: Würde der Pharao uns einfach ziehen lassen, dieser grausame Herrscher, der es nicht duldet, dass man sich ihm widersetzt? Trotz allen Bedenken befolgten wir die Anweisungen von Mose. Und dann warteten wir, was weiter geschehen würde. Furchtsam sassen wir beisammen, draussen herrschte eine seltsame Ruhe. Die Nacht war hereingebrochen. Doch dann hörten wir laute Klagerufe aus den Häusern der Ägypter. Sollte das Furchtbare, das Mose angekündigt hatte, tatsächlich geschehen sein? Was wird der Pharao nun tun? Wir zitterten vor Angst, die Kinder weinten, wir rückten ganz nah zusammen und warteten.

Doch es kam gut für unser Volk: Dieses schreckliche Ereignis stimmte den Pharao um. Er liess Mose zu sich rufen und befahl: ‹Ich will, dass du und das ganze Volk Israel mit allen Tieren sofort unser Land verlassen.› Und, stell dir vor, unsere ägyptischen Nachbarn kamen zu uns und bedrängten uns: ‹Auf, schnell, geht fort, damit wir nicht alle sterben müssen.› Sie gaben uns sogar Kleider und Schmuck mit. Eilig packten wir unsere Habseligkeiten zusammen. Wir nahmen sogar den Brotteig mit, denn zum Backen reichte die Zeit nicht mehr. Bevor wir wussten, wie uns geschah, waren wir schon unterwegs, das ganze Volk mit allen Schafen und Ziegen. Wir konnten es noch nicht fassen: Frei, wir waren frei! Gott hatte uns die Freiheit geschenkt! Wir würden nie mehr Sklaven sein!»

Tabea ist eingeschlafen. Liebevoll betrachtet die Mutter ihr Kind. Die Erinnerung an Gottes Eingreifen gibt der Mutter neue Kraft und Zuversicht. Es ist schwer, jeden Tag durch die Wüste zu wandern, nicht zu wissen, was der Tag bringen wird. Aber dafür, dass ihre Tochter nie mehr Sklavin sein muss, dafür steht sie jeden Tag auf und geht los, bis ans Ende der Welt, wenn es sein muss. Leise steht die Mutter auf, um Tabea nicht zu wecken. Sie geht zum Zelteingang und schaut hinaus, der Wind streicht kühl über ihre Wangen, sie fröstelt ein wenig. Sie hört die Männer, wie sie mit Mose diskutieren: «Wo werden wir morgen Wasser finden? Wann werden wir endlich im verheissenen Land ankommen?» Mose versucht, ihnen Mut zu machen. Und die Mutter denkt: Gott wird für uns sorgen, ich möchte ihm vertrauen.

Die Prophetin Mirjam singt und tanzt

Mirjam Fisch-Köhler

Zum Inhalt: Zusammen mit Mose, Aaron und dem Volk Israel ist Mirjam auf dem Weg ins versprochene Land. Mirjam ist eine Prophetin Gottes und ermuntert immer wieder das Volk, in Gefahren nicht aufzugeben, sondern auf Gottes Hilfe zu vertrauen. Und wenn die Gefahr überstanden ist, dann singt und tanzt Mirjam zum Lob Gottes. Die Geschichte fasst mit ihrem Rückblick auf Israels Sklaverei und den Auszug aus Ägypten die ganze Exodusgeschichte gut zusammen.
Biblischer Bezug: Ex 1–15
Stichwörter: Berufung, Lob, Mirjam, Mose, Notlage, Pharao, Prophetin, Schilfmeer, Schritte, Wanderung, Wüste
Bezug zur Arbeitshilfe: AH2 / 4 Biblische Wandergeschichten / 3 Das Volk Israel in Ägypten / 4 Mose und der brennende Dornbusch / 5 Mirjam tanzt und singt
Erzählzeit: 14'
Hinweise zur Gestaltung: Die Mitte mit kleinen Instrumenten gestalten, die im Anschluss ans Erzählen für das Begleiten eines Lobliedes zum Einsatz kommen. Mit den Kindern überlegen, wofür wir Gott danken können.

Mirjam macht einen Schritt nach dem anderen, so wie alle vor und hinter ihr. Sie ist unterwegs mit Mose und Aaron, ihren Brüdern, und dem ganzen Volk Israel. Schon seit einiger Zeit sind sie auf dem Weg ins versprochene Land. Wenn so viele Leute miteinander unterwegs sind, dauert das seine Zeit. Schliesslich müssen alle Schritt halten können: die Grossmütter und Grossväter genauso wie kleine Kinder und schwangere Frauen, die flinken Buben und Mädchen, die Frauen und Mütter wie die Männer und Väter. Und ausserdem sind ja auch noch viele Tiere dabei: Schafe und Ziegen, Esel und Kamele. Zum Glück tragen die Tiere den grossen Teil der Lasten, die Zeltstangen und Tücher, Decken und Kleiderbündel, getrocknetes Fleisch, Gemüse und Früchte und die schweren Wasserschläuche. Der Zug muss sich auch ihrem Tempo anpassen. Und wenn die Sonne höher steigt und es immer heisser wird, verlangsamt sich der ganze Zug noch einmal. Und doch geht es weiter, Schritt für Schritt.

Mose und Aaron führen den Zug an. Sie orientieren sich tagsüber an einer Wolke, in der Nacht an einer Feuersäule. Gott hat Mose versprochen, sie in ein Land zu führen, das dem Volk Israel gehören soll. Ein eigenes Land! Unter Gottes Schutz würden sie dort wohnen, ihm dienen und ihm danken für all das Gute, das sie von ihm bekommen haben. Darauf freut sich Mirjam schon. Während sie Schritt für Schritt vorwärtsgeht, summt sie immer wieder vor sich hin, Melodien, mit denen sie Gott lobt.

Mirjam hat eine wichtige Aufgabe. Sie ist eine Prophetin Gottes, eine Frau, die viel Zeit damit verbringt, um auf Gottes Stimme zu hören. Und wenn sie Gott reden gehört hat, erzählt sie weiter, was sie mit Gott erlebt. Mirjam hat gelernt, Zeichen von Gott wahrzunehmen, auf Gott zu hören und das zu tun, was sie im Herzen spürt. – Es ist wunderbar, so mit Gott verbunden zu sein, denkt sie, und fängt leise an, ein Danklied zu singen. Die Frauen, die vor und hinter Mirjam gehen, hören das Lied, und nach einer Weile summen oder singen sie mit. Immer wieder pflanzt sich so ein Lied im Zug fort. Und abends, wenn die Zelte aufgestellt sind und die Leute unter dem weiten Himmel mit den vielen glitzernden Sternen zur Ruhe gekommen sind, ermuntert Mirjam die anderen zum Singen. «Wir wollen Gott loben, dass er uns heute sicher geführt und vor Gefahren bewahrt hat!», ruft sie. Nicht nur Mose weiss, dass in der Wüste viele Gefahren lauern. Es gibt Treibsand, tückische Felsen, manchmal findet das Volk lange Zeit keine Wasserstelle. Oder Räuber können in ihren Verstecken den Wandernden auflauern. Und so sind die Männer, Frauen und Kinder immer froh, wenn es ohne Zwischenfälle Abend wird und sie sich ausruhen können. Sie lieben Mirjam, die sie mit ihrer fröhlichen, aufmerksamen Art immer wieder daran erinnert, wie gut Gott für sie sorgt. Und Singen tut einfach gut, tröstet und stärkt die Menschen.

Heute hängt Mirjam ihren Gedanken nach. Sie erinnert sich noch gut daran, wie sie ihren kleinen Bruder Mose

in seinem Schilfkörbchen am Nil versteckte. Eine ägyptische Prinzessin hat ihn gefunden und zu sich in den Palast genommen, wo er aufgewachsen ist wie ein Prinz. Er hat eine ausgezeichnete Erziehung und Ausbildung bekommen und dabei gelernt, wie man Menschen führt. Leider hat er im Zorn einen ägyptischen Sklaventreiber erschlagen, da musste er Hals über Kopf fliehen. Seine Familie hat viele Jahre nichts mehr von ihm gehört. Das war schlimm für Mirjam und ihre Familie. Doch eines Tages ist Mose zurückgekehrt, zusammen mit seiner Frau Zippora und seinen Söhnen. Für Jitro, den Vater von Zippora, hat Mose viele Jahre lang als Schafhirt gearbeitet. Er hat von Grund auf gelernt, wie man in der Wüste überleben kann. Doch dann sprach Gott zu Mose aus einem brennenden Busch und gab ihm den Auftrag, zu seinem Volk nach Ägypten zurückzukehren. Du sollst mein Volk aus der Sklaverei befreien, sagte Gott zu ihm. Mirjam schmunzelt. Mose hat so eindrücklich beschrieben, wie er mit Gott diskutiert hat. Ich kann doch keine Reden halten, hatte er Gott entgegengehalten, und überhaupt, wer weiss, wie der Pharao reagieren wird, wenn ich plötzlich wieder auftauche und fordere, er soll mein Volk aus der Sklaverei entlassen! Mose hatte ja miterlebt, wie hart die Israeliten für den Pharao schuften mussten. Dabei hatten sie sich als freies Volk in Ägypten niedergelassen, waren Josef gefolgt, der beim Pharao eine hohe Stellung hatte. Doch später erinnerte sich der Nachfolger jenes Pharao nicht mehr an die Freundschaft zwischen den beiden Völkern. Er betrachtete sie als Ausländer und verlangte von ihnen, dass sie wie Sklaven für ihn arbeiteten. Der Pharao würde seine Arbeiter doch nicht ohne weiteres gehen lassen, das hat Mose Gott auch gesagt. Aber Gott hat ihn beruhigt. «Ich selbst werde mit dir sein und dir helfen. Und das Reden kannst du deinem Bruder Aaron überlassen. Du aber, du musst mein Volk in die Freiheit führen.»
Doch es ist genau so gekommen, wie Mose es befürchtet hatte. Natürlich wollte der Pharao das Volk Israel nicht ziehen lassen! Zehn Mal musste Gott seine Macht zeigen, bis der Pharao endlich einsah, dass da ein Stärkerer war als er. «Geht, macht dass ihr fortkommt!», sagte der Pharao zu Mose und Aaron. Denn der Pharao musste miterleben, wie Heuschrecken die Felder leer frassen, Frösche sich so rasend schnell vermehrten, dass sie überall anzutreffen waren, in den Häusern, Betten und sogar im Essen. Das Schlimmste aber war, dass in jeder ägyptischen Familie der älteste Sohn starb. Da endlich gab der Pharao nach. In aller Eile packten die Israeliten ihre Sachen zusammen und brachen auf. «Frei, endlich frei!», riefen sie einander zu und umarmten sich. Als Mose das Zeichen zum Losmarschieren gab, schlugen viele Herzen höher und die Füsse bewegten sich flink durch die Nacht. «Nichts wie weg», dachten viele, «man weiss nie, ob es sich der Pharao wieder anders überlegt!»
Und so gehen sie seither mutig voran, Schritt für Schritt durch die Wüste ins versprochene Land.

Doch dann geschieht etwas, wovor sie immer Angst hatten. Die Soldaten des Pharao folgen dem Volk Israel. Den Israeliten fährt der Schreck in die Glieder, als sie sehen, wie aus den Staubwolken Streitwagen mit bewaffneten Männern auftauchen. «Sie werden uns töten, wir sind in der Falle!», schreien sie voller Angst. Vor ihnen liegt das Schilfmeer, hinter ihnen sind die Soldaten, die rasch näherkommen. «Was sollen wir nur tun? Wir werden alle untergehen!» Viele fangen an zu weinen, einige beschimpfen Mose. «Wo hast du uns nur hingeführt? In Ägypten mussten wir zwar schuften, aber jetzt werden wir ertrinken oder von den Soldaten getötet! Wo bleibt jetzt die Hilfe Gottes, die du uns immer wieder versprochen hast?» Die Israeliten haben völlig vergessen, wie Gott Wasser aus einem Felsen sprudeln liess oder wie sie Wachteln fangen und so viel Fleisch essen konnten, bis ihnen die Bäuche wehtaten. Jetzt aber, jetzt haben sie nur noch Angst. Voller Verzweiflung schreit Mose zu Gott, wie jedes Mal, wenn er nicht mehr weiter weiss. Und dann hält er seinen Stab über das Wasser. Ein Sturmwind drängt die Wellen so zurück, dass das ganze Volk durchs Schilfmeer ziehen kann. Und als Mose den Stab wiederum über das Wasser hält, verstummt der Wind. Die Wellen schlagen zusammen und das Wasser begräbt die Streitwagen des Pharao, Pferde und Reiter, die ihnen gefolgt sind, unter sich. Gott sei Dank, das ganze Volk Israel ist gerettet! Alle brechen in lauten Jubel aus. Kein Verfolger ist mehr zu sehen, und sie haben alle das sichere Ufer erreicht!
Mose und Aaron sind tief bewegt. Sie loben und preisen Gott mit lauter Stimme, immer wieder danken sie Gott für die Rettung. Und auch Mirjam erhebt ihre Stimme. Aus vollem Herzen singt sie, nimmt ihr Tamburin und fängt an zu tanzen. «Kommt, auf, singt und tanzt zur Ehre Gottes!», ruft sie dem Volk zu. «Gott hat uns gerettet, er ist wie ein Vater zu uns, der immer für uns sorgt und uns nicht untergehen lässt!» Die Worte kommen direkt aus ihrem Herzen, ihr Gesicht strahlt: «Singt dem Herrn, denn hoch hat er sich erhoben, Pferd und Reiter hat er ins Meer geschleudert.» Noch lange singen und tanzen sie, tanzen zur Ehre Gottes. Die Menschen einzuladen und mitzunehmen ins Lob Gottes, das ist Mirjams Aufgabe als Prophetin. Und das macht sie von Herzen gern.

Manna

Anita Keiser

Zum Inhalt: Das Volk Israel ist unterwegs in der Wüste. Auch Joel und seine Familie. Joel meckert über das eintönige Essen, denn es gibt jeden Tag Manna. Seine grosse Schwester Tabea aber erinnert sich an die Zeit, als das Volk gar nichts zu essen hatte. Und sie erzählt ihrem Bruder vom Auszug aus Ägypten und von Gott, der sein Volk auf wundersame Weise in der Wüste versorgt.
Biblischer Bezug: Ex 16; Ex 1–15
Stichwörter: Auszug, Freiheit, Glaube, Manna, Mose, Nahrung, Notlage, Pharao, Unzufriedenheit, Vertrauen, Wüste
Bezug zur Arbeitshilfe: AH2 / 4 Biblische Wandergeschichten / 6 Gott begleitet in der Unzufriedenheit
Erzählzeit: 8'
Hinweise zur Gestaltung: In die Mitte eine Schüssel mit Popcorn fürs Manna stellen, das im Anschluss ans Erzählen gegessen wird. Gesprächsimpuls: Wie wäre es für uns, wenn es jeden Tag nichts als Popcorn gäbe?

«Gibt es nichts anderes zu essen als Manna?», fragt der kleine Joel Tabea. Seine Stimme klingt vorwurfsvoll. Seine ältere Schwester lächelt gutmütig und streicht ihm über den Wuschelkopf. Kein Wunder, dass er so redet, denkt sie, denn auch die Erwachsenen beklagen sich oft lautstark über die einseitige Nahrung. «Hör auf zu jammern», ermahnt sie Joel und zupft ihn leicht am Ohr, «Manna ist viel besser als nichts.» «Lass mich, du sollst mich nicht am Ohr ziehen!», schimpft der kleine Bruder und rennt davon. Tabea springt hinter ihm her, die beiden tollen umher. «Ich hab dich!», ruft sie triumphierend.

Tabeas Worte haben Joel nachdenklich gemacht. «Hatten wir denn früher einmal nichts?», fragt er seine Schwester. «Ja, es gab eine Zeit, da hatten wir nichts zu essen.» Tabea ist ernst geworden. «Aber daran kannst du dich nicht mehr erinnern, du warst zu klein damals.» «Bitte, bitte, erzähl mir davon!» Joel zerrt seine Schwester am Arm. «Na gut. Aber nachher gehen wir Manna aufsammeln! Versprichst du mir, heute mitzuhelfen, ohne zu murren?» «Ja, ganz, ganz sicher!», verspricht Joel.

«Also komm, wir setzen uns ins Zelt, dort gibt es wenigstens etwas Schatten.» Tabea nimmt Joel an der Hand, er hüpft vergnügt neben ihr her. Er freut sich immer auf Tabeas Geschichten. Sie kann so gut erzählen! Die beiden machen es sich auf der Matte gemütlich. Joel kuschelt sich an seine Schwester und sie beginnt zu erzählen: «Wie du sicher weisst, wandern wir nun schon eine Zeit lang durch die Wüste. Dir mag das sehr lang vorkommen, aber es ist eine kurze Zeit im Vergleich mit den vielen, vielen Jahren, in denen unser Volk als Sklaven in Ägypten lebte.» «Was sind Sklaven?», fragt Joel. Tabea unterdrückt ein Seufzen. Hat sie ihm das nicht schon mindestens sieben Mal erklärt? «Schau, das sind Menschen, die überhaupt keine Rechte haben. Slaven müssen hart arbeiten und verdienen gar nichts. Ihre Herren dürfen sie ungerecht behandeln, sie schlagen und verkaufen, stell dir das vor! Und unser Volk wurde jahrelang so behandelt», sagt Tabea. «Wie gemein!», ruft Joel. «Stimmt, das finde ich auch. Der Pharao, das ist der Herrscher in Ägypten, war sehr hart und grausam zu unserem Volk. Wir aber flehten zu Gott, dass er uns errettet aus dieser verzweifelten Situation. Endlich, nach vielen hoffnungslosen Jahren, schickte er uns Mose. Gott hatte Mose den Auftrag gegeben, uns aus dem Land der Unterdrückung herauszuführen. Mose bat den Pharao, uns ziehen zu lassen. Doch der Pharao, der weigerte sich. Darauf schickte Gott Plagen, die das ganze Land in Angst und Schrecken versetzten: Heuschrecken, die alles auffrassen, Krankheiten, an denen viele starben. Aber, du wirst es nicht glauben, der Pharao blieb dabei, wir durften nicht gehen. Da schickte Gott die allerschrecklichste Plage: Alle ältesten Söhne der Ägypter starben in einer Nacht. Nach diesem furchtbaren Ereignis jagten uns die Ägypter davon. Noch in derselben Nacht mussten wir aufbrechen. Du warst damals noch sehr klein, konntest kaum gehen. Vater hat dich getragen. Wie gut, dass du nun schon so gross und stark bist und selbst viele Stunden wandern kannst.» Joel freut sich über das Lob seiner Schwester. Tabea erzählt weiter:

«Seit diesem Tag ist die Wüste unser Zuhause, bis wir in das Land kommen, das Gott uns versprochen hat. Einige Wochen nach dem Aufbruch waren unsere Vorräte aufgebraucht. Wir hungerten, für uns Kinder war es besonders schlimm. Woher sollten wir in der Wüste Nahrung bekommen? Das Volk wurde immer wütender. Aufgebracht gingen sie zu Mose, beschimpften ihn und verlangten, dass er etwas tun soll. Um ein Haar wären sie auf ihn losgegangen. Mose aber liess sich nicht einschüchtern. Er flehte Gott um Hilfe an, und der versprach, uns zu versorgen: Abends würden wir Fleisch bekommen und am Morgen Brot. So sagte es Mose. Einige zweifelten und glaubten ihm nicht. Ich aber hatte Vertrauen zu Gott, denn er hat unser Volk aus der Hand des Pharao herausgerissen! – Und so geschah es auch: Nun können wir jeden Morgen Manna einsammeln, und jeden Abend gibt es Wachteln. So können wir in der Wüste überleben. Deshalb ärgere ich mich, wenn du über das Essen meckerst. Ich finde, der Hunger war viel schlimmer.» Joel schämt sich ein bisschen, wenn er sich erinnert, wie er über das eintönige Essen geschimpft hat. Doch Tabea ist mit ihren Gedanken schon wieder woanders: «Wenn wir im versprochenen Land angekommen sind, dann darfst du Datteln, Feigen und Oliven essen, bis dir der Bauch wehtut.» «Was sind Datteln?», fragt Joel neugierig. «Ach ja, wie konnte ich das vergessen», lacht Tabea, «du hast ja noch nie davon gekostet.»

In diesem Moment schaut die Mutter ins Zelt hinein: «So, Kinder, es ist Zeit, das Manna einzusammeln. Die Sonne steht schon ziemlich hoch.» «Ach nein, Tabea ist noch nicht fertig mit der Geschichte», mault Joel. Doch Tabea zwinkert ihrem Bruder zu: «Erinnerst du dich noch, was du mir vorhin versprochen hast? Los, komm!» Tabea zieht ihren Bruder hoch. Der rennt los. «Ich bin schneller als du», ruft er. «Na warte, das werden wir ja sehen!», gibt Tabea zurück.

Die Mutter hat den Schluss der Geschichte gehört, die Tabea ihrem Bruder erzählt hat. Sie ist beeindruckt vom tiefen Glauben ihrer Tochter. Manchmal haben Kinder mehr Gottvertrauen als wir Erwachsenen, denkt sie, und rollt die Zeltbahnen zusammen. Bald werden wir aufbrechen, denn wir sind noch nicht am Ziel. Doch für heute haben wir alles, was wir brauchen.

Grossvater, Franz und die Schöpfung

Doris Müller

Zum Inhalt: Franz und sein Grossvater verbringen miteinander eine herrliche Woche in den Bergen. Gemeinsam entdecken sie dort Gottes schöne Welt, inspiriert von der Schöpfungsgeschichte der Bibel. Es entspinnen sich wunderbare Gespräche zwischen Grossvater und Enkel.
Biblischer Bezug: Gen 1,1–2,4; Ps 104
Stichwörter: Achtsamkeit, Berge, Beten, Erzählen, Gott, Grosseltern, Humor, Leben, Schöpfung, Sonne, Sonntag, Steine, Sterne, Tiere, Wasser
Bezug zur Arbeitshilfe: AH2 / 5 Gottes schöne Welt
Erzählzeit: 45' (in mehrere Erzähleinheiten unterteilen)
Hinweise zur Gestaltung: Die Geschichte als Fortsetzungsgeschichte erzählen und mit Spielen, Zeichen-, Bastel- und Legearbeiten passend zum Erzählten vertiefen.

Hinführung zur Geschichte

Gott war vor allem anderen da. Er ist der Schöpfer des Himmels und der Erde. Er hat alles gemacht. Davon erzählten Menschen sich immer wieder neu. Sie schrieben es auf. Was sie aufschrieben, steht bis heute in der Bibel. Diese Geschichten stehen am Anfang der Bibel.

Bis heute staunen und bewundern wir Gottes Schöpfung so, wie wir sie erleben. Wie sie Franz zusammen mit seinem Grossvater erlebte, davon erzählt meine Geschichte.

Unterwegs

«Franz, mach vorwärts, Grossvater wird dich gleich abholen», ruft die Mutter. Aber Franz muss noch unbedingt sein liebstes Kuscheltier, ein kleines Äffchen, in seinen Rucksack packen. Dann hebt er den Rucksack hoch und stöhnt: «Oje, ist der schwer!» Die Mutter lacht nur und sagt: «Du bist doch jetzt schon acht Jahre alt und wirst es schon schaffen. Im August kann es in den Bergen schon recht kühl sein, zieh deine warme Jacke an.»
In diesem Moment klingelt es an der Tür und der Grossvater steht davor, mit einem riesigen Rucksack. Was mag wohl alles in diesem Rucksack sein?
Franz springt auf ihn zu und umarmt ihn: «Grossvater, ich freue mich ja so. Danke, dass ich zusammen mit dir in die Berghütte fahren darf.»
«Dann aber mal los, junger Mann. Der Zug wartet nicht auf uns.»
Ausgerüstet mit Wanderschuhen, warmer Jacke und riesigen Rucksäcken machen sich die beiden auf den Weg. «Schöne Tage und behüt euch Gott», ruft ihnen die Mutter zum Abschied nach. Aber Franz hört es in seiner Aufregung nicht mehr.

Die Fahrt mit dem Zug und dem Postauto vergeht wie im Flug, denn immer wieder gibt es etwas zu sehen. Und schon steigen sie in dem kleinen Bergdörfchen aus.
«So, Franz, noch eine halbe Stunde Fussweg, dann sind wir da», sagt der Grossvater, «aber beim Fluss machen wir eine Pause.»
Tapfer läuft Franz mit seinem schweren Rucksack den Bergweg entlang, bis sie an dem kleinen Fluss haltmachen. Franz stellt den Rucksack ab und setzt sich auf einen Stein. Der Grossvater gibt Franz zur Stärkung einen Schokoladenriegel aus seinem Rucksack, und Franz hofft, dass noch mehr solche feine Sachen in dem Rucksack versteckt sind.
Im Wasser entdeckt Franz einen schönen Stein, den er herausfischt und betrachtet: «Grossvater, was meinst du, wie lange liegt der Stein schon hier?» «Sicher schon viele, viele tausend Jahre.» «Wenn der erzählen könnte, was er schon alles erlebt hat! Das wäre spannend. Darf ich den Stein mitnehmen?» «Ja, wenn du ihn noch tragen kannst!» «In meiner Hosentasche ist immer Platz.» «Gut, jetzt aber weiter, damit wir noch bei Tageslicht bei der Hütte ankommen.»
Der Weg zieht sich in die Länge, und Franz ist froh, als sie die Hütte endlich erreichen. Hinter einem grossen Stein holt der Grossvater den Schlüssel hervor und schliesst die Tür auf. Wie ist es dunkel, kalt und feucht in der Hütte!

Als Erstes öffnet der Grossvater die Fensterläden, um Licht und frische Luft hereinzulassen. Dann sagt er: «Franz, du könntest trockenes Holz suchen, dann kann ich ein Feuer machen.» Franz geht trockene Äste suchen, der Grossvater holt Zündhölzer aus seinem Rucksack und im Nu hat er ein Feuer im alten Ofen entfacht. Es dauert nicht lange, da ist es warm und gemütlich in der Hütte. Der Grossvater zaubert Tee und Spaghetti und Tomatensauce aus seinem Rucksack. Dann gehen sie zusammen Wasser am Brunnen vor der Hütte holen und bereiten das Nachtessen zu.

Franz packt seinen Schlafsack aus, dann erkundet er die Hütte. In einer Ecke entdeckt er eine alte dunkle Holztruhe, die er vorsichtig öffnet. Es sind alte Decken darin, einige Spiele und ein dickes altes Buch. Das holt er heraus und fragt den Grossvater, was für ein Buch das sei.

Der Grossvater schaut seinen Enkel ganz traurig an und sagt: «Das ist die Bibel, die deiner Grossmutter gehört hat. Als sie noch gelebt hat, hat sie hier in der Hütte viel in der Bibel gelesen. Sie hat immer zu mir gesagt: ‹Hier in den Bergen ist Gott mir besonders nah.› Und deiner Mutter hat sie viele, viele Geschichten daraus erzählt, und ich habe auch gern zugehört. Deine Grossmutter konnte wunderbar erzählen.» «Erzählst du mir auch eine Geschichte?», bittet Franz seinen Grossvater. Doch der sagt: «Lass uns jetzt erst mal essen. Sonst verhungern wir noch.» Sie setzen sich an den Tisch und der Grossvater betet vor dem Essen: «Komm, Herr Jesus, sei unser Gast und segne, was du uns bescheret hast. Amen.»

Licht und Dunkel
Nach dem Nachtessen fallen Franz fast die Augen zu, der Tag ist wirklich lang gewesen und voller neuer Eindrücke. Franz sucht seine Zahnbürste, putzt die Zähne draussen am Brunnen, zieht seinen warmen Pyjama an. Er nimmt sein Äffchen und den schönen Stein, den er gefunden hat, legt im Bett alles neben sich und schlüpft in den warmen Schlafsack. Zusammen mit dem Grossvater betet er: «Für den Tag, Gott, dank ich dir, bleib du jeden Tag bei mir. Für die Nacht, Gott, dank ich dir, bleib du jede Nacht bei mir. Amen.» Schon ganz schläfrig fragt Franz: «Erzählst du mir morgen aus dem dicken Buch eine Geschichte?» Aber die Antwort hört Franz nicht mehr, denn er ist schon eingeschlafen.

Mitten in der Nacht wacht Franz auf, weil er dringend aufs WC muss. Es ist stockdunkel. Nichts sieht er. Er hört nur das leise Schnarchen des Grossvaters, den er nicht wecken will. Was soll er nur tun? Das WC ist draussen neben der Hütte. Ihm ist ängstlich zumute und kalt ist ihm auch. Dann erinnert er sich jedoch, dass er ja seine Taschenlampe eingepackt hat. Wo ist nur der Rucksack? Ach ja, er hat ihn ans Fussende des Betts gestellt. Im Dunkeln sucht und findet er die Lampe. Jetzt kann er auch den Weg zum WC finden. Er beeilt sich und ist schnell wieder im Bett.

Erst als es schon hell ist, wacht Franz auf. Der Grossvater hat schon Feuer gemacht, Tee gekocht und Brot und Käse aufgeschnitten. Im Nu ist Franz angezogen und sitzt beim Grossvater am Tisch. Der fragt: «Na, wie war die erste Nacht?» «Du, Grossvater, es war sehr, sehr dunkel in der Nacht und ich habe mich etwas gefürchtet, als ich aufs WC musste.» «Du darfst mich doch immer wecken, wenn etwas ist.» «Aber ich bin doch schon acht Jahre alt, da wollte ich es allein schaffen. Ausserdem habe ich meine Taschenlampe gefunden. Das Licht hat die Angst vertrieben. Aber jetzt erzähle mir doch endlich etwas aus dem dicken Bibelbuch.»

«Immer langsam. Aber weisst du, was du in der Nacht erlebt hast, passt gerade zum Anfang in der Bibel.» «Ja, was steht denn da?» «Ganz am Anfang war es auch stockdunkel. Da gab es nur Dunkelheit und sonst nichts, gar nichts, keinen einzigen Ton, kein Tier, keinen Menschen, keine Pflanzen, einfach nichts.» «O wie langweilig und öde!» «Ja, es war wüst und leer. Aber Gott war da. Und Gott wollte, dass es hell wird. Das Licht machte das Dunkel hell.» «Da hatte Gott aber eine gute Idee. Wenn man Licht hat, muss man keine Angst haben, dann wird es warm und freundlich. So war es auch in der Nacht, als ich aufs WC musste. Genau so war es auch gestern, als wir hier ankamen. In der Hütte war es stockdunkel. Dann hast du die Fensterläden aufgemacht und es wurde hell. Vielleicht hat Gott auch einfach die Fensterläden aufgemacht.» «So könnte man es sich vorstellen. Gott wollte das Licht für den Tag und das Dunkel für die Nacht. Und das Licht gefiel ihm, er freute sich darüber.» «Ich finde, das hat Gott gut gemacht. Und was machen wir heute den ganzen hellen Tag lang?»

Wasser und Wolken
«Lass uns doch auf Entdeckungsreise gehen und schauen, was es noch alles Schönes auf unserer Erde gibt. Aber vorher müssen wir unsere Betten machen und das Geschirr von Nachtessen und Frühstück spülen.» «Gut», sagt Franz, «ich hole draussen am Brunnen Wasser.»

Franz bringt einen Kessel mit Wasser, das ist eiskalt, denn es kommt aus einer Bergquelle. «Das Wasserschleppen ist ja mühsam.» «Ja, hier in der Hütte gibt es keine Wasserleitung mit warmem und kaltem Wasser wie zu Hause, wo man einfach den Hahn aufdrehen

kann. Deswegen geht man hier viel sparsamer mit dem Wasser um.» «Ich finde es super, dass ich mich hier nicht waschen muss. Zähneputzen genügt.» «Na ja, bevor wir am Ende der Woche nach Hause fahren, werden wir uns schon noch einmal gründlich waschen», schmunzelt der Grossvater. «Sonst stinken wir zu sehr, und dann lassen dich deine Eltern nicht mehr mit mir wegfahren.» «Heute ist zum Glück erst Dienstag», sagt Franz.
Während Franz das Geschirr abtrocknet, fragt er: «Grossvater, hört das Wasser eigentlich nie auf?» «Hier in den Bergen haben wir genügend Quellen. Deswegen können wir am Brunnen immer Wasser holen. Aber in vielen anderen Ländern herrscht Wassernot. Wenn es hier nicht so oft regnen würde, wäre bei uns das Wasser auch knapp.»
«Na, zum Glück wohnen wir in der Schweiz. Du, Grossvater, darf ich an dem kleinen Bach im Wald, an dem wir gestern vorbeigekommen sind, spielen?» «Ja, geh nur, ich werde noch etwas lesen und komme dann auch.»
Das lässt sich Franz nicht zweimal sagen. Im Nu hat er seinen Stein und sein Äffchen geholt und zieht los. Am Bach hat er schnell eine gute Stelle gefunden, um einen kleinen Stausee zu bauen. Seinen Stein legt er mitten in den Stausee. Jetzt hat er eine Insel gebaut, auf der sein Äffchen wohnen darf.
Franz merkt nicht, wie die Zeit vergeht. Es ist schon Mittag, als der Grossvater kommt. Der staunt nicht schlecht über den Stausee. «Grossvater, schau, wie schön mein Stein im Wasser aussieht, ganz anders als trocken.» «Das stimmt, jetzt glänzt er richtig. Und dein Äffchen hat auch schon ordentlich gebadet.» «Meinst du, das hat sich Gott auch alles ausgedacht? Ich liebe das Wasser und könnte den ganzen Tag hier spielen.» «In der Bibel steht, dass Gott das Wasser und den Himmel voneinander getrennt hat.» «Meinst du oben Himmel und unten Wasser?» «Ja, ich glaube, unten war es ein lustiges Plätschern und Rauschen von all dem Wasser. Und oben der Himmel mit den wundervollen Wolken ... Deine Grossmutter hat den Himmel geliebt. Wenn wir hier waren, hat sie oft nur vor der Hütte gesessen und den Himmel beobachtet.» «Das machen Mama und ich auch oft. Dann überlegen wir, welche Form die Wolken haben. Schau einmal da oben. Die eine Wolke sieht gerade wie ein Elefant aus.» «Stimmt, und entdeckst du die, die wie ein Hund aussieht?» Immer wieder entdecken die beiden neue Wolkenformen. Franz stellt fest: «Ich finde, Wasser und Himmel passen gut zusammen. Wenn es aus den Wolken regnet, kommt das Wasser zu uns herab, und wenn das Wasser verdampft, dann steigt es wieder in den Himmel.» «Na, Franz, noch ein Rätsel für dich:

Wann kann man Wasser im Sieb tragen?» «Niemals, denn Wasser läuft ja immer durch.» «Haha, wenn Wasser zu Eis gefroren ist.» «Dann ist es ja kein Wasser, sondern Eis. Du, Grossvater, langsam knurrt mein Magen. Ich habe mächtigen Hunger.» «Na, rate mal, was ich in meinem Rucksack habe!» Der Grossvater packt belegte Brote aus, eine grosse Thermoskanne Tee, Äpfel und natürlich etwas Schokolade. Franz ist glücklich, und mit vollem Mund sagt er: «Grossvater, du bist der Beste!»
Der Grossvater schmunzelt und holt eine kleine Säge, Hammer und Nägel aus dem Rucksack. Damit können die beiden am Nachmittag an einer steilen Stelle des Baches eine wundervolle Wassermühle bauen. Franz arbeitet voller Elan und Begeisterung, während der Grossvater immer mal wieder ein Nickerchen im weichen Gras macht.

Die Sonne verschwindet langsam. Ein Tag am Wasser geht zu Ende. Franz holt seinen Stein und sein nasses Äffchen, und zusammen machen sie sich auf den Weg zurück zur Hütte. Das Äffchen wird zum Trocknen über dem Ofen aufgehängt, der Grossvater kocht eine Suppe, die die beiden mit grossem Appetit verspeisen. Franz putzt schnell die Zähne und fällt dann müde ins Bett. Kurz vor dem Einschlafen betet er: «Lieber Gott, ich danke dir für das Wasser. Wir Menschen brauchen es zum Leben und ich auch zum Spielen. Amen.»

Erde und Pflanzen
In dieser Nacht schläft Franz gut, ohne aufzuwachen. Am Morgen ist der Grossvater wieder vor ihm wach und hat schon das Frühstück vorbereitet. Weil sie gestern das Brot aufgegessen haben, gibt es Zwieback mit Käse und Tee. Und der Grossvater sagt: «Heute Nachmittag gehen wir ins Dorf Brot und Milch kaufen. Bei deinem Appetit sind die Vorräte schnell aufgebraucht.» «Darf ich am Vormittag wieder am Bach spielen?» «Aber klar doch!»
Als Franz nach seinem Stausee und der Mühle gesehen hat, bemerkt er auf der Wiese die vielen verschiedenen Blumen. Da kommt ihm die Idee, für den Grossvater einen schönen Strauss zu pflücken. Zwischendurch findet Franz auch eine Stelle mit Heidelbeeren, mit denen er sich den Bauch füllt.
Wieder zurück bei der Hütte, übergibt Franz dem Grossvater den Strauss. Der aber sagt bloss: «Franz, was hast du denn nur gemacht?!» «Was ist denn? Ich wollte dir eine Freude machen!» «Ja, aber weisst du denn nicht, dass die Alpenblumen unter Naturschutz stehen? Die darfst du nicht einfach pflücken. Wir müssen die Blumen schützen, weil es sie sonst bald nicht mehr gibt.» «Ja, aber die Kühe und Schafe auf den

Weiden fressen sie doch auch ab.» «Du bist ein schlauer Junge, Franz, aber die Bauern sind noch schlauer. Oft dürfen die Kühe erst auf die Weide, wenn die Blumen verblüht sind und ihren Samen ausgestreut haben. So wachsen im nächsten Jahr wieder wunderschöne Blumen.»
«Und was soll ich jetzt mit dem Strauss machen?» «Weisst du, wir könnten die Pflanzen pressen und sie so haltbar machen.» «Genau, wenn sie ausgestorben sind, dann haben wir sie immer noch.» «Ich habe eine Idee. In meinem Rucksack habe ich einen Fotoapparat. Nach dem Mittagessen gehen wir auf Fotojagd nach schönen Pflanzen.»
«O ja, und bei den Heidelbeeren machen wir eine Pause. Die darf man doch wohl ernten, oder?»
«Da sagt sicher niemand etwas. Aber jetzt wasch dir die Hände und den Mund, es gibt gleich Risotto.»
Nach dem Mittagessen fragt Franz: «Du, Grossvater, eigentlich war es doch eine gute Idee von Gott, so viele verschiedene Blumen zu machen.» «Ja, mir gefällt das auch.» «Die Mama schimpft immer über das Unkraut, das sich so schnell in unserem Garten vermehrt. Aber schön sind die Pflanzen trotzdem, besser als nur Steine und Beton.» «Das finde ich auch. So, jetzt mache ich noch mein Mittagsschläfchen, dann ziehen wir mit dem Fotoapparat los Richtung Dorf.»
Während der Grossvater schläft, nimmt Franz seine Farbstifte und den Zeichenblock aus seinem Rucksack und versucht, die Silberdistel, die er gepflückt hat, zu zeichnen. Der Grossvater hat die Idee, die Zeichnung zusammen mit einem Gruss an Franz' Eltern zu schicken. «Im Dorf bekommen wir sicher Briefmarken und ein Kuvert. Deine Eltern werden sich freuen.» Und los geht es in Richtung Dorf.

Am Abend ist der Brief abgeschickt, viele, sehr viele Blumen sind fotografiert und Brot, Milch, Äpfel, Käse und neue Schokoladenriegel im Dorfladen eingekauft worden. Das gibt ein feines Nachtessen!
An diesem Abend betet Franz: «Danke, lieber Gott, für die Blumen, die das Leben bunt machen, und danke für das Getreide, aus dem der Bäcker so feines Brot backen kann. Und danke für die Apfelbäume, denn Äpfel sind meine Lieblingsfrüchte. Amen.»

Sonne, Mond und Sterne
Am nächsten Morgen springt Franz aus dem Bett und begrüsst seinen Grossvater. Der neue Tag verspricht wieder sonnig zu werden, und die beiden beschliessen, eine Bergwanderung zu machen. Sie nehmen ein Taschenmesser zum Schnitzen und genügend Verpflegung mit, so dass die Wanderung gleich nach dem Frühstück beginnen kann.

Als sie eine Pause machen, legt sich Franz ins Gras und betrachtet den Himmel und die Wolken, die langsam vorüberziehen. «Du, Grossvater, wo sind eigentlich der Mond und die Sterne am Tag? Und wo ist die Sonne in der Nacht?» «Na, was denkst du?» «Vielleicht löst sich die Sonne in der Nacht auf und wird zu einem leuchtenden Stern? Und vielleicht werden der Mond und die Sterne am Tag von Gott weggezaubert?» Der Grossvater lacht. «Du hast wirklich viel Fantasie. Sonne, Mond und Sterne sind immer da, aber wir sehen sie nicht immer, weil sich unsere Erde dreht.»
«Ach, deswegen ist mir so schwindelig.» Franz steht auf und dreht sich sehr schnell, bis er sich wieder ins Gras fallen lässt. Der Grossvater drängt: «Die Pause ist beendet, wir haben noch einen weiten Weg vor uns.»
Es wird eine anstrengende Wanderung. Aber Franz ist glücklich, weil der Grossvater immer wieder Pausen macht und ihm hilft, einen Wanderstock zu schnitzen und zu verzieren. Am späten Nachmittag kommen die beiden wieder bei ihrer Hütte an.
Nach dem Nachtessen erinnert sich Franz wieder an seine Frage nach Sonne, Mond und Sternen und überlegt: «Warum sieht der Mond eigentlich immer anders aus? Mal ist er rund wir eine Tomate und mal schmal wie ein Apfelschnitz.» «Warum, warum, warum? Du kannst mir wirklich Löcher in den Bauch fragen», antwortet der Grossvater. Aber geduldig, wie der Grossvater ist, nimmt er sich ein Blatt Papier, malt Sonne, Erde und Mond auf und versucht, Franz die Zusammenhänge zu erklären. «Grossvater, meinst du, Gott hat sich das mit Sonne, Mond und Sternen so kompliziert ausgedacht?» «Das bleibt ein Geheimnis. Aber die Menschen haben schon immer den Himmel mit der Sonne, dem Mond und den Sternen bewundert. Und in der Bibel steht, dass Gott die Sonne für den Tag und den Mond und die Sterne für die Nacht geschaffen hat. Und er hat sich darüber gefreut. Also dürfen wir uns ebenso darüber freuen, auch wenn wir nicht immer alles verstehen.»
Eigentlich will Franz so lange wach bleiben, bis er den Mond und die Sterne sehen kann. Aber nach der Wanderung ist er so müde, dass er richtig gern ins Bett geht. Bevor ihm die Augen zufallen, betet er: «Danke, lieber Gott, dass es die Sterne und den Mond in der Nacht gibt und ich im Dunkeln gut schlafen kann. Danke, dass am Tag die Sonne scheint und ich spielen kann. Schenke den Menschen auf der anderen Seite der Erde einen schönen Tag, wenn ich jetzt schlafe. Amen.»

Tiere
Als Franz aufwacht, hört er, wie der Regen auf das Hüttendach prasselt.

Der Grossvater hat schon Feuer im Ofen gemacht. Es ist warm und behaglich. Franz trinkt eine heisse Schokolade und isst ein Brot, dick mit Butter und Honig bestrichen.

«Grossvater, du hast mir noch nichts über die Tiere erzählt. Hol doch bitte die dicke Bibel und erzähl mir, wie Gott die Tiere erschaffen hat. Ohne Tiere wäre die Welt doch langweilig. Und ohne Tiere hätten wir keine Milch, keine Butter und keinen Honig zum Frühstück.»

Der Grossvater steht auf, holt die dicke Bibel, schlägt sie auf, liest leise und erzählt dann: «Weisst du, Franz, Gott wollte, dass das Wasser und die Luft voller Leben sind. Es sollte nur so wimmeln von Seeungeheuern, allen Arten von Tieren im Wasser und auch in der Luft. Auf der Erde sollte auch Leben sein, und Gott erschuf alles Vieh, alle Kriechtiere und alle Wildtiere. Dann segnete Gott seine Geschöpfe und gab ihnen den Auftrag, sich zu vermehren und die Erde, das Wasser und die Luft zu füllen. Gott sah, dass alles gut war, so heisst es in der Bibel.»

«Das ist ja unglaublich schön. Weisst du, wie Gott das gemacht hat?»

Der Grossvater überlegt, schüttelt dann den Kopf und sagt: «Das bleibt ein Geheimnis. Aber ich glaube, die Geschichte will den Menschen immer wieder klarmachen, dass wir in einer schönen Welt leben, in der alles zusammenpasst.»

«Und in der es so viele verschiedene Tiere gibt. Grossvater, ich habe jetzt ein Rätsel für dich.» «Na, dann mal los.» «Welches Tier hat ein Fell und lebt im Dschungel?» «Der Löwe.» «Nein, sicher nicht.» «Frisst das Tier gern Bananen?» «Ja.» «Na, dann kann es ja nur ein Affe sein.» «Richtig, und jetzt bist du dran.» Der Grossvater und Franz merken nicht, wie schnell die Zeit beim Raten vergeht. Der Regen hat inzwischen aufgehört, und der Grossvater schlägt eine kleine Wanderung vor.

Franz ist begeistert und hat eine gute Idee: «Dann nehmen wir wieder den Fotoapparat mit und versuchen, möglichst viele Tiere zu fotografieren.» Die beiden entdecken verschiedene Schmetterlinge, Bienen, Ameisen, aber auch Kühe, Schafe, kleine Fische im Bach. Sogar ein Murmeltier können sie fotografieren. Franz malt nach der Rückkehr ein Bild mit vielen Tieren, in die Mitte natürlich einen Affen.

Abends im Bett betet er: «Lieber Gott, ich danke dir für die vielen Tiere, die es auf der Erde gibt. Sie machen die Welt bunt und laut. Ich danke dir auch, dass es bei uns keine grossen und gefährlichen Tiere gibt. Nur der Schäferhund vom Nachbarn zu Hause macht mir Angst, wenn er so bellt. Amen.»

Mensch

Am nächsten Morgen hat Franz richtig schlechte Laune. Ein Blick in den Spiegel – und er geht mit verwuschelten Haaren und düsterem Blick zum Grossvater. Ohne Guten Morgen zu sagen, brummt er: «Warum habe ich nur so eine grosse und krumme Nase?» «Na, damit du besser riechen kannst, wie fein das Brot und mein Kaffee duften. Ausserdem ist deine Nase besonders gross, weil du neugierig bist und deine Nase immer in alle Sachen steckst. Aber Spass beiseite, du bist genau richtig, so, wie du bist. Was soll ich denn da sagen? Soll ich etwa den ganzen Tag jammern, weil ich keine Haare mehr habe oder weil ich eine Brille tragen muss?» Franz fängt an zu schmunzeln und sagt: «Ich weiss, warum du eine Glatze hast.» «Da bin ich aber gespannt.» «Damit du das Geld für den Coiffeur sparen kannst.» «Der war gut!»

Doch dann wird Franz ernst und fragt: «Aber, Grossvater, warum macht Gott nicht alle Menschen ganz schön, ganz gesund und ganz perfekt?» «Das ist eine gute Frage, Franz. Ich weiss es auch nicht. Aber ich glaube, die Welt wäre dann ganz schön langweilig.» «Stimmt, bei uns in der Klasse ist Peter, der ist behindert. Aber Peter hat immer gute Laune und macht manchmal ganz lustige Sachen. So können wir immer lachen.» «Ja, was macht er denn so?» «Er zieht die Schuhe verkehrt an oder hat die Mütze falsch herum auf dem Kopf.» «So wird die Welt doch viel bunter, wenn jeder anders ist.» «Ja, schon, aber manchmal wird die Welt auch dunkel. Zum Beispiel als Grossmutter so krank wurde und starb. Oder als die Mutter von Sofia an Krebs starb. Warum passt Gott da nicht besser auf? Warum macht Gott die Menschen so traurig?»

Der Grossvater schweigt eine Weile, und Franz sieht ihn erwartungsvoll an. «Warum? Ich bin doch nicht Gott. Es gibt so viele Sachen, die wir nicht erklären oder beantworten können. Es gibt Fragen, auf die wir keine Antworten haben. Sie bleiben ein Geheimnis. Aber ich denke, das ist auch gut so. Ich muss nicht alles wissen.»

«Das ist aber schade. Ich wüsste einfach gern, warum meine Nase so gross ist.» Franz wird nachdenklich und sagt: «Weisst du, Grossvater, wenn ich an Gott denke, dann denke ich immer, dass er so ist wie du. Du hast jeden Menschen gern, so, wie er ist. Du schaust auch zu den Tieren und Pflanzen und bist zu allen gut.» Der Grossvater schmunzelt: «Na ja, so ganz stimmt es nicht. Meine Nachbarin, die ständig reklamiert, habe ich schon nicht so gern. Und ihr Hund, der ständig bellt, geht mir auf die Nerven.»

«Grossvater, liest du mir noch aus der Bibel vor, wie Gott die Menschen erschaffen hat?» Aber der Grossvater verschiebt das Vorlesen auf den Abend, denn das Wetter ist zu schön, um in der Hütte zu bleiben. Sie nutzen den letzten gemeinsamen Tag, um zu wandern, zu fotografieren und ausgiebig zu picknicken. Es wird ein schöner und friedlicher Tag.

Am Abend, als Franz müde und glücklich im Bett liegt, erzählt der Grossvater, wie Gott die Menschen erschaffen hat. Er erzählt vom Mann und von der Frau, von Adam und Eva, und davon, was Gott den Menschen alles anvertraut. Und er erzählt von Gottes Auftrag, die Schöpfung sorgsam zu behandeln.
Franz kann vor Müdigkeit kaum noch zuhören. Er murmelt leise: «Danke, Gott, dass ich leben darf, auch mit einer grossen Nase. Aber ich komm schon damit klar. Kümmere dich bitte um die Menschen, die es schlechter haben als ich. Amen.»

Ruhetag
«Franz, aufstehen!» «Oh, es ist gerade so schön kuschelig im Bett.» «Jetzt aber raus aus den Federn», ruft der Grossvater. «Es wird Zeit zu packen, aufzuräumen und sich zu verabschieden.»
«Schade, dass wir heute schon wieder nach Hause fahren müssen. Es ist so schön mit dir hier in den Bergen. Es ist so friedlich und ruhig.» «Tja, aber am Montag fängt die Schule wieder an.» «Daran mag ich noch gar nicht denken.» «Jetzt aber vorwärts, iss das Brot, trink deine Milch und dann pack deinen Rucksack.»
Franz steht auf, isst zwei grosse Brote, hilft dann beim Abwasch, beim Packen und Aufräumen. Eine Stunde später sind sie fertig.
Franz hat seine Taschenlampe, seinen schönen Stein, sein Äffchen, die getrockneten Pflanzen, seine Zeichnungen und seine Kleider eingepackt und staunt, wie schwer sein Rucksack nun ist.
Grossvaters Rucksack ist etwas leichter geworden, denn all die Lebensmittel, die er mitgebracht hat, sind verbraucht.
Bevor sie die Hütte verlassen, versorgt Franz die alte Bibel wieder in der Truhe und sagt zum Grossvater: «Danke, dass du mir von Gottes schöner Welt erzählt hast. Und danke, dass du mir Gottes schöne Welt gezeigt hast.»
«Na, ich glaube, du hast selbst vieles in dieser Woche entdeckt. Man muss einfach mit offenen Augen durch die Welt gehen, dann kann man nur staunen und sich freuen.»

«Ein bisschen freue ich mich jetzt auch wieder auf zu Hause», sagt Franz. «Das wäre ja auch schlimm, wenn es nicht so wäre.»
Der Grossvater klappt alle Fensterläden zu und verriegelt sie, schliesst die Hütte ab, versteckt den Schlüssel wieder hinter dem grossen Stein. Dann machen sie sich auf den Heimweg. Franz hat seinen selbstgeschnitzten Wanderstock in der Hand und springt trotz schwerem Rucksack über Stock und Stein. Er verabschiedet sich von allem, was ihm in den letzten Tagen vertraut geworden ist: «Adieu Bächlein, adieu Wassermühle, adieu Kühe, adieu Blumen ...»
Als sie dann nach der Postautofahrt im Zug sitzen, fällt Franz noch eine Frage ein: «Du, Grossvater, was hat Gott eigentlich gemacht, als er alles in der Welt erschaffen hatte? Dann war es ja ganz langweilig für ihn.»
Der Grossvater antwortet: «Nun, er hat das gemacht, was wir morgen am Sonntag auch tun werden.» «Was werden wir denn morgen tun?» «Rate mal!» «Wir werden den Rucksack auspacken und uns die Fotos von der Woche am Computer ansehen. Und hoffentlich fernsehen und keinen Spaziergang machen.»
«Gute Idee, aber ich meine etwas anderes. Gott hat sich ausgeruht und sich über seine schöne Welt gefreut!» «Ganz schön öde. Ist deswegen der Sonntag so ein langweiliger Tag?» «Ob der Sonntag langweilig ist, hängt auch von dir ab. Gedacht ist er als Tag zum Ausruhen und Danken. Deswegen gehe ich auch gern in die Kirche. Da kann ich gut zur Ruhe kommen und Gott für das danken, was mich in der letzten Woche gefreut hat.» «Dazu muss ich doch nicht in die Kirche gehen, wo es immer so langweilig ist.» «Ich liebe den Gottesdienst mit der schönen Orgelmusik und den Liedern.» «Nimmst du mich mal mit?» «Aber gern. Doch jetzt müssen wir uns bereit machen, an der nächsten Station steigen wir aus.»

Franz freut sich, als er endlich wieder zu Hause ist, und umarmt seine Eltern lange. Er erzählt von der Woche und von seinem Wunsch, am Sonntag mit dem Grossvater in die Kirche zu gehen. Die Eltern schlagen vor, alle zusammen zu gehen. Sie wollen den Grossvater abholen und ihn dann nach dem Gottesdienst zum Mittagessen einladen.
Franz ist überglücklich und betet am Abend: «Danke, dass ich einen so göttlichen Grossvater habe. Danke, dass ich mit ihm in den Bergen sein konnte. Und bitte, Gott, lass meinen Grossvater noch lange leben. Amen.»

Geschichten für den 3. Klass-Unti
Wir leben Kirche (AH3)

Jesus segnet die Kinder

Irène Lehmann-Gysin

Zum Inhalt: Salome, ihre Mutter und ihre Brüder gehen zusammen mit Susanna und deren Kindern ins Nachbardorf, um Jesus, von dem alle Leute Gutes erzählen, zu treffen und seinen Geschichten zuzuhören. Susanna bittet Jesus, die Kinder zu segnen, und lässt sich von den Jüngern nicht abhalten. Jesus segnet die Kinder und auch Salome.

Biblischer Bezug: Mk 10,13–16 Par.

Stichwörter: Kinder, Jesus von Nazaret, Männer- und Frauenbilder, Reich Gottes, Segen

Bezug zur Arbeitshilfe: AH3 / 1 Taufe / 3 Meine Taufe

Erzählzeit: 13'

Hinweise zur Gestaltung: Die Geschichte wird aus der Perspektive Salomes erzählt. Sie nimmt die Zuhörenden mit in das Geschehen und in die damalige Zeit hinein und lässt sie den Kontakt zwischen Jesus und den Menschen und die Bedeutung einer (Kinder-)Segnung wahrnehmen. Wer will, kann das Erzählen durch eine einfache Verkleidung ausgestalten und einen Dorfplatz einrichten.

Wie jeden Morgen bin ich als Erste wach und stehe leise auf. Als älteste Tochter gehört es zu meinen Aufgaben, jeden Morgen am Brunnen frisches Wasser zu holen. Ich nehme also den Krug und gehe zum Brunnen, der ganz in der Nähe ist. Als ich wieder nach Hause komme, ist meine Mutter dabei, das Feuer im Herd anzuzünden. «Guten Morgen, Salome», begrüsst sie mich, «vielen Dank, dass du das Wasser geholt hast. Was täte ich nur ohne dich!» Wir bereiten gemeinsam das Frühstück zu, und da kommen auch schon Sebulon und Gad, meine jüngeren Brüder, und unser Vater. Zuerst essen alle ruhig, dann werden die Buben wieder einmal übermütig. Mutter zeigt auf einen Korb voll Gemüse und schaut mich an. Ich verstehe, ich soll nach dem Frühstück das Gemüse rüsten.

Es klopft an der Tür, und schon hört man Susannas Stimme, die uns fröhlich wie immer begrüsst: «Schalom, alle miteinander!» Sie wendet sich meiner Mutter zu: «Rahel, lass doch heute einmal die Arbeit liegen und komm mit! Ich habe soeben vom Händler, der bei uns Schafwolle abholt, gehört, dass Jesus im Nachbardorf ist. Erinnerst du dich, ich habe dir doch schon von diesem Mann erzählt. Als ich vor ein paar Wochen auf dem Markt in der Stadt war, habe ich ihn ganz kurz kennengelernt. Er muss ein besonderer Mensch sein. Da war so ein Zauber in seinen Worten. Und man erzählt sich ja auch, dass er Kranke heilt. Ich habe mir damals vorgenommen, wenn Jesus in der Nähe ist, will ich unbedingt dabei sein. Rahel, komm doch mit!»

Meine Mutter will protestieren, sie zeigt auf den Gemüsekorb, zum Herd und auf die Buben, als wolle sie Susanna sagen: Schau doch, ich kann wirklich nicht weg. Doch Susanna übersieht Mutters Geste einfach und sagt: «Rahel, komm! Weisst du was, wir nehmen die Kinder einfach mit! Ich möchte, dass auch unsere Kinder die Worte dieses Mannes hören.» Und sogar der Vater ermuntert seine Frau: «Rahel, geh nur mit und nimm auch die Buben mit. Heute kümmere ich mich darum, dass die Schafe und Ziegen ihr Futter bekommen.» Und ich? Was ist mit mir? Während die Mutter dafür sorgt, dass sich die Buben anziehen, stelle ich den schweren Gemüsekorb etwas zu laut auf den Tisch, um mit dem Rüsten zu beginnen. Immer muss ich arbeiten! Doch da kommt meine Mutter und sagt: «Salome, du kommst auch mit! Du bist meine Grosse, die mir immer so viel hilft. Dich will ich natürlich auch dabei haben, komm!» Das hat mich so gefreut!

Bis ins Nachbardorf ist es ein Weg von einer halben Stunde. Die Kinder rennen voraus, das kleinste wird von Susanna getragen. Bald sind wir beim Dorfplatz, wo sich viele Leute versammelt haben. Ich weiss gleich, wer Jesus ist – der, der mit fester Stimme beim Erzählen ist. Die Leute hören aufmerksam zu, ab und zu ruft jemand: «Du hast recht, genau so ist es!» Meine Brüder und Susannas Kinder spielen mit Sand auf dem Boden vor den Müttern. Jesus erzählt von einem Hirten. Er schliesst seine Erzählung und sagt: «Gott sorgt für uns wie ein guter Hirt.»

In diesem Moment geht Susanna auf Jesus zu, an jeder Hand ein Kind. «Schalom, Jesus. Ich bin Susanna. Wir sind extra aus dem Nachbardorf gekommen, meine beiden Kinder und ich und meine Nachbarin Rahel und ihre Kinder. Ich bitte dich um den Segen für unsere Kinder. Leg doch jedem Kind die Hand auf und sag ihm ein gutes Wort. Ich wünsche mir so sehr, dass unsere Kinder spüren, dass sie von Gott geliebt sind.»

Ich erschrecke über Susannas Mut. Susanna spricht einfach einen Mann an, den sie nicht kennt, und redet auch noch ungefragt in der Öffentlichkeit! Der Ärger der Umstehenden ist zu spüren. Viele Leute blicken empört zu Susanna. Einer der Männer, der in der Nähe von Jesus steht, kommt zu Susanna, blickt sie streng an und sagt: «Jetzt reicht es aber! Und deine Kinder verstehen doch überhaupt nichts von dem, was Jesus sagt. Jesus will nicht von lärmenden Kindern gestört werden. Er hat mit den Leuten Wichtiges zu besprechen.» Susanna schaut den Mann direkt an, aber sie geht nicht weg. Da steht eine Frau auf, sie trägt ein kleines Kind auf dem Arm, ein weiteres Kind hält sich an ihrem Kleid fest. «Jesus, auch ich bin da mit meinen Kleinen.»

Ich schaue zu Jesus. Er steht ganz ruhig da und blickt freundlich auf die Kinder. Wie bei einem Geistesblitz verstehe ich plötzlich: Es ist genau richtig so, Kinder gehören in die Nähe von Jesus.

Da sagt Jesus zu dem Mann, der Susanna so unfreundlich abgewiesen hat: «Lass sie, schick die Kinder nicht weg! Geh du zur Seite. Die Kinder sollen zu mir kommen! Wehr sie nicht ab. – Kommt zu mir, Kinder. Gott will die Kinder bei sich haben. Für Kinder steht sein Reich offen. Ich sage euch: Wer sich von Gott beschenken lässt wie ein Kind, wird seine Güte und Freundlichkeit erfahren.»

Susannas Kinder machen einen Schritt auf Jesus zu. Immer mehr Mütter kommen mit ihren Kindern zu ihm. Meine Mutter bedeutet meinen Brüdern zu kommen. Und sie winkt auch mir, ich solle mich doch neben sie stellen. Sie legt den Arm um meine Schultern. Es ist ein besonderer Moment, das spüren alle: Jesus in der Mitte, um ihn die Frauen mit ihren Kindern, ältere und jüngere, und ein paar ganz kleine auf den Armen der Mütter. Die Leute bilden einen Kreis, alle sind ganz still. Jesus geht zu einem Jungen und fragt ihn, wie er heisse. «Ich heisse Dan», antwortet der Junge. Jesus legt seine Hand auf Dans Kopf: «Dan, ich bete zu Gott für dich, Gott segne dich!» Er streicht Dan übers Haar. So macht es Jesus bei allen Kindern. Jedes nennt er beim Namen und jedes segnet er. Die Kinder sind ganz ruhig. Das Geschehen fasziniert sie. Dann geht Jesus zu den Müttern, die ein kleines Kind auf dem Arm halten, fragt nach dem Namen der Kleinen und gibt auch diesen Kindern den Segen. Die Kleinen blicken den Fremden mit grossen Augen an.

Plötzlich wünsche ich mir nichts mehr, als auch einen solchen Segen zu bekommen. Am liebsten hätte ich gerufen: Jesus, hier bin ich! Aber die Vernunft sagt: Du bist doch gross, schon fast erwachsen. In diesem Moment höre ich die Stimme von Jesus: «Und du, wie ist dein Name?» «Salome», höre ich mich sagen. Dann spüre ich seine Hand auf meinem Kopf, und Jesus sagt: «Ich bitte Gott, dass er dich segne, Salome. Du bist schon gross und trägst Verantwortung für andere. Gott gebe dir die Kraft dazu.» Wunderbar, auf einmal ist so viel Wärme in meinem Herzen! Ich habe den Segen bekommen, zusammen mit Sebulon, Gad und den anderen Kindern!

Dann wendet sich Jesus zu den Müttern und sagt: «Gott ist für eure Kinder da. Und auch ihr sollt gut für eure Kinder sorgen.» Und zu den umstehenden Leuten sagt er: «Seht die Kinder in eurer Mitte, sie brauchen euren Schutz. Behandelt die Kinder gut. So will es Gott haben.» Die einen schauen überrascht, andere nachdenklich. So spricht man sonst nicht über Kinder. Und noch nie hat jemand Kinder mit solchen Worten gesegnet.

Nun können die kleineren Kinder nicht mehr ruhig sein. Sie rennen umher, einige spielen mit Steinen am Boden. Eine Mutter ruft: «Danke, Jesus.» Sie nimmt ihre Kinder an die Hand, um nach Hause zu gehen. Auch Susanna und meine Mutter rufen uns Kinder, wir müssen zurück in unser Dorf. Ich sehe noch, dass die Leute weiter miteinander sprechen. Jesus hat sich auf eine Steinbank gesetzt, jemand bringt ihm einen Becher Wasser.

«Danke, Susanna, dass du uns mitgenommen hast», sagt Mutter später auf dem Weg. «Ich fand es so schön, wie Jesus unsere Kinder gesegnet hat. Seine Worte haben mich ins Herz getroffen. Ist es nicht eine schöne Aufgabe, für die Kinder sorgen? Sie sollen es gut haben bei uns. Der Segen von Gott soll wirken.»

Simon, Natan und die Taufe des Johannes

Susanne Gugger

Zum Inhalt: Simon hat ein schweres Leben, denn er muss für Natan, den unbarmherzigen Gewürzhändler, schuften. Auf einer Reise sehen die beiden, wie Johannes der Täufer die Menschen auf ihre bösen Taten anspricht und sie auffordert, sich taufen zu lassen. Wie wird Natan reagieren? Die Geschichte einer Taufe, die das Leben verändert.

Biblischer Bezug: Mk 1,4–10 Par.

Stichwörter: Busse, Neuanfang, Prophet, Reinheit, Schuld, Taufe, Umkehr, Vergebung, Wasser

Bezug zur Arbeitshilfe: AH3 / 1 Taufe / 4 Die Taufe von Jesus

Erzählzeit: 12'

Hinweise zur Gestaltung: In der Mitte wird mit farbigen Tüchern der Schauplatz der Geschichte nachgebildet (Fluss, Weg, Baum). An der Stelle mit Sternchen (*), bei der Taufszene Jesu, legt der Erzähler/die Erzählerin ein weisses Tuch als Bild für das helle Licht in die Szenerie.

Die Sonne steht bereits tief am Himmel. Im Abendlicht glitzert das Wasser des Jordan. Ein schmaler Weg führt dem Fluss entlang. Natan, der Gewürzhändler, ist noch unterwegs. Er ist nicht allein. Hinter ihm geht ein schmächtiger Junge. Es ist Simon. Simon muss für Natan arbeiten, denn seine Eltern sind sehr arm. Meistens arbeitet er im Laden, aber heute begleitet Simon Natan zum ersten Mal auf einer Reise. Mit dabei sind auch drei Esel. Auf ihrem Rücken tragen sie die kostbaren Gewürze, die Natan verkaufen will. Simon flüstert dem einen Esel ins Ohr: «Gell, du bist auch müde. Heute mussten wir weit marschieren. Natan hat uns kaum eine Pause gegönnt.» Der Esel lässt den Kopf hängen und trottet weiter. Da bleibt Natan auf einmal stehen. Simon, der seinen Blick zu Boden gerichtet hat, stösst mit Natan zusammen. Und gleich wird er von Natan angeschnauzt: «He, kannst du nicht aufpassen, du Trottel! – Dort vorn unter dem grossen Baum werden wir die Nacht verbringen.» Simon nickt stumm und treibt die Esel unter den Baum. Liebevoll streicht er den Tieren über den Kopf und spricht mit ihnen. Das sieht Natan gar nicht gerne: «Du kannst die Tiere später verwöhnen. Jetzt wird erst einmal gearbeitet! Hopp, hopp, nimm den Eseln die Lasten vom Rücken. Und dann hol ihnen Wasser.» Simon tut, was ihm Natan befiehlt. In der Zwischenzeit setzt sich sein Meister unter den Baum und streckt die Beine.

Als Simon die Tiere versorgt hat, setzt er sich neben seinen Lieblingsesel. Doch da ruft Natan schon wieder nach Simon und gibt ihm eine ganze Reihe von neuen Aufträgen: Bereite das Abendessen vor! Füll die Wasserschläuche! Hol Holz! Zünde das Feuer an! Und, und, und. Simon schiessen Tränen in die Augen, denn er ist müde und erschöpft. Doch sein Meister kennt kein Erbarmen. Er fährt den Jungen an: «Stell dich nicht so an! Schliesslich habe ich dich zum Arbeiten mitgenommen, nicht zum Faulenzen.»

Am nächsten Morgen wird Simon früh von Natan geweckt. Und es geht weiter, wie es am Vorabend geendet hat: Ein Befehl nach dem anderen. Bald sind sie bereit zum Aufbruch und marschieren weiter, immer dem Fluss entlang. Auf einmal entdeckt Simon am Flussufer viele Leute, die aufs Wasser hinausblicken. «Schau, Esel», sagt Simon zu seinem Lieblingsesel, «die vielen Leute. Was ist wohl dort los?» Auch Natan ist neugierig und bleibt stehen. Im Wasser steht ein bärtiger Mann. Er trägt einen zerschlissenen Mantel aus Kamelhaar, der von einem Ledergurt um den Bauch zusammengehalten wird. Der Mann ruft den Menschen am Ufer zu: «Ihr Frauen und Männer, so kann es nicht weitergehen mit euch! Ich habe gesehen, wie ihr lebt. Du dort», der Bärtige spricht einen Mann an, der nahe bei Simon steht, «du hast auf dem Markt gestohlen. – Und du mit den strubbligen Haaren, du hast deine Frau geschlagen. Und du dort», zum Erstaunen von Simon zeigt der bärtige Mann direkt auf Natan, «du bist gemein zu Kindern. Und du lässt sie schuften wie Erwachsene. Ich habe dich vorhin beobachtet. – Gott gefällt es nicht, wie ihr miteinander umgeht. Ihr müsst euch ändern!»

Simon wirft einen ängstlichen Blick auf Natan. Was der Mann gesagt hat, wird Natan nicht gefallen. Ob er wohl weitergehen will? Doch Natan steht regungslos da und starrt auf den Mann im Wasser. Der spricht weiter: «Ich bin Johannes, und ich sage euch, ihr müsst zu Gott umkehren, ihr müsst euer Leben ändern. Sagt Gott, dass euch eure schlechten Taten leidtun.» Jetzt sieht Simon, wie der Mann mit den strubbligen Haaren sich aus der Menge löst und zu Johannes geht. Simon hört, wie er sagt: «Es tut mir wirklich leid, dass ich meine Frau geschlagen habe. Ich will es nicht mehr tun. Was kann ich machen, dass zwischen Gott und mir wieder Frieden wird?» Simon ist gespannt, was Johannes nun sagen wird. Sicher wird er dem Mann eine harte Strafe auferlegen. Johannes aber sagt: «Komm, steig zu mir ins Wasser. Als Zeichen deiner Reue will ich dich taufen. Das Wasser macht dich auch im Herzen rein. Du wirst ein neuer Mensch!» Und dann taucht Johannes den Mann mit den strubbligen Haaren kurz unter Wasser und sagt: «Gott schenkt dir ein neues Leben. Handle nun auch so. Die Taufe ist ein Zeichen dafür. – Und nun kommt alle her, lasst euch taufen!» Simon staunt. Er kann kaum glauben, was er sieht. Viele Leute gehen zu Johannes und lassen sich von ihm untertauchen. Und Natan, sein Chef? Der runzelt die Stirn. Was er sich wohl für Gedanken macht? Ach, denkt Simon, wenn doch Natan auch zu Johannes ginge. Wie schön wäre es, wenn Natan ein neuer Mensch würde. Dann würde es mir sicher besser gehen.

Simon richtet seinen Blick wieder aufs Wasser. Was ist denn das? Die Leute, die sich taufen lassen wollen, haben im Wasser eine lange Schlange gebildet und warten. Doch was tut Johannes? Schon lange steht ein Mann neben ihm. Der will sich auch taufen lassen. Doch es scheint, als ob Johannes diesen Mann nicht taufen wolle. Simon sieht deutlich, wie Johannes immer wieder den Kopf schüttelt. Hat dieser Mann denn so viel Schlechtes getan? Oder gar nichts Schlechtes? Warum zögert Johannes? Doch dann endlich taucht Johannes den Mann unter. Als der Mann wieder aus dem Wasser auftaucht, strahlt ein helles Licht vom Himmel (*), ein Lichtstrahl, gleissend wie eine weisse Taube. Simon muss sich die Hand vor die Augen halten, so stark blendet ihn das Licht. Zugleich ertönt eine laute Stimme: «Du bist mein geliebter Sohn, an dir habe ich Freude!» So schnell, wie es gekommen ist, ist das Licht wieder verschwunden. Es herrscht eine grosse Stille.

Simons Herz klopft. Was war das? Was ist passiert? Der Mann dort im Wasser muss etwas ganz Besonderes sein. Wer das wohl ist? In seiner Unsicherheit schaut er zu Natan. Der starrt auf den fremden Mann und sagt leise zu Simon: «Simon, dieser Mann dort bei Johannes, das muss er sein, der Messias. Wie lange sehnen wir uns bereits nach ihm. Nun ist er endlich da.» Was ist nur mit Natan los? Simon entdeckt in seinen Augen ein Leuchten, das er zuvor noch nie gesehen hat. «Simon, ich lasse mich auch taufen. Ich will neu beginnen.» Schon steht Natan im Wasser. Vor lauter Staunen bleibt Simon der Mund offen stehen. Nun ist die Reihe an Natan. Er wird von Johannes untergetaucht. Simon schliesst die Augen und betet: «Grosser Gott im Himmel, wenn dieser Mann dort wirklich der Messias ist, dann bewirk bitte, dass sich Natan ändert. Wie wäre das schön!»

Jemand streicht Simon übers Haar. Simon erschrickt und öffnet die Augen. Es ist die Hand von Natan, die ihm so liebevoll über den Kopf streicht. Mit einer Stimme, die ganz anders klingt als sonst, sagt Natan: «Simon, heute marschieren wir nicht mehr weiter. Setz dich dort unter den Baum und mach eine Pause. Heute kümmere ich mich um die Esel.»

Wasser ist Leben

Nadja Papis-Wüest

Zum Inhalt: Plötzlich steht er da, der kleine Tropfenmann, und lädt die Untikinder zu einem Ausflug der besonderen Art ein. Dazu müssen sich die Kinder aber am Brunnenrand festhalten – und los geht's. Auf ihrer Reise erfahren die Kinder, warum Wasser, das bei uns reichlich und in bester Qualität vorhanden ist, in anderen Gegenden der Erde so kostbar ist. Denn Wasser ist Leben.
Biblischer Bezug: Ps 23,2; Spr 25,25f; Jes 41,17f
Stichwörter: Achtsamkeit, Brunnen, kirchlicher Unterricht, Leben, Reise, Schöpfung, Spass, Wasser, Wüste
Bezug zur Arbeitshilfe: AH3 / 1 Taufe / 5 Wasser; AH2 / 5 Gottes schöne Welt / 3 Der Schöpfung achtsam begegnen
Erzählzeit: 14'
Hinweise zur Gestaltung: Die Mitte mit unterschiedlichen Wasserbildern gestalten, dazu einen Krug mit Hahnenwasser und Trinkgläser stellen. Nach dem Erzählen der Geschichte einen köstlichen Schluck Wasser trinken.

Draussen vor der Kirche geht es wild zu und her. Es ist ein wunderschöner warmer Sommertag. Die Untikinder spritzen sich gegenseitig am Brunnen nass. Eine herrliche Abkühlung nach den Schulstunden im überhitzten Schulzimmer. Und bis der Unti beginnt, dauert es noch ein Weilchen. Gerade hat Loris einen Volltreffer gelandet: Anna hat es voll erwischt, ein Riesenschwall Wasser. Alexander muss lachen, es sieht sehr komisch aus, wie sie dort steht mit ausgebreiteten Armen und überall tropft es. Auch Alessia hat schon nasses Haar, obwohl sie sich lieber raushält. Cedric und Vincent ziehen die Schuhe aus und halten ihre Füsse ins Brunnenbecken. Das ist ein wunderbares Gefühl. Lara hat Durst und beugt sich eben über den Wasserhahn des Brunnens, um das frische Wasser zu trinken. Da kreischt Nora plötzlich auf: «Was ist denn das?» Auch Raphael hat es gesehen und macht grosse Augen. Da steht nämlich …

… ein kleiner Tropfenmann. Wirklich und wahrhaftig: ein Tropfen mit Armen und Beinen und einem Gesicht, schimmernd, wie wenn er aus Wasser wäre. Und dieses Männlein klopft ärgerlich mit seinem Fuss auf den Brunnenrand. Die Kinder stossen einander an und deuten auf ihn. Sie können nicht glauben, was sie sehen. Anja bittet Severin: «Du, zwick mich mal, vielleicht träume ich ja!» Aber sie spürt den Schmerz ziemlich gut, als Severin ihrer Bitte nachkommt. Und dann beginnt der Tropfenmann zu sprechen: «Was macht ihr denn da? Habt ihr denn keine Ahnung, wie wertvoll dieses Wasser ist? Wasser ist Leben.» «Wieso Leben? Das ist doch ganz normales Wasser», sagt Leo, der als Erster seine Sprache wiedergefunden hat. «Wasser *ist* Leben», wiederholt der Tropfenmann bedeutungsschwer, «ohne Wasser würdest du nicht leben und auch kein anderer Mensch, keine Pflanze und kein Tier. Soll ich's euch beweisen?» «Äh, wie willst du uns das denn beweisen?» Selina ist vorsichtig geworden und Gina klammert sich ängstlich an Luis. «Habt ihr Lust auf einen Ausflug der besonderen Art?», fragt das Männlein geheimnisvoll. «Ähm, also, ja, ich käme schon mit», meint Loris, der Mutigste von allen. «Ich auch!» «Ich auch!», tönt es nun überall. «Also gut, dann haltet euch nun alle am Brunnenrand fest, ganz fest, ja nicht loslassen. Und auf geht's!» Kaum hat der Tropfenmann das gesagt, scheint sich der Brunnen zu drehen. Die Kinder müssen sich richtig festhalten. Alles verschwimmt um sie herum, der Brunnen dreht und dreht und dreht sich im Kreis. So geht das eine ganze Weile. Den Kindern wird fast schlecht. Endlich hört der Brunnen auf, sich zu drehen.

Zuerst erkennen die Kinder gar nichts, das Licht ist so grell, dass sie geblendet die Augen zukneifen. «Wir sind da», sagt der kleine Tropfenmann. «Schaut euch nur um!» Neugierig öffnen die Kinder die Augen. Aber was sehen sie? Nichts als Sand, staubtrockenen Sand. Und der Brunnen, der eben noch voll frischem Wasser war, ist ausgetrocknet. Leo und Luis fangen sofort an, eine Sandburg zu bauen, aber sie hören schnell wieder auf. Denn ohne Wasser rieseln die Mauern immer wieder herab. Lara, die ja eigentlich schon lange Durst hat, spürt nun, wie trocken ihr Mund wird. «Ich brauche etwas zu trinken», sagt sie zu dem Männlein. «Pech gehabt, hier gibt es nichts zu trinken, gar rein nichts», sagt der Tropfenmann und lächelt verschmitzt. Nun bekommen die Kinder ein mulmiges Gefühl. Nichts zu trinken bei dieser Hitze? Wie sollen sie das aushalten? «Bringst du uns bald wieder zurück?», fragt Alessia ängstlich. «Ähm – nein. Ich dachte, wir übernachten hier, damit ihr die Wüste auch einmal nachts erlebt. Dann wird es hier richtig kalt, bitterkalt.» «Regnet es nachts wenigstens? Dann könnten wir das Wasser im Brunnentrog sammeln», fragt Selina. «Nein, hier regnet es nie», sagt der Tropfenmann. «Ah, darum wohnt auch niemand hier», sagt Raphael schlau. «Und es hat auch kaum Tiere oder Pflanzen», meint Gina. «Genau», sagt der Tropfenmann, «wo kein Wasser ist, ist eben auch kein Leben.» «Okay, das haben wir nun begriffen, können wir zurück, bitte?», fragt Severin ganz höflich, aber seine Stimme zittert ein wenig. «Wisst ihr nun, warum Wasser Leben ist und warum wir sorgsam damit umgehen sollen?», fragt der Tropfenmann. «Ja, schon, aber wir leben ja nicht in der Wüste, wir haben genügend Wasser», meint Stella. «Die Menschen sind eben schlau. Sie wohnen nur dort, wo's Wasser gibt», fügt Anna hinzu. «Das stimmt nicht ganz. Kommt, wir reisen noch ein wenig weiter, festhalten und los geht's!» Der Tropfenmann lässt den Brunnen bereits wieder kreisen und schnell halten sich die Kinder am Brunnenrand fest.

Als der Brunnen das nächste Mal stehenbleibt, sehen die Kinder Gras unter ihren Füssen. Sie atmen erleichtert auf. Hier muss es Wasser geben. Schnell suchen sie die Umgebung ab. Da steht eine Hütte, und zwei Kinder laufen ihnen entgegen, begrüssen sie und stellen sich vor. «Ich heisse Rodolphe», sagt der Junge, «und das ist meine Schwester Farafina.» Auch die Untikinder stellen sich vor und berichten, warum sie hier sind. «Bei uns regnet es schon, aber nicht sehr oft», beginnt Rodolphe zu erklären. «Und woher habt ihr dann das Wasser?», fragt Anna neugierig. «Wir holen es jeden Tag von einem Fluss, etwa zwei Stunden von hier», erzählt Farafina, «das ist unsere Aufgabe. Wir Kinder sind dafür zuständig.» «Was? Zwei Stunden?» Leo kann sich kaum erholen. «Ja, ihr könnt gern mitkommen. Wir wollten uns gerade auf den Weg machen.» «Also ich geh doch keine zwei Stunden … Das ist mir viel zu lang», beschwert sich Stella. «Hast du Durst oder hast du keinen Durst?», fragt der Tropfenmann. Murrend brechen die Kinder auf. Alle haben furchtbaren Durst! Auch die Untikinder tragen einen Kanister bei sich. Anna fragt sich im Stillen, wie sie ihren Kanister, wenn er voll ist, wieder zurücktragen wird. Nach einer anstrengenden Wanderung kommen sie am Fluss an. Doch was ist das? Angewidert schauen sie auf das braune Schlammwasser, das der Fluss mit sich führt. «Das trinke ich nicht, da werde ich nur krank», ruft Anja. «Ja, wir werden auch oft krank, und das ist schlimm. Denn wer holt dann das Wasser? Aber irgendwann bekommen wir so grossen Durst, dass wir trotzdem gehen», erzählt Rodolphe. «So, jetzt füllen wir die Kanister und dann geht's zurück.» Weil der Durst so überwältigend ist und der Rückweg so lang, trinken die Kinder eines nach dem anderen die schlammige Brühe. «Brrr, eklig. Hoffentlich bekomme ich keinen Durchfall. Ich bin so froh, haben wir zu Hause sauberes Wasser zum Trinken», meint Loris. «Und ich verstehe jetzt auch, warum Wasser kostbar ist.» «Was würde ich jetzt dafür geben, unser Brunnenwasser zu trinken», pflichtet ihm Anna bei.

Auf dem Rückweg schweigen alle. Es ist so anstrengend, den vollen Kanister zu tragen! Die Stimmung ist bedrückt. Bei der Hütte laden sie die schweren Gefässe ab. Sie schauen sich nach dem Tropfenmann um. Der wartet am Brunnen auf sie. «Wollt ihr nun nach Hause zurück?», fragt er sie aufmunternd. «Ja, gern», meint Loris müde, zu müde, um mehr zu sagen. Sie verabschieden sich von Rodolphe und Farafina, die überglücklich sind: Dank der Hilfe der Kinder müssen sie die nächsten fünf Tage den Weg zum Fluss nicht machen.

Alle atmen erleichtert auf, als der Brunnen sich zu drehen beginnt. Bald werden sie wieder zu Hause sein, den Wasserhahn aufdrehen und frisches Wasser trinken können, jederzeit. Kaum hat der Brunnen aufgehört, sich zu drehen, strecken sie ihre Hände ins Wasser. Juhu, sie sind wieder zu Hause, und der Brunnen ist voll frischem, klarem Wasser! Alle stillen ihren grossen Durst und kühlen ihr Gesicht mit dem Wasser. «Heisst das jetzt, wir dürfen nie mehr eine Wasserschlacht machen?», fragt Selina den Tropfenmann. «Nein, nein, die macht ja auch richtig Spass. Geniesst das Wasser, das ihr habt. Und tragt Sorge dazu! Denn: Wasser ist Leben.» Der Tropfenmann lässt das Wasser vergnügt spritzen. Dann winkt er den Kindern fröhlich zu und schwups, ist er verschwunden.

Die Katechetin ruft die Kinder herein, die Untistunde beginnt. «Heute sprechen wir über das Wasser, denn Wasser ist nicht einfach Wasser, Wasser ist …» «… Leben», rufen die Kinder wie aus einem Mund. Verwundert schaut die Katechetin sie an. Woher nur wissen die Kinder, was sie sagen wollte?

Das kostbare Buch

Lukas Spinner

Zum Inhalt: Wer soll die kostbare alte Bibel erhalten, die die Grosseltern verschenken wollen? Alle Enkelkinder lieben das Buch, aus dem der Grossvater immer wieder erzählt. Die Grosseltern denken sich etwas Besonderes aus, um herauszufinden, welche Familie die Bibel bekommen soll.
Biblischer Bezug: Mt 6,9/Lk 11,2
Stichwörter: Bibel, Familie, Gott, Grosseltern, Heilige Schrift, Mutter, Vater
Bezug zur Arbeitshilfe: AH3 / 2 Das Unservater / 2 Geheiligt werde dein Name
Erzählzeit: 10'
Hinweise zur Gestaltung: Eine schöne alte Bibel in die Mitte legen. Vor der Auflösung der Geschichte an der Stelle mit Sternchen (*) mit den Kindern darüber philosophieren, welches Zimmer der drei für sie das heiligste ist.

Wenn die Enkelkinder auf Besuch kamen, wollten sie immer das grosse alte Buch auf der Kommode sehen. Der Grossvater hatte es nicht gerne, wenn sie selbst im Buch blätterten. Denn es war kostbar: eine uralte Bibel mit vielen Bildern. «Erzähl uns eine Geschichte», bettelten die Kinder. Und der alte Mann nahm das Buch, schlug eine Seite auf und zeigte das Bild und begann zu erzählen. Das liebten die Kinder.

«Schenkst du mir das Buch, wenn du und Oma einmal tot seid?», wollte der vorwitzige Florian wissen.

Ja, da hatte der Opa ein Problem. Florian war nicht der einzige Enkel. Drei erwachsene Kinder hatte der alte Mann: zwei Töchter und einen Sohn, und alle hatten Kinder, sieben Enkelkinder waren es insgesamt. Die kostbare Bibel aber konnte er nicht zerteilen. Wer sollte sie einmal bekommen? Seine Kinder erzählten ihren eigenen Kindern keine Geschichten aus der Bibel; er wusste nicht wirklich, was sie von Gott hielten. Aber die Enkel liebten das Buch.

Der Grossvater wollte nicht, dass es einmal Streit gibt wegen des kostbaren Buchs. Er besprach sich mit der Oma, und zusammen hatten sie eine merkwürdige Idee. Der Opa musste schmunzeln, denn die Idee gefiel ihm.

«Hört einmal», sagte er zu seinen Kindern und Enkelkindern, «bald werden wir zwei Alten in eine kleine Alterswohnung ziehen. Da haben wir viel weniger Platz. Die Kommode können wir nicht mitnehmen, und deshalb wollen wir uns auch von der Bibel trennen. Alle Enkel hätten die Bibel gern. Was sollen wir tun? Wie ihr wisst, ist diese Bibel für uns, für Oma und mich, ein heiliges Buch. Also schlagen wir euch ein ‹heiliges Spiel› vor. Versucht doch einmal, eins eurer Kinderzimmer so zu gestalten, dass es ganz zu dem Satz passt: Geheiligt werde dein Name.» «Aha», meinte Florian, «das ist aus dem Unservater!» Der Vorwitzige hatte gut zugehört. «Ja genau, aus dem Unservater. Und in einer Woche machen die Oma und ich bei jeder Familie einen Besuch. Wir schauen uns die Zimmer an, und die Familie mit dem Zimmer, das uns am besten gefällt, bekommt die schöne Bibel!»

Ob die Idee den Familien gefallen hat? Sie schauten zuerst etwas verdutzt. Aber als die Eltern sahen, wie begeistert ihre Kinder waren, liessen sie sich anstecken. Doch, sie wollten es versuchen. Aber wie?

Die Familie der älteren Tochter hatte folgenden Plan: Aus einem grossen Bogen Goldfolie schnitten die Enkelkinder ein G, ein O und zwei T aus. Sie stellten drei Tischchen übereinander, das kleinste zuoberst, legten herrliche Tücher darüber, und darauf setzten sie die Buchstaben, gestützt von kleinen Holzklötzchen. Das Zimmer verdunkelten sie, nur ein paar Kerzen durften brennen, und ein kleiner Spot, dessen Licht genau auf die Buchstaben zielte. Aus einem Räucherstäbchen schlängelte sich ein ganz besonderer Duft durch den Raum. Seltsam, die Enkel trauten sich gar nicht mehr zu streiten in diesem Zimmer. So heilig kam es ihnen vor. – Ob sie die Bibel bekommen?

Der Sohn war ein guter Musiker. Seine Familie hatte einen ganz anderen Plan. Die Mutter schneiderte aus alten Leintüchern drei Engelsgewänder. Aus Pappe machte sie drei Flügelpaare, und der Vater übte mit den Kindern ein ganz heiliges Lied ein: «Heilig, Herr

Gott Zebaot, heilig Herr der Himmelsheere», so begann der feierliche Text. Die Mutter spielte Flöte dazu, der Vater zupfte auf der Gitarre die Saiten. Die drei Mädchen schlüpften in ihr Engelskostüm, und es war, als hätte sich das Zimmer in ein Stück des Himmels verwandelt. – Das müsste den Grosseltern gefallen.

Die jüngste Tochter – sie war die Mutter von Florian – besprach sich lange mit ihrem Kind und ihrem Mann. Das eine wurde vorgeschlagen und abgelehnt, das andere erwogen und verworfen. Es war schwierig, etwas Überzeugendes zu finden. Und Florian war nicht gerade geduldig. Langsam drängte die Zeit. Und just da wurde Florian krank: Grippe. Er konnte sich ärgern, wie er wollte, es nützte nichts, das Fieber war stärker, und schwitzend lag er in seinem Bett und weinte seiner geliebten Bibel nach.

Und der Tag kam, wo die Grosseltern ihren Besuch machten und sehen wollten, was aus den Zimmern geworden war.

Sie kamen zur älteren Tochter. Alle Türen wurden geschlossen, und im Gang war es dunkel. Und dann öffnete die Tochter die Tür. Da leuchteten aus dem Dunkel die Kerzen, über den schönen Tüchern strahlte golden der Name «GOTT». Die Grosseltern betraten das Zimmer und rochen den feierlichen Duft. Eindrücklich war das und durch und durch heilig.

Und sie gingen zur Familie des Sohns. Sie wurden gebeten, sich im aufgeräumten Zimmer der Mädchen zu setzen. Und da traten mit fröhlichem Gesicht die Enkelinnen herein, als Engel verkleidet, dahinter die Mutter mit ihrer Flöte und der Vater mit seiner Gitarre. Und dann ertönten die hellen Stimmen, und es klang feierlich: «Heilig, Herr Gott Zebaot». Den Grosseltern war es, als sähen sie die Serafim, die Engel im Himmel ihr «Heilig, heilig, heilig» singen.

Und dann kamen sie zur jüngeren Tochter, aber die musste sie enttäuschen. Es sei leider nicht möglich gewesen, etwas vorzubereiten; Florian liege mit hohem Fieber im Bett. Der Opa und die Oma betraten das Zimmer und sahen, wie der Vater am Bett seines Buben sass und ihm sanft über den Kopf strich. Und die Tränen kollerten über die Wangen des Knaben. «Schenkt uns noch eine Woche!», bat er.

Doch das wollten die Grosseltern nicht. Sie hatten genug gesehen. Der Opa besprach sich mit der Oma, und sie teilten den Familien das Folgende mit:
«Ihr Lieben, ihr habt uns mit euren Zimmern sehr berührt, und wir danken euch für eure Mühe. Es ist wirklich schade, dass wir nur die eine Bibel haben. Sonst hätten wir jeder Familie eine schenken können. Aber nun mussten wir wählen; so hört denn, wie wir uns entschieden haben. (*)
Der leuchtende Name ‹GOTT› hat uns sehr gefallen. Wenn doch nur alle Menschen so liebevoll und sorgfältig von Gott sprechen würden, wie ihr das gestaltet habt! – Und der heilige Gesang im zweiten Zimmer hat unsere Ehrfurcht, aber auch unsere Freude an Gott lebendig gemacht, als sei ein Stückchen Himmel zur Erde gekommen.
In Florians Zimmer schliesslich haben wir eine sorgende Mutter, einen guten Vater gesehen. Und da spürten wir beide: Das ist doch eigentlich der schönste Name für Gott: VATER. Wenn wir Gott einen guten Vater sein lassen und selbst für andere liebevolle Väter und Mütter sind, dann wird Gottes Name geheiligt. – So haben wir beschlossen, dass wir die Bibel Florians Familie geben wollen.»
Das war nun wirklich unerwartet. Florian vermochte sein Glück kaum zu fassen. Und er sagte zu seiner Mutter: «Gell, wir werden die Bibel den andern immer wieder verleihen, dass sie mal dort und mal dort und mal hier sein kann. Denn sie gehört doch eigentlich uns allen.»

Aus Kleinem entsteht Grosses

Barbara Hefti

Zum Inhalt: Immer wieder wird Robin von seinen Klassenkameraden gehänselt, weil er so klein ist. Und vom Fussballspielen in der Pause wird er auch ausgeschlossen. Zum Glück ist da Robins Grossvater, der seinem Enkel wieder Mut macht. Manchmal braucht es nicht viel, dass sich eine unerträgliche Situation verändert: eine Engelsbohne und einen Jungen namens Sam.
Biblischer Bezug: Mt 6,10a Par.; Mt 13,31f
Stichwörter: Freundschaft, Garten, Grosseltern, Konflikt, Mobbing, Schule
Bezug zur Arbeitshilfe: AH3 / 2 Das Unservater / 3 Dein Reich komme; AH4 / 4 Wer ist Jesus? / 4 Jesus erzählt Gleichnisse
Erzählzeit: 9'
Hinweise zur Gestaltung: An der Stelle mit Sternchen (*) zieht die Erzählerin/der Erzähler ein weisses Säckchen aus der Tasche und entnimmt ihm einen Samen der Engelsbohne, auch Monstranz genannt. Hinweis: Engelsbohnen sind in Samenhandlungen erhältlich.

Robin ist neun Jahre alt und geht in die 3. Klasse. Er ist kein schlechter Schüler, aber die Schule ist ihm trotzdem ein Graus. Es gibt Tage, da hasst er sie richtiggehend. Und heute war so ein Tag. In der Zehn-Uhr-Pause ist er wieder einmal von den anderen Jungen in seiner Klasse gehänselt worden. «Robin, du Zwerg, geh uns aus dem Weg», haben die einen gerufen, und irgendwer hat ihm von hinten einen Tritt versetzt. Robin konnte nicht sehen, wer es war, und selbst wenn er es gesehen hätte: Er hat es schon längst aufgegeben, sich beim Lehrer zu beklagen. Denn der Lehrer meint jeweils nur: «Du musst halt nicht so wehleidig sein!» Damit ist für ihn die Sache erledigt. Nein, die Schule kann Robin wirklich gestohlen bleiben.

Umso schöner, dass heute Mittwoch ist und Robin am Nachmittag frei hat. Wie so oft geht er gleich nach dem Mittagessen zu seinem Grossvater, der ganz in der Nähe wohnt und einen wunderschönen alten Garten hat. Robin liebt diesen Garten. Die alten Obstbäume, auf die er klettern kann, die vielen schönen Blumen, die Sträucher mit den süssen Himbeeren und die vom Grossvater sorgfältig gepflegten Gemüsebeete. Und Robin liebt es, dem Grossvater im Garten zu helfen. Heute stechen sie gemeinsam ein Beet um, in das der Grossvater Bohnen pflanzen will.
Dem Grossvater fällt auf, dass Robin heute ungewöhnlich still ist. Aber aus Erfahrung weiss der alte Mann, dass er nur geduldig sein muss, dann wird Robin ihm schon erzählen, was los ist. Und wirklich: «Schule ist voll blöd, Grossvater», sagt Robin plötzlich, während er den Spaten kräftig mit dem Stiefel in die Erde stösst. «Kann ich dir nicht jeden Tag im Garten helfen, anstatt in die Schule zu gehen?» Der Grossvater sagt nichts, schaut Robin aber freundlich an. Und dann sprudelt es aus dem Jungen heraus. Er erzählt dem Grossvater von den anderen Jungen in der Klasse, die ihn immer hänseln, weil er kleiner ist als sie, und dass er nie mitspielen darf in der Pause beim Fussball und dass der Lehrer ihm die Schuld daran gibt, anstatt ihm zu helfen. «Ich wünschte, ich wäre nicht so klein. Kleine haben doch keine Chance!», ruft Robin wütend.

Da zieht der Grossvater ein weisses Säckchen aus seinem Hosensack (*), nimmt vorsichtig etwas heraus und legte es Robin in die Hand. Es ist ein Same. Aber ein Same, wie ihn Robin noch nie gesehen hat. «Grossvater, da ist ja ein Engel drauf!», ruft Robin ganz erstaunt. Der Grossvater lächelt: «Ja, Robin, das ist eine Engelsbohne. Die pflanzen wir nachher hier in dieses Beet. Die Engelsbohne ist ein kleines, grosses Kunstwerk. Ist es nicht erstaunlich, wie aus einer so kleinen Bohne eine ganze Pflanze entstehen kann? Wir brauchen sie nur einzupflanzen und zu giessen, den Rest besorgt diese kleine Bohne selbst.» Robin strahlt: «Darf ich diese Bohne behalten, Grossvater?» «Aber natürlich, sie gehört dir, Robin. Sie soll dich daran erinnern, wie auch aus Kleinem Grosses entstehen kann.» Robin steckt die Engelsbohne vorsichtig in die Hosentasche. Und dort bleibt sie vorerst auch, denn als Robin zu Hause ankommt, gibt es gleich Abendessen und er vergisst das kleine, grosse Kunstwerk in seiner Hosentasche.

Am nächsten Tag ist es in der Schule wieder schlimm. Vor Schulbeginn muss Robin erst seine Finken suchen, die ihm jemand versteckt hat. Als er sie endlich im Buben-WC gefunden hat, hat es bereits das zweite Mal geläutet und er kommt zu spät in den Unterricht.
Der Lehrer weist Robin vor der ganzen Klasse zurecht, und die anderen Jungs grinsen nur hämisch. In der Zehn-Uhr-Pause darf Robin wie immer nicht mitspielen. Er steht etwas verloren neben dem Fussballplatz und schaut zu. Plötzlich rollt der Ball direkt an ihm vorbei ins Aus. Reflexartig stoppt Robin den Ball mit dem Fuss. Ein Junge rennt auf ihn zu. Robin kennt ihn nicht, er muss neu sein. «Danke!», sagt der Junge und lächelt Robin freundlich an, bevor er den Ball gekonnt einwirft. Robin spürt, wie ihm etwas wärmer wird ums Herz, und der Pausenplatz sieht plötzlich etwas weniger kalt und grau aus.

Als am folgenden Tag die Pause beginnt, rennt der fremde Junge mit einem Ball unter dem Arm an Robin vorbei, direkt auf den Fussballplatz. Robin folgt ihm langsam und bleibt am Rand des Felds stehen. Die Jungen sind gerade dabei, Mannschaften zu wählen. Dem fremden Jungen gehört der Ball, also darf er bestimmen, wen er in seiner Mannschaft haben will. Bereits sind einige Jungen gewählt, da schaut der Neue plötzlich zu Robin und winkt ihn zu sich. Robin kann es kaum glauben. Er schaut erst nach links und rechts, um sicher zu sein, dass wirklich er gemeint ist. Aber der Junge winkt nochmals und ruft: «He, willst du in unserer Mannschaft mitspielen?» Und ob Robin will! Und Robin spielt gar nicht einmal so schlecht! Den Benni aus der 6. Klasse kann er zweimal vom Ball trennen. Als die Glocke das Ende der Pause ankündigt, nimmt der Neue seinen Ball und joggt Richtung Schulhauseingang. Beim Vorbeirennen klopfte er Robin auf den Rücken: «Gut gemacht! Spielst du morgen wieder mit? Ich heisse übrigens Sam.» Robin strahlt, er bringt vor Freude keinen Ton heraus und kann nur wie wild nicken. Etwas verlegen steckt er seine Hände in die Hosentasche. In der einen Tasche berühren seine Fingerspitzen etwas. Was ist das? Er klaubt es heraus, und da hält er die Engelsbohne in der Hand. Was hat der Grossvater gesagt? Auch aus Kleinem kann Grosses wachsen? Stimmt, denkt Robin, manchmal genügt etwas Kleines wie ein freundliches Lächeln, und es kann etwas so Schönes und Grosses wie eine Freundschaft entstehen. Robin umschliesst die Bohne sorgfältig mit seinen Fingern. Gleich nach der Schule wird er sie in Grossvaters Garten einpflanzen. Dann wird sie wachsen und aus etwas Kleinem wird etwas Grosses werden.

Was ist Gottes Wille?

Barbara Hefti

Zum Inhalt: Robins Grossvater ist sehr krank und liegt im Spital. Und dann hat Robin am Morgen in der Schule auch noch einen heftigen Streit mit seinem Freund. Zusammen mit seiner Mutter besucht er seinen Grossvater und erfährt, dass Gott Gutes will.
Biblischer Bezug: Mt 6,10b Par.
Stichwörter: Frieden, Glaube, Gott, Grosseltern, Hoffnung, Krankheit, Sterben, Versöhnung
Bezug zur Arbeitshilfe: AH3 / 2 Das Unservater / 4 Dein Wille geschehe
Erzählzeit: 7'
Hinweise zur Gestaltung: Nach dem Erzählen der Geschichte mit den Kindern über den Willen Gottes theologisieren.

Es ist Mittwochnachmittag. Robin macht sich auf den Weg, um seinen Grossvater zu besuchen. Doch heute ist es nicht wie an anderen Mittwochnachmittagen. Der Grossvater wird nicht im Garten auf ihn warten. Sie werden nicht gemeinsam die Sträucher zurückschneiden, so wie sie es geplant hatten. Denn Grossvater liegt im Spital. Seit gestern Abend. Robins Mutter hat es ihm heute Morgen beim Frühstück erzählt. Die Mutter hat nicht gesagt, was dem Grossvater fehlt. Aber gerade weil sie nichts Genaueres gesagt hat und weil ihre Augen vom Weinen ganz rot sind, weiss Robin, dass es etwas Schlimmes sein muss.

Seit dieser Nachricht ist das ungute Gefühl in Robins Bauch da. Er hat regelrecht Bauchschmerzen bekommen und gespürt, wie die Wut in ihm hochstieg. Richtig hässig ist er am Morgen in die Schule gegangen. Als Sam ihm beim Fussballspielen in der Zehn-Uhr-Pause keinen Pass gibt, sondern es allein versucht und natürlich weit übers Tor kickt, schreit Robin ihn wutentbrannt an: «He, spiel doch ab! Ich war völlig frei!» Und weil Robin froh ist, endlich ein Ventil für seine Gefühle gefunden zu haben, hängt er ein «du Blödmann» an. Das lässt sich Sam natürlich nicht gefallen. «Selber Blödmann, du hättest ja sowieso nicht getroffen!», gibt er zurück. Und dann wechseln Sam und Robin den ganzen Morgen kein Wort mehr miteinander. Ja sie schauen einander nicht einmal mehr an, sondern ignorieren sich einfach. Dabei sind sie in den letzten Wochen richtig gute Freunde geworden, haben viel miteinander unternommen und sich super verstanden.

Nun ist Robin im Spital angekommen. Seine Mutter erwartet ihn schon. Sie hat den ganzen Morgen bei Grossvater am Bett gesessen und steht jetzt vor dessen Zimmertür. «Grossvater freut sich sehr, dass du kommst. Ich habe es ihm erzählt», begrüsst sie Robin. Schweren Herzens drückt Robin die Türklinke und öffnet die Tür einen Spaltbreit. Er schaut vorsichtig ins Zimmer. Der Grossvater liegt im Bett, die Augen geschlossen. Ob er schläft? Irgendwie sieht er kleiner aus unter der riesigen weissen Bettdecke, und sein Gesicht ist ganz bleich. Robin muss schlucken, gibt sich aber einen Ruck und tritt ins Zimmer. Das muss der Grossvater gehört haben, denn er öffnet die Augen, und als er Robin sieht, lächelt er. Robin ist froh, dass die Augen seines Grossvaters so freundlich schauen wie immer. Schnell stellt er sich neben das Bett. «Hoi, Grossvater, wie geht's dir?», fragt Robin leise, fast schüchtern. «Es geht, Robin, es geht», antwortet der Grossvater, seine Stimme klingt etwas heiser. «Weisst du, mein Herz ist nicht mehr so stark wie früher. Ich weiss nicht, ob es noch lange schlagen mag.» Robin erschrickt. «Aber Grossvater, es muss noch lange schlagen, wir haben doch noch so viel zu tun im Garten!» «Ja, da hast du recht, es gibt noch viel zu tun. Aber weisst du, Robin, das liegt nicht bei mir. Es ist der Wille Gottes, der zählt.» «Der Wille Gottes?», wiederholt Robin. «Das verstehe ich nicht. Grossvater, was bedeutet das: der Wille Gottes? Was ist denn der Wille Gottes? Will Gott etwa, dass du krank bist, dass du vielleicht bald...» Robin stockt, er will den Satz nicht zu Ende sagen, ja nicht einmal zu Ende denken. «Weisst du, Robin», gibt ihm der Grossvater zur Antwort, «ich habe in meinem Leben immer wieder erfahren, dass ich Gott vertrauen kann, auch wenn ich nicht weiss, wie es weitergeht. Gott meint es gut mit uns. Er liebt uns. Gott will uns Frieden und Geborgenheit schenken.» Beim Wort Frieden muss Robin an den Streit mit Sam denken. Gern hätte er seinem Grossvater davon erzählt. Aber der alte Mann ist müde geworden. «Komm, Robin, wir lassen Grossvater etwas schlafen», sagt seine Mutter sanft, und Robin ist froh, dass sie beim Hinausgehen den Arm um ihn legt und ihn fest an sich drückt.

Auf dem Heimweg ist Robin sehr nachdenklich. Er kann Gottes Wille nicht wirklich verstehen. Aber tief in seinem Herzen wünscht er sich, Gott ebenso vertrauen zu können, wie es sein Grossvater tut. Er ist noch tief in Gedanken versunken, als er und seine Mutter am Schulhausplatz vorbeikommen. Einige Jungen spielen gerade Fussball. Robin sieht auch Sam und Sam sieht Robin. Robin bleibt stehen, zögert. Da kommt Sam langsam auf ihn zu. Gerade will Robin etwas sagen, da fragt Sam leise: «Frieden?» «Frieden!», antwortet Robin erleichtert und froh. Da kommen ihm die Worte seines Grossvaters in den Sinn: «Gott will uns Frieden schenken.»

Noomi und Rut

Anita Keiser

Zum Inhalt: Wegen einer Hungersnot verlassen Noomi und Elimelech ihr Heimatdorf Betlehem und wandern nach Moab aus. Dort bauen sie sich eine Existenz auf und bekommen zwei Söhne. Doch das Glück dauert nicht an, Noomi verliert ihren Mann und später die beiden Söhne. So entschliesst sie sich, nach Betlehem zurückzukehren. Rut, ihre moabitische Schwiegertochter, geht aus freien Stücken mit ihr. Die beiden Frauen finden dort nicht nur das tägliche Brot, sondern auch eine neue Heimat.

Biblischer Bezug: Buch Rut; Mt 6,11

Stichwörter: Brot, Familie, Fremde, Freundschaft, Hunger, Männer- und Frauenbilder, Migration, Neuanfang, Notlage, Reise, Solidarität, Tod, Treue, Witwe

Bezug zur Arbeitshilfe: AH3 / 2 Das Unservater / 5 Unser tägliches Brot gib uns heute

Erzählzeit: 18'

Hinweise zur Gestaltung: Die einzelnen Szenen als Wegstationen mit passenden Gegenständen inszenieren (vgl. auch AH Konf / M5.1.9). Oder die Erzählung als Rollenspiel gestalten.

Szene 1

Noomi und ihr Mann Elimelech sitzen auf dem Boden ihres kleinen Hauses. Hier drin ist es wenigstens etwas kühler, die Hitze ist einfach unerträglich. Beide essen ein kleines Stückchen Brot, mehr haben sie nicht. Die Stimmung ist gedrückt. Beide machen sich Sorgen. «Elimelech», sagt Noomi ernst, «so kann es nicht weitergehen. Irgendetwas muss geschehen, und zwar bald. Sieh doch unsere Vorräte an, sie gehen zur Neige. Wir haben fast kein Mehl mehr, die Ziegen geben kaum noch Milch, und das wenige Wasser in der Zisterne ist ungeniessbar. Seit drei Jahren hat es nicht geregnet, alles ist ausgetrocknet. Menschen und Vieh sterben vor Durst und Hunger. Und wir werden wohl das gleiche Schicksal erleiden. Die einzige Idee, die ich noch habe: Wir könnten nach Moab auswandern, dort gibt es Brot in Fülle. Heute Morgen haben mir einige Frauen erzählt, dass sie das tun wollen. Ich glaube, das ist unsere letzte Hoffnung.»

Elimelech hört aufmerksam zu und nickt. «Ja, davon habe ich auch gehört. Samuel will schon morgen mit seiner Familie aufbrechen», berichtet er. «Ehrlich gesagt, ich habe mir auch schon Gedanken darüber gemacht. Aber der Weg ist so weit! Ob wir das überhaupt überstehen würden? Wollen wir Betlehem wirklich verlassen? Unsere Heimat? Aber ich weiss auch nicht, wie es hier weitergehen soll. Wir müssten unsere Ziegen schlachten. Wovon sollen wir dann leben?»

«In ganz Israel ist die Situation die gleiche», fährt Noomi fort, «die Händler, die vorbeikommen, erzählen, dass es im Norden auch nicht besser ist. Ich glaube, wir müssen es wagen. Wir sind jung und können es schaffen. Ich habe noch wenige Vorräte, die müssten reichen. Was meinst du?»

Elimelech schaut Noomi dankbar an, sie hat ihm neuen Mut geschenkt. «Ich hätte nicht gedacht, dass du die Reise nach Moab wagen würdest. Ich möchte noch darüber beten und mich mit den alten Weisen besprechen, bevor ich mich entscheide.» Noomi ist einverstanden. Während sie fertig essen, überlegt sie bereits, ob ihre Vorräte wirklich reichen für die weite Reise. Es wird jedenfalls sehr knapp.

Szene 2

Nun gibt es kein Zurück mehr: Noomi und Elimelech werden nach Moab gehen. Ihre wenigen Habseligkeiten haben sie gepackt. «Hast du dich von allen verabschiedet?», fragt Elimelech, während sie die Strasse hinuntergehen. «Ja, das habe ich», antwortet Noomi und versucht, ihre Tränen zurückzuhalten. Sie darf jetzt gar nicht an all die Verwandten und Freunde denken, die sie zurücklassen müssen. Und noch etwas macht ihr Sorgen: «Dort in Moab kennt man Gott nicht, sie beten andere Götter an.» Aber Elimelech beruhigt sie. «Das ist im Grunde kein Problem, denn wir können unseren Gott dort genauso anbeten. Gott kommt mit uns.» Noomi lächelt ihrem Mann zu. «Du hast recht. Und ich bin froh, dass wir mit einer Karawane von Händlern reisen können, da fühle ich mich viel sicherer.»

So machen sich Noomi und Elimelech auf den Weg in ein unbekanntes Land. Mit jedem Schritt entfernen sie sich weiter von ihrer Heimat. Aber mit jedem Schritt wächst auch die Hoffnung, dass sie es schaffen, ein neues Leben anzufangen, ohne die Sorge um das tägliche Brot.

Szene 3
Einige Jahre später, Noomi, Elimelech und ihre beiden Söhne sitzen beim Nachtessen. Ein arbeitsreicher Tag liegt hinter ihnen, alle sind hungrig. «Brot schmeckt einfach am besten, wenn es noch warm ist», meint Machlon und beisst herzhaft hinein. Noomi lächelt glücklich. Ja, Gott hat sie und Elimelech in Moab gesegnet. Sie konnten ein neues Leben beginnen, hier wurden ihre beiden Söhne geboren. «Ja, Kinder, aber ihr müsst wissen, dass euer Vater und ich einmal schwierige Zeiten erlebt haben. Als wir noch in Betlehem wohnten, herrschte grosse Hungersnot. Wir hatten nicht genug zu essen.» Die Kinder machen grosse Augen. «Musstet ihr hungrig zu Bett gehen?», fragt Kiljon ungläubig. So etwas hat er noch nie erlebt. «Ja, das mussten wir häufig. Deshalb sind wir hier nach Moab gezogen, weil es hier geregnet hat und Korn gewachsen ist. Es war nicht einfach, die Heimat zu verlassen, aber wir haben es nie bereut. Jetzt haben wir jeden Tag genug zu essen. Und wir danken Gott, dass er die Saat aufgehen lässt und unsere Tiere gesund und stark sind.» «Kiljon und ich sind ja auch die besten Hirten, deshalb sind unsere Ziegen die fettesten der ganzen Umgebung!», prahlt Machlon. Noomi und Elimelech lachen. «Das stimmt», pflichtet ihm Elimelech bei. «Das macht ihr wirklich gut.» Noomi ist glücklich und dankbar. Dankbar für das tägliche Brot, aber auch für ihren Mann und ihre Söhne.

Szene 4
Doch Noomis Glück dauert nicht für immer. Ein paar gute Jahre erlebt sie noch mit Elimelech, dann stirbt er plötzlich. Noomi bleibt allein mit ihren Söhnen, sie muss den Schicksalsschlag verkraften und allein für ihre Söhne sorgen. Als die Söhne erwachsen sind, heiraten sie Moabiterinnen. Rut und Orpa heissen die beiden Schwiegertöchter. Aber auch dieses Glück ist nur von kurzer Dauer. Beide Söhne sterben jung, beide hatten noch keine Kinder. Wieder muss Noomi einen Schicksalsschlag hinnehmen. Als sie hört, dass es in Betlehem wieder geregnet hat und die Felder grün sind, fasst sie einen Entschluss: Sie will zurück in das Land ihrer Vorfahren. Eine Sehnsucht erfasst sie, ihr Heimatdorf wieder zu sehen. Orpa und Rut wollen mit ihr gehen. So ziehen die drei Frauen zusammen los.
Vieles geht Noomi durch den Kopf, während sie unterwegs sind. Wird sie genug Kraft haben für die weite Reise? Wenn sie unterwegs sterben würde, es wäre ihr egal. Aber was wird dann aus Orpa und Rut? Plötzlich bleibt sie stehen und schaut ihre Schwiegertöchter an: «Vor vielen Jahren bin ich mit meinem Mann aus meiner Heimat ausgezogen, die Not hat uns fortgetrieben. Ich weiss noch genau, wie ich mich damals gefühlt habe: Ich hatte Angst davor, was mich im fremden Land erwartete. Ich war schrecklich traurig, weil ich alles zurücklassen musste. Deshalb weiss ich, wie ihr euch fühlt. Ich will nicht von euch verlangen, dass auch ihr noch eure Heimat verliert, nur weil ihr eure alte Schwiegermutter begleiten wollt. Euch geht es gut in Moab. Kehrt also um, ich komme allein zurecht.» Orpa und Rut schauen einander überrascht an. Das haben sie nicht erwartet. Für sie war klar, dass sie für ihre Schwiegermutter sorgen würden. Dürfen sie dieses Angebot überhaupt annehmen? Orpa schaut zurück, ihre Heimatstadt sieht man noch am Horizont. «Ich möchte gern hierbleiben und nochmals heiraten», sagt sie dann. «Das ist gut», antwortet Noomi. «Und du, Rut? Geh doch mit Orpa zurück.» «Nein, ich bleibe bei dir», erwidert Rut mit fester Stimme. Da verabschiedet sich Orpa von ihnen und macht sich auf den Heimweg. Noomi versucht, Rut umzustimmen, aber Rut bleibt bei ihrem Entschluss. «Ich kehre nicht um, ich lasse dich nicht allein. Wohin du gehst, dorthin gehe ich auch, dein Volk ist mein Volk und dein Gott ist mein Gott.» Da weiss Noomi, dass es keinen Zweck hat, auf Rut einzureden. Die zwei Frauen ziehen gemeinsam weiter, jeder Schritt bringt die eine näher zur Heimat und die andere weiter davon weg.

Szene 5
Rut und Noomi können es kaum glauben. Nach wochenlangem Wandern sind sie endlich am Ziel: Betlehem. Am Ende ihrer Kräfte, aber glücklich und dankbar. Endlich zu Hause!, freut sich Noomi. Zu Hause?, denkt Rut stirnrunzelnd, während sie auf Betlehem blickt. Dieses Städtchen bedeutet ihr nichts, sie hat dort keine Verwandten, keine Freunde, sie kennt kein einziges Haus. Bis vor kurzem wusste sie nicht einmal, dass es einen Ort mit diesem Namen gibt. Wer weiss, ob die anderen Frauen sie akzeptieren, sie, die fremde, kinderlose Witwe. Ja, und wovon werden sie leben? Wo wohnen? Es gibt nur Fragen und keine Antworten. Noomi spürt die Angst und die Sorgen ihrer Schwiegertochter. Ist es ihr damals nicht genau gleich ergangen, als sie ins fremde Land nach Moab kam? Noomi umarmt Rut und sagt bewegt: «Ich danke dir von Herzen, dass du den Mut hattest, mit mir zu kommen. Ohne dich hätte ich es wohl kaum geschafft, und die Wüste wäre mein Grab geworden. Hab keine Angst, gemeinsam werden wir es schaffen. Jetzt ist die Zeit günstig,

es ist gerade Gerstenernte, da gibt es immer Arbeit. Wir wollen auf Gott vertrauen.» Noomi lässt sich ihre eigene Angst nicht anmerken, denn wieder einmal weiss sie nicht, woher sie das tägliche Brot nehmen soll.

Szene 6
Inzwischen arbeitet Rut auf dem Gerstenfeld. Sie darf die Ähren einsammeln, die nach der Ernte auf dem Feld liegen geblieben sind. So hat sie schon viele Körbe voll nach Hause gebracht. Noomi mahlt dann das Korn und backt jeden Tag ein Brot daraus. Es genügt zum Leben, und damit sind die beiden Frauen vorerst zufrieden. Die Arbeit auf dem Feld ist Rut vertraut, das Gleiche hat sie in Moab auch getan. Rut ist froh, dass sie auf dem Feld von Boas arbeiten darf. Noomi hat ihr erzählt, dass Boas mit Elimelech verwandt ist, er ist ein wohlhabender Mann und besitzt viele Felder in dieser Gegend. Ausserdem ist er gerecht und bezahlt seine Arbeiter gut.

Seltsam, Ruts Korb ist schon fast voll, obwohl noch lange nicht alle Ähren auf dem Feld aufgelesen sind. Rut muss lächeln. Manchmal hat sie den Verdacht, dass die Erntearbeiter absichtlich mehr als nötig liegen lassen. Wahrscheinlich hat Boas ihnen diese Anweisung gegeben, damit für sie und Noomi genug übrig bleibt. Sicher hat er auch erfahren, welches Schicksal sie hierhergeführt hat. Rut richtet sich kurz auf, um ihren Rücken zu entlasten. Während sie aufblickt, sieht sie Boas am Feldrand stehen. Er lässt sich häufig blicken, findet Rut. Und nie hört man ein böses Wort von ihm. Alle freuen sich, wenn er kommt. Rut stellt fest, dass ihr Herz schneller klopft als nötig. Schnell schaut sie zu Boden und arbeitet weiter. Aus den Augenwinkeln erkennt sie, dass Boas immer noch am selben Ort steht. Ob er sie beobachtet? Ach, dummes Zeug, schimpft sie mit sich selbst. Warum sollte sich Boas für sie interessieren? Auch Noomi verhält sich in letzter Zeit merkwürdig, wenn sie abends nach Hause kommt. Sie fragt, ob sie mit Boas gesprochen habe und ob sie ihn sympathisch finde. Und überhaupt wäre es gut, wenn Rut wieder heiraten würde, sie sei ja noch jung und so weiter. Irgendetwas führt ihre Schwiegermutter im Schild, da ist sich Rut ziemlich sicher. Inzwischen hat sie ihren Korb gefüllt. Die Sonne brennt heiss. Gerade als Rut sich auf den Heimweg machen will, sieht sie, dass Boas ihr entgegenkommt. Er spricht sie an. So stellt sie den schweren Korb nochmals hin und hört ihm zu. Rut freut sich schon darauf, Noomi abends erzählen zu können, dass Boas zu ihr aufs Feld gekommen ist. Dann können Noomi und Rut weiterträumen, was noch alles daraus werden könnte. In diesem Moment wird Rut bewusst, dass sie ein neues Zuhause gefunden hat, eine Heimat, hier in Betlehem, dem «Haus des Brotes».

Der Engel mit dem Zaubersack

Lukas Spinner

Zum Inhalt: Dem Engel Fridolin ist langweilig im Himmel. Da hat er eine Idee, die er dem Oberengel Gabriel unterbreitet: Er will eine Woche auf die Erde und den Kindern helfen, wenn sie auf dumme Gedanken kommen. Und so lernt Fridolin, dass das Leben für Menschenkinder ganz schön schwierig sein kann.
Biblischer Bezug: Mt 6,13/Lk 11,4
Stichwörter: Engel, Humor, Kinder, Konflikt, Versuchung
Bezug zur Arbeitshilfe: AH3 / 2 Das Unservater / 7 Und führe uns nicht in Versuchung
Erzählzeit: 15'
Hinweise zur Gestaltung: Im Anschluss an die Geschichte mit den Kindern über Versuchungen bzw. dumme Gedanken nachdenken. Wie lassen sie sich verscheuchen?

Liebe Kinder, da hab ich mir eine Geschichte für euch ausgedacht von einem Engel, und zwar von einem Engel, der sich langweilte. Denn immer nur Wolken schieben und Sterne putzen, das ist auf die Dauer sehr langweilig. Findet ihr nicht auch?
Ich denke, der Engel hiess Fridolin. Also: Eines Morgens stellte sich Fridolin keck vor den Oberengel Gabriel hin und klagte ihm sein Leid. «Mir ist langweilig hier oben im Himmel. Ich habe genug vom Wolkenschieben und Sterneputzen, ich will etwas anderes!» «Was willst du denn?», fragte Gabriel. Er musste lachen über diesen kecken kleinen Engel. «Ich möchte mal zu den Menschen runter auf die Erde und sehen, wie die leben!» «Und dann, was machst du dort?» «Dann, dann ... ja, was mach ich dort? Ich könnte ja den Menschen helfen, ja, das könnte ich. Ich will den Kindern helfen.» «Ja, wie denn?» «Ich weiss, wie: Immer wenn sie auf dumme Gedanken kommen, will ich die dummen Gedanken vertreiben.» «Das willst du?» «Ja, unbedingt!»
Gabriel dachte etwas nach und dann sagte er: «Gut, Fridolin, ich lass dich eine Woche lang auf die Erde. Da kannst du jeden Tag ein Kind suchen und ihm einen dummen Gedanken austreiben. Nimm deinen Zaubersack mit und pass auf, dass dich die Kinder nicht sehen!»
Das gefiel Fridolin. Er packte seinen Zaubersack, machte sich unsichtbar und flog zur Erde. – Wollt ihr wissen, was er da tat an jedem Tag der Woche? Ich will's euch erzählen.

Am Montag kam Fridolin zur kleinen Luise. Das war eine Naschkatze. Keine Schokolade war vor ihr sicher. Da hatte die Mutter doch wieder eine Tafel Schokolade hinten im Schrank versteckt. Nur ein kleines bisschen, es merkt ja niemand, wer es war. Luise lief das Wasser im Mund zusammen. Zum Glück war die Mutter nicht da. Also rein in die Stube, Schrank aufmachen und Schokolade abbrechen!
Aber Fridolin war schon längstens da, unsichtbar natürlich. Und er griff in den Zaubersack und nahm eine kleine rosa Made raus und steckte sie zuvorderst in die Schokolade.
«Pfui!», kreischte Luise, «pfui, pfui!» Und weg war jede Lust auf Naschen. Fridolin lachte.

Am Dienstag ging's zu Sophie auf den Pausenhof. Da wurde getratscht unter den Freundinnen, getratscht über Vera, die nicht da war, was für eine Blöde das sei. Die Freundinnen übertrafen sich in lauter schlimmen Geschichten über Vera. Da wollte Sophie nicht hintanstehen. Eigentlich wusste sie ja nichts Schlechtes, aber ihre Freundinnen sollten nicht meinen, sie halte es mit Vera. Also legte sie los: «Wisst ihr ...»
Aber Fridolin hatte längst schon unsichtbar zugehört. Und er griff in den Zaubersack und nahm ein kleines Pülverchen heraus und blies es in den Hals von Sophie. Ihr hättet sehen sollen, wie Sophie nun zu husten begann. Unmöglich, einen Satz zu Ende zu sprechen. Sie hustete und hustete, bis alle Freundinnen sich in alle Richtungen verabschiedet hatten. Und Fridolin lachte.

Am Mittwoch flog Fridolin zu Roger. Das war einer, der gern machte, was er selber wollte, und nicht das, was seine Mutter ihm sagte. «Zuerst die Aufgaben, dann das Vergnügen!», sagte sie. Da musste man halt der

Wahrheit ein bisschen nachhelfen. Die Sonne schien so schön draussen. «Also, heute, da haben wir gar keine Aufgaben, ich gehe gleich raus zum Spielen!» «Bist du sicher?» «Ja, bestimmt!»
So ging das bei Roger. Aber an diesem Tag wurde er von Fridolin begleitet. Und der griff in den Zaubersack und holte einen kleinen Pinsel hervor und malte einen grossen roten Fleck auf Rogers Nasenspitze, immer dann, wenn er nicht die Wahrheit sagte. Denn natürlich hatte er Aufgaben.
Er spürte die Wärme auf der Nasenspitze. Die Mutter guckte ihn an und meinte: «Weshalb ist denn deine Nase so rot?» Verflixt, kein Lügen wollte ihm gelingen an diesem Tag, immer färbte sich die Nase rot. So machte es keinen Spass. Roger gab für heute das Lügen auf. Und Fridolin lachte.

Am Donnerstag wollte Fridolin mal eine Schulstube besuchen. Da liess der Lehrer einen Test schreiben: Rechnen. Das war nicht Jans Stärke. Er schwitzte vor seinem Papier, putzte seine Brille, aber es nützte nichts. Sein Kamerad rechts, der war gut und wusste meist alles. Und der hielt sein Blatt so unverdeckt. Da könnte man sich doch das Nötige holen, dachte Jan. Und der Lehrer war auch nicht mehr der Jüngste, der übersah vieles. Also strengte sich Jan an, um nach rechts einen Blick zu erhaschen. Aber –
Ihr wisst schon, Fridolin war ja da. Und im Zaubersack hatte er einen besonderen Spray. Immer wenn Jan hinüberschauen wollte, tschschsch – waren die Brillengläser total verschmiert und Jan vermochte nichts zu lesen. Brille von der Nase holen, putzen, Brille aufsetzen und neu hingucken und tschschsch – schon wieder.
Schliesslich hat Jan das Blatt abgegeben. Es war nicht besonders gut. Und Fridolin lachte.

Freitag war es und Fridolin suchte Oli. Und der – ich weiss selbst nicht, was in ihn gefahren war. Mit zwei Kameraden zusammen hatte er im nahen Teich ein paar Frösche gefangen. Nun stellten sie sich am Stassenrand auf, und immer wenn ein Auto vorbeifuhr, wollten sie einen Frosch auf die Strasse werfen und zuschauen, wie die Frösche zerquetscht würden. Das gäbe was zum Lachen, meinte Oli und griff sich einen Frosch.
«Entsetzlich!», dachte Fridolin, da musste er tief in seinen Zaubersack greifen. Da war zuunterst die kleine Sperrlampe. Und just als Oli mit dem Arm ausholte, um den Frosch zu werfen, richtete Fridolin den Strahl der Lampe auf den Arm. Der blieb starr nach hinten ausgestreckt, und der Frosch sprang davon Richtung Teich.
Verrückt, Oli konnte den Arm nicht mehr zurückbiegen. Er rannte heim, die Eltern steckten ihn ins Bett und holten den Arzt. Der runzelte die Stirn und wusste auch keinen Rat. Langsam, langsam, bei Tee und unter der warmen Decke kam wieder Leben in den Arm. Im Teich quakten die Frösche. Und Fridolin lachte.

Am Samstag ging's in einen Supermarkt. Da war Anna beim Einkaufen. Aber das Taschengeld war doch etwas knapp und das kleine Ringlein doch so schön. Da lag ja die ganze Kollektion offen auf dem Tisch, und die Verkäuferin war beschäftigt. Das merkt doch niemand, nur ein kleines Ringlein, das könnte man doch schnell in der Tasche verschwinden lassen. Da, schnell –
«Anna!», rief da plötzlich jemand ganz laut. Anna erschrak und trat einen Schritt zurück. Wer war das bloss? – Richtig, ihr wisst es: Es war der Fridolin, und diesmal brauchte er nicht einmal seinen Zaubersack. Aber Anna sah niemanden.
Es war verflixt an diesem Tag. Als Anna wieder Mut gefasst hatte und erneut bei den Ringen stand, gerade als sie wieder nach ihrem Ringlein greifen wollte, klang es noch lauter und tiefer: «Anna!» Anna zuckte zusammen – und liess es sein. Und Fridolin lachte.

Schon war es Sonntag geworden. Da setzte sich Fridolin hinten aufs Fahrrad von Hilde. Sie sass auf dem Sattel und flitzte durch die Strassen hinaus aufs Feld. Da ging's auf ein Stück Weg zu, das steil zwischen den Feldern hinabführte. «Hier müsst ihr immer absteigen und das Fahrrad schieben!», hatte der Vater gesagt. Ach was, dachte sich Hilde, ich bin doch kein Feigling, ich fahr da hinunter. Steil war es, sehr steil und steinig dazu.
Aber – ihr habt es noch nicht vergessen – Fridolin sass hinten mit seinem Zaubersack. Und diesmal holte er ein kleines, niedliches Kätzchen und warf es schnell, aber sachte mitten auf den steilen Weg. «Weg da!», schrie Hilde, aber das Kätzchen wich nicht von der Stelle.
Zum Glück konnte Hilde gerade noch bremsen; sie stieg vom Rad und schob es hinab. – Und wer lachte hinten auf dem Gepäckträger? Der Fridolin.

Da kehrte der Engel in den Himmel zurück. «Wie ist es dir ergangen?», wollte Gabriel wissen. «Ach, ich konnte den Kindern helfen. Immer wenn sie in Versuchung kamen, etwas Dummes zu machen, hab ich's verhindert. Die haben nicht schlecht gestaunt. Aber da brauchte es noch viel, viel mehr Engel. Da unten gibt es so viele Menschen und so viele dumme Gedanken.» Gabriel lächelte; er hatte ja von oben Fridolin zugeschaut. Und er sagte: «Meinst du denn, es sei gut für die Kinder, wenn du immer in deinen Zaubersack greifst? Wie lernen sie dann, von selbst einen schlechten Gedanken zu verscheuchen?»

Fridolin machte ein dummes Gesicht. Ja, Gabriel hatte eigentlich recht. Aber er hatte doch gerne geholfen. Nun, er machte sich ohne Mucksen wieder ans Sterneputzen und Wolkenschieben.

Aber wisst ihr was? Den Zaubersack hat er behalten, und manchmal juckt es Fridolin und er fliegt damit zur Erde.

Eine Oster-Steingeschichte

Sabine Stückelberger

Zum Inhalt: Ein grosser Granitblock kommt in einen Steinbruch. Er fühlt sich als etwas Besseres als all die anderen Steine und träumt davon, dass aus ihm einmal ein Tor für einen grossen König wird. Doch niemand will ihn haben. Nach langen Jahren des Wartens wird er endlich abtransportiert. Doch da muss er entsetzt feststellen, dass er zu einem Grabstein wird, zum Rollstein des Grabs von Jesus.
Biblischer Bezug: Mk 15,20–16,8
Stichwörter: Geschichte und Umwelt, Humor, Karfreitag, Ostern, Träume, Wettstreit
Bezug zur Arbeitshilfe: AH3 / 3 Abendmahl / 1 Palmsonntag – Karfreitag – Ostern
Erzählzeit: 13'
Hinweise zur Gestaltung: Die Mitte mit verschiedenen, auch verschieden grossen Steinen gestalten.

Im Steinbruch rumpelte und krachte, knirschte und polterte es wieder einmal. Aber nicht etwa, weil die Menschen noch arbeiteten. Nein, weil die Steine Streit bekommen hatten. Und das fing ganz harmlos an.

«Guten Tag, Herr Nachbar», begrüsste ein kleines Kieselsteinchen einen riesigen Granitblock. «Herzlich willkommen in unserem Steinreich. Sind Sie gut gelandet?»
«Wer sind denn Sie, Sie Winzling, dass Sie mich einfach so ansprechen?», antwortete der Granit hochmütig.
«Ich bin ein Stein, genau wie Sie», sagte der Kieselstein.
«Was fällt Ihnen ein. Zwischen Stein und Stein gibt es schliesslich Unterschiede. Sehr grosse sogar. Ich bin ein Granit. Schauen Sie mich an: Ich bin hart, gross und schwer. Ich werde einmal berühmt und bleibe sicher nicht lange in diesem staubigen Steinbruch. Oder sagen wir besser: Steinsalat.»
«Soso», meinte das Kieselsteinchen. «Eine grosse Klappe hast du jedenfalls!»
«Na warte, aus dir mache ich Sand!», polterte der Granit.
«Du kannst dich ja eh nicht von der Stelle rühren, so schwer, wie du bist», kicherte der Kieselstein.
«Was meinen Sie eigentlich, wer Sie sind?», kam jetzt der Sandstein dem Kieselstein zu Hilfe.
«Wer ist härter, du oder ich?», gab der Granit zurück und lachte gemein.
«Ist mir doch egal», rieselte der weiche Sandstein, «ich weiss, was ich wert bin!»
«Wer ist grösser, du oder ich?», stichelte der Granit weiter.

«Hören Sie mal, mein Lieber», mischte sich der kantige Schotterstein mit strenger Stimme ein. «Ich war schon hier, als es diesen Steinbruch noch gar nicht gab. Ich habe schon viele Steine kommen und gehen sehen. Und eines ist sicher: Sie, Sie sind weiss Gott nichts Besonderes!»
«Wer ist schöner, du oder ich?», forderte der Bergkristall nun den Granit heraus.
«Wer ist leichter, du oder ich?», rief der Kalkstein vergnügt.
«Wer ist stärker, ihr oder ich?», donnerte der Granit.
«Ist das denn wichtig?», fragte plötzlich ein Sandkorn. «Jeder ist etwas Besonderes, keiner ist gleich wie der andere. Das macht uns doch reich, steinreich!»

Die Nacht brach herein. Langsam wurde es still im Steinbruch. Alle schwiegen vor sich hin, einige wütend, andere beleidigt. Viele machten sich so ihre Gedanken. Und der grosse Granit? Der blieb stur.
Ich bin eben doch etwas Besseres, dachte er sich und fing an zu träumen. Er malte sich aus, wie aus ihm ein riesiges Steintor gebaut würde, ein Tor für einen grossen König. Und alle Leute müssten unter ihm durch, auch die berühmten und wichtigen, ja sogar der König ...

Am nächsten Morgen rumpelte, krachte und polterte es wieder im Steinbruch. Dieses Mal, weil die Menschen mit der Arbeit begannen. Aber, die Steine spürten es genau: Etwas war anders als sonst. Heute waren viel mehr Arbeiter gekommen, und sie alle mussten viel härter schuften als an den Tagen zuvor.
Bald wussten die Steine, warum. Sie hatten ja viel Zeit zum Zuhören. Es gab nämlich einen neuen König im

Sabine Stückelberger / Eine Oster-Steingeschichte

Land Israel. König Herodes hiess er. Und der liess ganz viel Neues bauen, um allen seine Macht zu zeigen. So entstand die Stadt Sebaste, ein neuer Hafen an der Küste, eine Burg in Jerusalem und eine Festung beim Toten Meer. In Jericho liess König Herodes sich einen Palast errichten, wo er nur im Winter wohnte. Und auch den Tempel in Jerusalem liess er vergrössern. Der sollte noch grösser und prächtiger werden als zur Zeit von König Salomo. Im ganzen Land wurden bessere Strassen gebaut und viele neue Festungsmauern.
Die Steine merkten bald, dass die Menschen vor dem neuen König Angst hatten. Sie hörten sie bei der harten Arbeit oft seufzen und schimpfen.

Nur der grosse Granit freute sich. «Ich wusste es! Bald holen sie mich aus diesem Geröllhaufen und ich werde ein mächtiges Tor für König Herodes!» Er konnte es kaum erwarten.
Die Arbeiter transportierten Steinladung um Steinladung aus dem Steinbruch. Lasttier um Lasttier trug Kiesel, Schotter und Sand weg. Es kamen immer wieder Bauleute, um im Steinbruch das passende Material auszusuchen: Sandstein, Marmor, Kalkstein. Auch Granit. Der grosse Granitblock wartete und wartete, dass sein Traum in Erfüllung gehe. Tag für Tag. Jahr für Jahr. Mit der Zeit setzte er an vielen Stellen Moos an und Flechten wuchsen. Der Granit konnte nicht verstehen, dass ihn niemand wollte.
«Der ist viel zu gross, den können wir nicht brauchen.»
«Der ist uns zu schwer.»
«Der ist viel zu hart!» – So klang es immer wieder.
Viele der anderen Steine, die abgeholt wurden, verabschiedeten sich von ihm und dachten bei sich: Geschieht ihm ganz recht!

Eine Ewigkeit war der Granit nun schon im Steinbruch, hart und gross und tonnenschwer wie eh und je. Doch sein Stolz und seine hochmütigen Träume waren schon längst zerbröckelt und versandet.
Eines Morgens kam ein Mann in den Steinbruch, er kam aus der Stadt Arimatäa. Er lief lange suchend und prüfend zwischen den Steinen umher und blieb dann vor dem Granitblock stehen. «Der ist genau richtig», sagte der Mann. «So einen Stein habe ich überall gesucht. Den nehme ich!»
Der Granit traute seinen Ohren nicht: Kann man mich doch noch für etwas brauchen? Was wird wohl aus mir?

Dann spürte er einen Ruck. Er kam langsam in Bewegung. Endlich! War das ein wunderbares Gefühl! Der Transport dauerte zwar nicht sehr lange, aber der Granit war ausser sich vor Freude und furchtbar aufgeregt. Erst wurde er sorgfältig behauen, bis er schön rund und glatt war. Dann brachte man ihn in einen grossen Garten ausserhalb von Jerusalem.
«Da, neben diese Grabkammer muss er hin», hörte der Granit seinen Besitzer sagen.
Grabkammer? Was, aus mir soll ein Grabstein werden? Der Granit war entsetzt. O nein! Wenn ich das gewusst hätte, wäre ich ja lieber im Steinbruch geblieben!

Einige Wochen später wurde ein junger Mann in die Grabkammer gelegt. Sein toter Körper war schlimm zugerichtet. Es war Jesus von Nazaret, erst vor wenigen Stunden hatten ihn die Soldaten des römischen Statthalters Pontius Pilatus auf Golgata gekreuzigt. Der Grabbesitzer, Josef von Arimatäa, wickelte den toten Jesus liebevoll in weisse Leinentücher.
Bald darauf spürte der Granit wieder einen Ruck und er wurde vor den Grabeingang gewälzt. Das war ein schlimmes Gefühl, so, als ob er selbst begraben würde.

Am dritten Tag, ganz früh am Morgen schreckte der Granitstein auf. Wieder spürte er einen Ruck. Der Boden unter ihm zitterte, und er rollte zur Seite wie ein Kieselstein. Verwundert schaute er um sich. Dann sah er, wie Frauen zum Grab kamen mit traurigen, verweinten Gesichtern.
«Der Grabstein ist ja schon weggerollt. Aber – das Grab ist leer!», hörte er sie rufen. «Wo haben sie Jesus nur hingebracht?»
Da wurde es plötzlich hell, und der Granit hörte, wie jemand zu den Frauen sagte: «Habt keine Angst! Jesus lebt! Gott hat ihn vom Tod auferweckt. Schaut, das Tor zum Leben steht offen. Der König der Liebe ist nicht hier. Er lebt! Geht und erzählt allen davon.»
Der Granit traute seinen Ohren nicht. Er fühlte sich plötzlich so leicht und froh und sah erst jetzt, wie schön der Garten war.
Jetzt bin ich ja doch noch ein Tor geworden, staunte er, ein Tor für Jesus, den König des Lebens und der Liebe. Mein Traum ist doch noch in Erfüllung gegangen, nur anders, ganz anders als ich dachte ...!

Fisch und Brot – eine Ostergeschichte

Sabine Stückelberger

Zum Inhalt: Die Freunde von Jesus kehren nach den Ereignissen in Jerusalem an den See Gennesaret zurück. Sie haben den Tod ihres Freunds miterlebt. Und drei Tage später haben sie erfahren, dass Jesus vom Tod auferstanden ist. Dennoch vermissen sie ihn schmerzlich und wissen nicht, wie das Leben ohne ihn weitergehen soll. Da begegnet ihnen der Auferstandene aufs Neue und macht ihnen Mut.

Biblischer Bezug: Joh 21,1–14

Stichwörter: Abendmahl, Fischer, Hoffnung, Jesus von Nazaret, Jünger, Karwoche, Mahlgemeinschaft, Mut, Neubeginn, Ostern, See, Wunder

Bezug zur Arbeitshilfe: AH3 / 3 Abendmahl / 1 Palmsonntag – Karfreitag – Ostern

Erzählzeit: 12'

Es ist Abend. Ein sanfter, warmer Wind streicht über den See Gennesaret und kräuselt die dunkle Wasseroberfläche. Es ist ganz still. Nur manchmal kann man das Knacken und Knistern eines Feuers hören. Um das Feuer sitzen ein paar Männer. Jeder schaut stumm in die züngelnden Flammen und hängt seinen Gedanken nach. Es sind die Jünger von Jesus, die da sitzen. Sie sind erst vor ein paar Stunden in ihre Heimat Galiläa zurückgekehrt.

Petrus starrt vor sich hin. Vor einer guten Woche waren wir noch in Jerusalem und haben mit Jesus das Passafest gefeiert, erinnert er sich. Aber seit dieser Nacht ist nichts mehr so, wie es war. Tränen rollen ihm über die Wangen in seinen Bart. Er wischt sie weg. Die anderen sollen nicht sehen, wie traurig er ist. An jenem Abend wurde mir klar, dass wir zum letzten Mal mit Jesus gegessen und getrunken haben, denkt Petrus bedrückt. Wie einen Verbrecher haben sie ihn festgenommen und zum Tod am Kreuz verurteilt. Und wir? Wir haben ihn einfach im Stich gelassen, hatten riesige Angst, sind einfach davongerannt. Und ich? Ich habe Jesus verleugnet, ich habe dreimal gesagt, ich kenne ihn nicht. Ich höre jetzt noch den Hahn krähen.

Petrus hält sich die Ohren zu und starrt weiter in die Flammen. Und nach drei Tagen sind plötzlich Maria aus Magdala und die anderen Frauen gekommen. Mit strahlenden Gesichtern erzählten sie uns, dass Jesus lebe, dass er vom Tod auferstanden sei. Wir haben ihnen zuerst nicht geglaubt.

Petrus schüttelt stumm den Kopf.

Aber es ist wahr, Jesus lebt! Ja, auch wir sind dem auferstandenen Jesus begegnet. Das kann ich felsenfest bezeugen, so wahr ich Petrus, der Fels, heisse! – Und trotzdem ist das alles so schwer zu begreifen. Haben wir es uns vielleicht doch nur eingebildet?

«Was soll bloss aus uns werden?», unterbricht Johannes die Stille. «Sollen wir einfach wieder zurück in unser altes Fischerleben? Ach, was würde Jesus jetzt wohl sagen?»

Niemand weiss eine Antwort.

Petrus hebt den Kopf und blickt hinunter zum Ufer. Im Dämmerlicht kann er gerade noch die Umrisse seines Fischerboots erkennen. Es liegt noch genau an der Stelle, wo er es vor zwei Jahren zurückgelassen hat.

Petrus erinnert sich gut an diesen Tag: Kommt, folgt mir nach, hat Jesus damals zu uns gesagt, ich will euch zu Menschenfischern machen. Und wir sind mit ihm gegangen. Aber was sollen wir jetzt machen, ohne Jesus?

Plötzlich steht Petrus auf. «Ich gehe fischen. Ich will sehen, ob ich mein altes Handwerk noch im Griff habe.»

Jetzt kommt auch in die anderen Leben.

«Petrus, wir kommen mit!»

Sie gehen hinunter zum Boot und finden das Netz sorgfältig geflickt und zusammengelegt dort liegen. Kurz darauf sind sie draussen auf dem See.

«Eine gute Zeit zum Fischen!», brummt Petrus fachmännisch und atmet die frische Nachtluft tief ein. Sie werfen das grosse Netz mit Schwung ins Wasser. Gespannt halten sie nach Fischen Ausschau. Sie warten und warten, aber nichts rührt sich. Das Netz hängt leer im Wasser.

«Wollen die uns ärgern? Sind alle Fische ausgeflogen?», schimpft Jakobus. Es wird schliesslich Morgen.

Sabine Stückelberger / Fisch und Brot – eine Ostergeschichte

Kein Fisch, nicht ein einziger! Enttäuscht ziehen die Jünger das leere Netz ins Boot und fahren zurück Richtung Ufer.

«Nicht einmal mehr fischen können wir!», sagt Petrus bitter. «Was machen wir jetzt?»

In diesem Moment hören sie jemanden rufen. Da sehen sie einen Mann am Ufer stehen. «Wer ist das? Könnt ihr ihn erkennen?» Thomas kneift die Augen angestrengt zusammen. «Nein, er ist zu weit weg. Versteht ihr, was er ruft?», fragt Johannes.
Jetzt hören es alle. «Freunde, habt ihr nichts zu essen?»
«Nein, nichts, gar nichts!», rufen die Jünger zurück.
«Versucht es nochmal», ruft nun der Fremde, «und werft das Netz diesmal auf der rechten Seite aus. Ihr werdet einen guten Fang machen!»

Die Freunde sehen sich verwundert an. Weiss der denn nicht, dass sich am Morgen erst recht keine Fische mehr fangen lassen?

Trotzdem – wider alle Fischervernunft – fahren sie nochmal ein Stück weit auf den See hinaus. Sie werfen das Netz mit Schwung auf der rechten Seite des Boots ins Wasser. Mit müden Gesichtern starren sie ins Wasser.

«Das ist doch alles für die Katz!», sagt Jakobus. «Das bringt doch nichts!», stimmt ihm Thomas zu. «Wie soll es noch Hoffnung geben, wenn alles dagegen spricht?», ruft Petrus. Johannes schweigt.

Doch da! Die Jünger trauen ihren Augen nicht. Das Netz ist plötzlich voller Fische. Es zuckt und zappelt wild durcheinander, die Jünger können den grossen Fang kaum halten. Das Netz ist so schwer, dass sie es nicht ins Boot ziehen können.
Da fällt es ihnen wie Schuppen von den Augen. Sie begreifen mit einem Mal, wer da am Ufer steht.
«Das ist ja Jesus, unser Herr!», flüstert Thomas. Petrus reibt sich die Augen. Ja, tatsächlich, kein Zweifel. Da steht Jesus und winkt ihnen zu. Jetzt hält Petrus nichts mehr. Ohne zu überlegen, hechtet er ins Wasser und schwimmt mit kräftigen Zügen ans Ufer. Die anderen folgen ihm so schnell sie können, das schwere Netz im Schlepptau.

Als sie alle bei Jesus angekommen sind, sehen sie, dass er ein Kohlefeuer angezündet hat. Der köstliche Duft von geröstetem Fisch und Brot steigt ihnen in die Nase. Erst jetzt merken sie, wie hungrig sie sind.

«Bringt von den Fischen, die ihr gerade gefangen habt», sagt Jesus.

Mit vereinten Kräften ziehen sie das Netz an Land. So viel auf einmal haben sie noch nie gefangen, und das Netz ist erst noch heil geblieben.

«Kommt», sagt Jesus, «wir wollen gemeinsam essen und trinken. Alles ist bereit.»

Erschöpft und glücklich sitzen die Freunde um das Feuer. Jesus nimmt das Brot, dankt Gott dafür und verteilt es an alle. Da wird ihnen ganz warm ums Herz. Hat er das beim letzten gemeinsamen Mahl nicht genau so gemacht? Und gesagt: «Nehmt und esst alle davon. Das ist mein Leben für euch. Denkt immer daran, wenn ihr zusammenkommt und von diesem Brot esst.»

«Denkt immer daran», sagt Petrus leise, als er vom Brot abbricht.

«Denkt immer daran!», hört er auch Jesus sagen.

«Ich bin bei euch, alle Tage bis ans Ende der Welt. Ob ihr mich seht oder nicht – ich bleibe bei euch. Habt keine Angst! Folgt mir nach und bringt den Menschen neue Hoffnung, Mut und Osterfreude.»

Dann steht Jesus einfach auf und geht, so leise, wie er gekommen ist.

Aber Petrus und die anderen Jünger spüren es und vertrauen jetzt darauf, dass Jesus trotzdem bei ihnen bleibt. Auch wenn er unsichtbar ist wie der Wind, der immer noch sanft und leise über den See Gennesaret streicht.

Der Oberzöllner Zachäus

Jens Naske

Zum Inhalt: Kein Durchkommen für Zachäus, den unbeliebten Oberzöllner von Jericho! Dabei will er doch nur diesen Jesus aus Galiläa sehen, von dem alle reden. Aber Zachäus ist einer, der sich zu helfen weiss. So kommt es zu einer überraschenden Begegnung, die sein Leben verändern wird.
Biblischer Bezug: Lk 19,1–10
Stichwörter: Begegnung, Betrüger, Geld, Geschichte und Umwelt, Heil, Jesus von Nazaret, Jericho, Reichtum, Schuld, Spott, Teilen, Zöllner
Bezug zur Arbeitshilfe: AH3 / 3 Abendmahl / 4 Zachäus
Erzählzeit: 15'

Was wollen denn all diese Leute in Jericho?, fragt sich Zachäus, so viele kommen doch sonst nicht. Zachäus sitzt am Zollstand am nördlichen Eingang von Jericho. Eigentlich ist es unter seiner Würde, selbst am Zoll zu sitzen und das Wegegeld bei denen einzuziehen, die in die Stadt wollen. Zachäus ist nämlich der oberste Zöllner von Jericho. Er hat sonst seine Leute, die für ihn arbeiten. Aber heute sind einige seiner Mitarbeiter einfach nicht zum Dienst erschienen. Gerade heute, wo so viele Menschen in die Stadt kommen! So muss sich Zachäus persönlich an den Zollstand setzen. Aber er macht es nicht ungern. Zachäus tut nämlich nichts lieber als Geld zählen. Zachäus hat viel Geld. Er gehört zu den reichsten Leuten von Jericho. Aber nichts erfreut ihn mehr, als wenn noch etwas Geld dazukommt.

Heute aber fällt es ihm schwer, sich auf seine Lieblingsbeschäftigung zu konzentrieren. Was wollen nur all die Leute hier?, fragt er sich noch einmal und schaut sie sich an. Heute ist kein Markttag, dass sie zum Einkaufen gekommen wären. Auch haben sie keine Waren dabei, um sie auf dem Marktplatz feilzubieten. Manche sehen wohlhabend aus. Die meisten aber eher wie Bettler. Normalerweise spricht Zachäus am Zoll nur das Nötigste. Doch er muss unbedingt wissen, was die vielen Menschen wollen. Gerade kommt ein alter Mann auf eine Krücke gestützt des Weges. Zachäus schaut ihn an. So einen um eine Auskunft bitten, nein, das will er nicht. Nie würde er mit so einem auch nur ein Wort wechseln. So sagt er nur: «Ein halber Denar.» Viel Geld für den Alten, der eher ärmlich aussieht. Viele beklagen sich über das hohe Wegegeld, das Zachäus verlangt. Aber der Alte zahlt, ohne zu murren. Hinter ihm kommt ein gut gekleideter Reisender. Zachäus kennt ihn. Er ist der Besitzer eines Palmenhains in einem nahe gelegenen Dorf. Sakkai heisst er. Ja, das ist eher einer, mit dem Zachäus reden mag. «Nicht bei der Arbeit heute?», fragt er, nachdem der Mann das Wegegeld bezahlt hat. «Lässt du deine Arbeiter einfach allein?» Sakkai schaut Zachäus verwundert an: «Ja, heute schon! Hast du denn nicht gehört, dass Jesus aus Nazaret heute nach Jericho kommt? Ich dachte, die Nachricht hat sich im ganzen Jordantal herumgesprochen. Nur du scheinst es nicht zu wissen.» In der Tat interessiert sich Zachäus normalerweise wenig für das Gerede seiner Mitmenschen. Ihn interessiert sein Geld und sonst kaum etwas. «Aus Nazaret?», entgegnet Zachäus, «das ist doch so ein Kaff da oben in Galiläa. Nicht wirklich bedeutungsvoll. Aber wer soll denn dieser Jesus sein?»

«Du hast noch nie von Jesus gehört?» Sakkai ist wirklich überrascht. «Seit einigen Wochen erzählt man von nichts anderem bei uns unter den Palmen. Jesus muss ein wunderbarer Mensch sein. Er kann erzählen wie kein anderer. Er erzählt von Gott, und alle Menschen verstehen es und spüren, dass in seinen Worten Kraft liegt. Und überall, wo Menschen ihm begegnen, passieren Wunder.» Immer aufgeregter erzählt Sakkai. «So, jetzt muss ich aber schnell weiter. Ich will möglichst nahe bei Jesus sein, wenn er kommt. Schalom!» Und weg ist er.

Zachäus denkt über die Worte Sakkais nach. Er vergisst sogar, den halben Denar in seine Liste einzutragen. «Was ist das für ein Mann, dass sogar Sakkai seinen Palmenhain allein lässt, um ihm zu begegnen?» Zachäus' Neugierde ist geweckt, und so tut er etwas, was er noch nie getan hat: Er sammelt das Geld zusammen, steckt es in seine Tasche und – lässt den Zolltisch einfach zurück. Für diesen Tag würde er auf die Einnahmen verzichten.

Eilig geht Zachäus durch Jericho. Überall sind die Strassen voll von Menschen. Zachäus kennt einige, andere hat er noch nie gesehen. Da vorn sieht er Sakkai an der Grossen Strasse stehen. Und gleich neben ihm ... Ja, so etwas! Da steht doch einer seiner Zolleinnehmer, der heute Morgen nicht zur Arbeit erschienen ist. Zachäus überlegt kurz, ob er ihn zur Rede stellen soll. Aber er lässt es für heute gut sein. Zu neugierig ist er und er möchte unbedingt einen Platz in der ersten Reihe. Hier aber ist kein Durchkommen. Und über die Köpfe der anderen hinweg kann Zachäus nicht sehen: Er ist nämlich ziemlich klein. Er muss einen anderen Weg durch die Menge finden. Er geht durch eine Seitenstrasse. Doch überall das gleiche Bild: volle Strassen und kein Durchkommen. «Lasst mich durch», ruft er, «ich bin Zachäus, der Oberzöllner.» Doch keiner interessiert sich für ihn. Nur einer dreht sich zu Zachäus um und sagt: «Und wenn du der Kaiser von Rom persönlich wärst, für heute nützt dir das nichts. Jesus interessiert sich nämlich nicht für Geld, du kleiner Wichtigtuer.» Zachäus steht wie ein begossener Pudel da. So etwas ist er sich nicht gewohnt. Normalerweise tun die Leute, was er sagt. Aber dieser Jesus scheint hier alles auf den Kopf zu stellen, schon bevor er da ist. Zachäus wird langsam wütend.

Nun versucht Zachäus, sich durch die Menge zu drängeln. Aber niemand lässt ihn durch. Manchen scheint es gar Vergnügen zu bereiten, ihm den Weg zu versperren. Andere geben ihm im Gedränge sogar einen Stoss mit dem Ellenbogen oder einen Tritt mit dem Fuss. Das hat Zachäus verdient, denken sie. Dafür, dass er uns so viel Geld abnimmt. Jetzt können wir es ihm heimzahlen. Zachäus wird immer wütender. Er will nur noch durch. Er spürt die Tritte nicht. Aber alle Anstrengung und alles Schieben nützt nichts. Wie eine Mauer stehen die Leute da. Zachäus hat keine Lust mehr. Sollen die doch bei ihrem Jesus sein. Ein Mann aus Nazaret. Pah!

Da hat Zachäus ein Idee. Ein Stück weiter steht doch der alte Maulbeerbaum. Schon als Kind ist Zachäus gern auf ihm herumgeklettert. Von dort oben hat man einen prima Blick über die Grosse Strasse. Schnell läuft Zachäus zum Baum. Geschickt klettert er hinauf. Niemand hat ihn bemerkt. Nun schaut Zachäus hinunter. Da hinten scheint sich etwas zu tun. Die Menschen winken und jubeln.

Und tatsächlich, da geht eine Menschengruppe durch die Grosse Strasse. Vorneweg geht einer. Je näher er kommt, desto klarer erkennt Zachäus ihn. Das muss dieser Jesus aus Nazaret sein! Er sieht eigentlich ganz freundlich aus, scheint den Jubel um ihn herum überhaupt nicht wahrzunehmen. Nur die anderen Männer und Frauen, die bei ihm sind, winken zurück. Jesus selbst geht langsam, aber bestimmt seinen Weg. Zachäus schaut ihn sich genau an. Als er nur noch ein paar Schritte entfernt ist, hebt Jesus leicht den Kopf. Und für einen Moment treffen sich ihre Blicke. «O Gott», murmelt Zachäus, «Jesus hat mich gesehen.» Und mit einem Mal merkt er, wie lächerlich er wirken muss, wie er da in einem Baum sitzt. Er schämt sich ein wenig. Jesus geht langsamer, bleibt vor dem Baum stehen und schaut nach oben. Die anderen folgen seinem Blick. Als die Menschen Zachäus erkennen, lachen sie und rufen: «Schaut einmal da. Das ist doch der Zachäus!» «Nein, tatsächlich.» «Wer sitzt denn da im Baum? Der Oberzöllner von Jericho!»

Doch Jesus lacht nicht! Er scheint den Spott der Leute gar nicht zu hören. Er interessiert sich nur für Zachäus. «Zachäus, los, komm herunter, denn heute muss ich in deinem Haus einkehren.» Zachäus fällt fast vom Baum, so überrascht ist er. Woher kennt Jesus denn seinen Namen? Ist ja auch egal. Noch nie hat jemand so mit ihm gesprochen. Ihn, Zachäus, hat Jesus in der ganzen Menschenmenge gesehen. Sein ganzes Leben hat Zachäus dafür gearbeitet, dass die Menschen ihn sehen und ihn ernst nehmen. Jesus hat ihn gesehen. Zachäus weiss nicht, wie ihm geschieht. Wie im Traum steigt er vom Baum herab. «Kommt», sagt er, «mein Haus ist gleich um die Ecke.» Das Lachen der Menge ist verstummt. Die Leute von Jericho haben gehofft, Jesus würde Zachäus zurechtweisen und vor allen blossstellen. Er würde ihm sagen: «Du bist ein Ausbeuter» oder «Schande über dich!» oder etwas Ähnliches. Als sie merken, dass Jesus sie alle für Zachäus links liegen lässt, werden sie unwillig. Sie reden aufgeregt durcheinander. Ein Stimmengewirr.

«Hast du das gesehen ...» «Nein, das kann doch nicht wahr sein.» «Zu Zachäus will er gehen ...» «Was, zu dem?» «Was ist da passiert, ich kann nichts sehen.» «Buh!»

Und mitten hindurch geht Jesus mit seinen Begleitern und mit Zachäus.

Zachäus sitzt an seinem Tisch. Neben ihm sitzt Jesus. Das Essen ist zu Ende. Die Begleiter von Jesus sind schon gegangen. Nun sind nur noch Zachäus und Jesus da. Jesus erzählt von Gott und seiner Liebe zu den Menschen, zu jedem einzelnen, und dass Gott will, dass die Menschen Gottes Liebe erkennen. Da geht Zachäus das Herz auf. Noch nie hat er sich so reich gefühlt wie in diesem Moment. Gleich wird der Abschied kommen, Zachäus spürt es. Er schaut Jesus an. Irgendetwas möchte er ihm noch sagen. Er weiss nur noch nicht, was. Jesus sitzt da und schaut ihn freundlich an. Plötzlich bricht es aus Zachäus heraus: «Herr, die Hälfte meines Vermögens gebe ich den Armen. Und wenn ich zu viel genommen habe, will ich es vierfach zurückgeben.» Zachäus ist selbst überrascht, was er da ausgesprochen hat. Aber er fühlt sich erleichtert, so, als ob ihm ein grosser Stein vom Herzen gefallen wäre. «Heute ist diesem Haus Heil widerfahren», sagt Jesus.

Die Worte von Jesus bewegen Zachäus. Er schliesst die Augen und denkt nach. Eine ganze Weile lang. Als Zachäus die Augen wieder öffnet, ist Jesus unbemerkt verschwunden.
Zachäus ist wieder allein. Er denkt an das, was er in den letzten Stunden erlebt hat. Dann greift er nach seinem Geldbeutel. Er hält ihn in der Hand und überlegt. Dann steht er auf und geht entschieden zur Tür. Gleich heute will er anfangen.

Ein Besuch, der das Leben von Zachäus verändert

Manuela Raschle-Kundert

Zum Inhalt: Zachäus, der Oberzöllner von Jericho, ist durch seine überhöhten Zölle zwar ein reicher Mann geworden, doch die Leute nennen ihn hinter seinem Rücken einen Betrüger und verspotten ihn, weil er so klein ist. Da kommt der Rabbi Jesus in die Stadt. Den will Zachäus unbedingt sehen.
Die Geschichte wird aus der Perspektive des Zachäus erzählt und mit einfachen Mitteln inszeniert.

Biblischer Bezug: Lk 19,1–10

Stichwörter: Begegnung, Freundschaft, Gastfreundschaft, Jesus von Nazaret, Nachfolge, Schuld, Spott, Umkehr, Zachäus, Zoll

Bezug zur Arbeitshilfe: AH3 / 3 Abendmahl / 4 Zachäus

Erzählzeit: 13'

Hinweise zur Gestaltung: Die Erzählerin/der Erzähler zieht eine Abaya (arabisches Traditionsgewand) an, um so auch sichtbar in die Rolle der Erzählperson Zachäus zu schlüpfen. In einer Tasche des Gewands hat er/sie ein paar Münzen versteckt, mit denen er/sie an der Stelle mit Sternchen (*) gut hörbar klimpert. An die Wandtafel wird vorgängig eine Baumkrone mit dicken Ästen gezeichnet und ein Stuhl in die Nähe der Wandtafel gestellt. Die Kinder sitzen im Kreis.

(Die Erzählerin/der Erzähler steht etwas ausserhalb des Kreises und beginnt zu erzählen.)

Hallo zusammen! Ich heisse Zachäus. Ich bin der Oberzöllner hier in unserer Stadt Jericho. Jeder, der nach Jericho will, um etwas zu verkaufen, muss nämlich Zoll zahlen. Ich habe sehr gute Augen und ein perfektes Gedächtnis. Und ich erkenne sofort, wenn jemand Waren auf den Markt bringen will, die wertvoll sind oder sich gut verkaufen lassen. Da ich der Oberzöllner bin, kann ich Zoll verlangen, so viel ich will. Und das ist gut, denn so werde ich immer reicher und reicher. Ich habe ein grosses Haus und reichlich Geld. Und ich kann tun und lassen, was ich will. Denn wisst ihr, ohne mich läuft nichts in Jericho. Und wenn die Leute sich weigern, ihren Zoll zu zahlen, dann können sie halt ihre Waren auf dem Markt nicht verkaufen. Was kümmert es mich, ob die Händler, nachdem sie meine Zollgebühren bezahlt haben, auch noch genug Geld haben, um für sich und ihre Familien zu essen und zu trinken zu kaufen? Die können doch ihre Ware zu einem guten Preis verkaufen, dann haben sie wieder Geld.
Dass die Leute mich nicht mögen, macht mir nichts aus. Hinter meinem Rücken nennen sie mich Betrüger und Freund der Römer. Ach, was soll's! Jeder schaut halt für sich!

(Die Erzählerin/der Erzähler geht näher zu den Kindern.)

Ich muss euch etwas sagen. Ich habe nämlich ein Problem. Ich bin einfach nicht so gross wie die anderen Leute. Darum lachen sie mich oft aus. Aber was soll's, dann erhöhe ich einfach wieder einmal die Zollgebühren. Dann vergeht ihnen das Lachen, und meine Taschen werden noch voller mit Geld. Ui, wie das Geld schön klimpert! (*)

(Die Erzählerin/der Erzähler geht in den Kreis hinein.)

Heute stört es mich besonders, dass ich so klein bin. Es kommt nämlich ein Rabbi zu uns in die Stadt. Viele Geschichten über ihn sind mir bereits zu Ohren gekommen. Er soll Kranke heilen, und er erzählt wunderbare Geschichten, habe ich gehört. Diesen Rabbi möchte ich unbedingt sehen. Er heisst übrigens Jesus.

(Die Erzählerin/der Erzähler hüpft ein paarmal auf und ab, als wolle er/sie über Leute hinausgucken, die die Sicht versperren.)

Ach, Mensch, ich sehe gar nichts. Die Leute nehmen mir einfach die Sicht! Haben die denn überhaupt keinen Respekt vor mir? Schliesslich bin ich Zachäus, der Oberzöllner von Jericho! He, geht endlich zur Seite! Wer seid ihr denn, dass ihr mir die Sicht auf den Rabbi versperrt?

Was soll denn das? Ich schaffe es einfach nicht, näher an den Rabbi heranzukommen. Was für ein Mist! Sobald ich eine Lücke in der Menschenmenge entdecke, wird sie sofort geschlossen. Es gibt für mich einfach kein Durchkommen. Das ist doch eine Frechheit!

(Die Erzählerin/der Erzähler geht zur Wandtafel.)

Was mache ich denn nur? Ich will doch diesen Jesus unbedingt sehen. Oh, ich habe die Lösung für mein Problem. Hier steht ja ein grosser Baum. Wenn ich mich recke und strecke, dann komme ich vielleicht an den untersten dicken Zweig, und kann den Baum hochklettern. Ja, genau, das versuche ich jetzt einmal.

(Die Erzählerin/der Erzähler klettert auf den Stuhl.)

Wow, hier habe ich einen guten Ausblick! Ist doch egal, dass ich klein bin. Denn ich bin schlau und finde immer einen Weg. Ah, jetzt kann ich den Rabbi Jesus sehen. Ach, sind das viele Leute, die mit ihm unterwegs sind! Jetzt läuft er in meine Richtung. Er kommt näher, immer näher. Was macht er denn da? Was sagt er? Ich kann ihn nicht verstehen. Die Leute reden so laut, dass ich den Rabbi nicht verstehe. Was haben die Leute bloss?
Jetzt steht Jesus direkt unter meinem Baum. Ich kann ganz gut auf ihn runtersehen. Er sieht freundlich aus, und eigentlich würde ich gern einmal mit ihm reden. Wenn ich ganz ehrlich bin, macht es mir doch etwas aus, was die anderen von mir denken, dass sie mich verurteilen und sich über mich lustig machen. Dabei mache ich doch nur meine Arbeit! Dass da auch etwas für mich übrig bleibt, ist doch ganz in Ordnung, oder?
Was sagt der Rabbi? Ich verstehe ihn nicht. Jetzt schaut er mich an. Hat er etwa meinen Namen genannt? Oh, jetzt spricht er mit mir! Mit mir? Was will er denn? – Wie? «Ja, aber sicher! Jesus, komm nur zu mir. Ich freue mich sehr über deinen Besuch. Du und deine Freunde, seid einfach Gäste in meinem Haus. Warte bitte, ich klettere sofort herunter vom Baum.»

(Die Erzählerin/der Erzähler steigt vom Stuhl und geht in Richtung des Erzählkreises.)

«Lieber Rabbi Jesus, bitte folge mir. Ich zeige dir gern den Weg zu meinem Haus.» Die Leute sind ganz still geworden. Doch je weiter wir uns von ihnen entfernen, desto mehr höre ich hinter mir die Empörung der Leute. Und wie sie uns hinterherrufen, dass es eine absolute Frechheit sei, dass ein so grosser Rabbi wie Jesus zu so einem wie mir nach Hause geht.

(Die Erzählerin/der Erzähler stellt den Stuhl in die Mitte und setzt sich.)

Aber genau so ist es. Jesus, seine Freunde und ich, wir essen zusammen. Ich lasse die feinsten Speisen auftischen. Es gefällt mir, wie der Rabbi mit mir spricht. Wir sitzen am Tisch und reden miteinander, und ich geniesse es. Keiner, der mich verspottet oder auslacht. Keiner, der den Betrüger in mir sieht. Warum habe ich eigentlich keine Freunde? Während ich mit Jesus spreche, wird mir plötzlich klar, wie viel Unrecht ich anderen getan habe. Wie ich die Leute betrogen habe und dass ich gemein war und meine Stellung als Oberzöllner ausgenutzt habe. «Jesus, ich will die Hälfte von meinem vielen Geld und von meinem ganzen Besitz den Armen geben. Und wenn ich jemanden betrogen habe, so will ich ihm das Vierfache zurückgeben.» Jesus sieht mich lange an. Dann sagt er: «Heute ist in diesem Haus Gutes geschehen. Du sollst gesegnet sein.»

(Die Erzählerin/der Erzähler steht auf, läuft ein wenig umher, bleibt dann stehen.)

Ach, es geht mir richtig gut! Ihr fragt euch vielleicht, ob ich mit Jesus und seinen Freunden mitgegangen bin, denn schliesslich ist Jesus mein erster richtiger Freund. Nein, ich habe mich entschlossen: Ich bleibe hier in Jericho. Ich will meine schlechten Taten wiedergutmachen. Ich will ein guter Zöllner werden und immer den richtigen Zollbetrag verlangen. Und denkt euch, mein Leben hat sich verändert. Die Leute lachen mich nicht mehr aus. Und ich habe schon einige Freunde hier in Jericho gefunden. Die Begegnung mit Jesus hat mein Leben verändert.

(Die Erzählerin/der Erzähler zieht die Abaya aus und legt so die Rolle ab.)

Hat Tikwa umsonst gehofft?

Felix Studer-Wehren

Zum Inhalt: Die Not von Tikwas Familie ist gross. Der Vater liegt verletzt zu Hause. Die Mutter versucht, die Familie mit dem Verkauf von Schafwolle und Datteln über Wasser zu halten. Und dann knöpft ihr auch noch der Zöllner Zachäus einen unverschämt hohen Zoll ab. Die Zachäus-Geschichte wird aus der Perspektive eines mutigen Mädchens erzählt – mit einem überraschenden Schluss.
Biblischer Bezug: Lk 19,1–10
Stichwörter: Armut, Betrüger, Geld, Heil, Hoffnung, Jesus von Nazaret, Krankheit, Notlage, Umkehr, Zachäus, Zoll
Bezug zur Arbeitshilfe: AH3 / 3 Abendmahl / 4 Zachäus
Erzählzeit: 10'
Hinweise zur Gestaltung: In die Mitte wird ein Modell oder das Bild eines Lehmhauses aus der Zeit Jesu gestellt. Der Erzähler/die Erzählerin trägt in der Kleidung verborgen einen Lederbeutel mit zwanzig Silbermünzen. Diesen nimmt er/sie an der Stelle mit Sternchen (*) hervor und schüttet die Münzen einem Kind in die Hände.

«Mama, hast du nun auf dem Markt die Sandalen für mich gekauft oder nicht?» Tikwas Stimme tönt ziemlich fordernd. «Die muss ich jetzt endlich haben, ich bin nämlich gewachsen und die alten Sandalen passen mir nicht mehr!» Tikwas Stimme ist laut geworden, lauter als sonst. Die Mutter schaut sie traurig an im Halbdunkel ihres kleinen Lehmhauses. Nur durch die Türöffnung kommt ein wenig Licht. Es ist heiss in Jericho, die Hitze soll nicht auch noch in die Häuser eindringen.

Die Mutter steht zwischen Tikwa und ihrem Vater, der nah an der kühlenden Wand auf einer Matte liegt. Der Vater hat eine schlimme Wunde am Bein. Er hat sich verletzt, als er ein verirrtes Schaf aus einer Felsspalte retten wollte. «Nein, Tikwa, es tut mir leid. Nicht einmal Früchte und Korn habe ich einkaufen können, auch nicht die Salbe für deinen Vater. Wir haben kein Geld mehr. Und weisst du, warum? Ich bin gerade auf dem Weg zum Markt gewesen um Schafwolle und Datteln zu verkaufen, da hat mir dieser Zöllner Zachäus den Weg versperrt, dieser Gauner, dieser kleine Lump! ‹Ich ziehe nur die Steuern für die Römer ein›, hat er scheinheilig gesagt. Aber der nimmt uns mehr Geld ab, als er darf! Und das behält er dann für sich. Heute hat er mir wieder einen Denar abgeknöpft, und das schon zum fünften Mal! Ich weiss nicht mehr weiter. Wir haben nichts mehr.»

Mutters Stimme ist ganz leise geworden. Tikwa schämt sich, dass sie vorher so laut und fordernd gewesen ist. Einen Denar, dafür müsste Vater einen ganzen Tag arbeiten – wenn er könnte, denkt Tikwa. Sie verspürt den Wunsch, ihre Mutter irgendwie zu trösten. «Heute soll dieser Jesus aus Nazaret nach Jericho kommen, haben meine Freundinnen gesagt. Er hilft so armen Leuten wie uns, und vor allem, er kann Kranke gesund machen, sagt man. Ich frage ihn einfach, ob er zu uns kommt, weisst du, wegen Vater. Mama, bitte, lass mich zu diesem Jesus gehen und ihn fragen. Ich gehe zusammen mit Hanna, einverstanden?» Die Mutter hat sich zum Vater auf den Boden gesetzt. Sie nickt nur müde mit dem Kopf.

Tikwa rennt los, um ihre Freundin abzuholen. Unterwegs malt sie sich aus, wie Jesus zu ihnen nach Hause kommt und alles wieder gut wird. Ja, das hofft Tikwa tief in ihrem Herzen. Und Hoffnung, die lässt Tikwa sich nie nehmen, denn ihr Name Tikwa bedeutet «Hoffnung».

Viele Menschen stehen am Strassenrand. Sie alle wollen Jesus sehen. Wendig schlüpfen Tikwa und Hanna zwischen den schwatzenden und gestikulierenden Leuten hindurch, bis sie tatsächlich zuvorderst stehen. Da, eine Gruppe Menschen auf der staubigen Strasse, die nach Jericho hineinführt: Das sind bestimmt Jesus und seine Freunde und Freudinnen. Sie kommen immer näher. Tikwa spürt, wie ihr Herz klopft. Sie weiss genau, was sie tun wird: Sie wird jetzt gleich auf Jesus zugehen, ihn freundlich begrüssen, ihn an der Hand nehmen und sagen: Komm bitte zu uns, wir brauchen dich. Ja, das wird Tikwa tun.

Jesus kommt immer näher. Gleich ist er bei Tikwa. Aber was ist das? Plötzlich bleibt Jesus stehen. Er schaut zu einem Baum am Strassenrand und ruft laut: «Zachäus, los, komm herunter, denn ich will heute in dein Haus kommen, um dein Gast zu sein.» Das muss dieser Zachäus sein, von dem Mutter vorhin gesprochen hat, durchfährt es Tikwa, dieser Zöllner, dieser Gauner. Und da klettert doch wahrhaftig dieser Zachäus vom Baum herunter, auf den er gestiegen ist, vermutlich, um Jesus besser sehen zu können. Tikwa kann es nicht glauben. So nahe war sie Jesus, wenige Schritte nur haben gefehlt! Aber nun nehmen Jesus und seine Leute einen anderen Weg durch die Menge. Sie gehen hinter Zachäus her, dem kleinen Mann mit dem grossen Portemonnaie, der freudestrahlend vorausstolziert.

«Nein, ausgerechnet mit diesem Betrüger, ausgerechnet mit Zachäus will Jesus essen! Der hat wohl feinere Speisen auf seinem Tisch, als wir es anbieten könnten. Wie kann Jesus das nur tun! Hat Jesus uns Arme vergessen? Wir haben seine Hilfe doch viel nötiger als dieser Zachäus!», platzt es voller Wut und Verzweiflung aus Tikwa heraus. So wie Tikwa denken viele Leute in Jericho.

Mit hängenden Schultern kehrt Tikwa nach Hause zurück. Sie sagt nicht viel, meint nur enttäuscht: «Dieser Jesus hilft uns auch nicht, den können wir vergessen!» Die Mutter fragt nicht weiter nach. Sie reicht ihrer Tochter einen dünnen Brotfladen, den tunkt Tikwa in etwas Olivenöl. Das ist ihr Nachtessen. Vater atmet schwer, seine Wunde bereitet ihm grosse Schmerzen. Auch in der Nacht schläft er unruhig, Tikwa wacht immer wieder auf, wenn der Vater stöhnt.

Am Morgen klopft es plötzlich an die Tür. «Schalom, macht auf!», ruft eine Stimme. Wer mag das sein, so früh am Morgen? Tikwa geht zur Tür und öffnet sie einen Spaltbreit. Wer – steht da – vor der Tür? Tikwa zuckt zusammen und ruft entsetzt: «Nein, nein, was willst du denn?» Vor der Tür steht der Zöllner Zachäus. Nun kommt auch die Mutter an die Tür und flüstert mit zitternder Stimme: «Nein, wir zahlen nichts mehr, auch wenn du uns ins Gefängnis wirfst. Wir haben nichts mehr, gar nichts mehr. Geh, bitte, geh!»

Doch Zachäus murmelt etwas Unverständliches in seinen Bart. Er wirkt irgendwie verlegen, nicht so stolz wie sonst. Was will er nur? Jetzt versteht Tikwa besser, was Zachäus sagt: «Ich will euch nichts wegnehmen. Ich komme zu euch, weil Jesus in mein Haus gekommen ist und mit mir gegessen hat. Da ist mir klar geworden, dass ich mein Leben ändern will. Also, ich will euch etwas geben, etwas zurückgeben. Ja, ich will allen Leuten zurückgeben, was ich zu viel von ihnen genommen habe.» Und dann nestelt Zachäus umständlich einen Geldbeutel aus seinem Gewand und lässt Geldstücke herausfallen (*), viele, viele Geldstücke. «Fünfmal habe ich euch einen Denar abgeknöpft, und das Vierfache gebe ich euch nun zurück», sagt er – und es scheint, als staune er dabei über sich selbst. «Das macht zwanzig Denar für euch.» Dann verbeugt er sich sogar leicht, macht ein, zwei Schritte rückwärts, nickt mit dem Kopf und murmelt nochmals: «Es ist, weil – Jesus ist eben gerade zu mir gekommen. Ich war verloren mit all meinem Geld, aber Jesus hat mich gefunden.»

Die Mutter starrt mit offenem Mund auf die vielen Silbermünzen in ihren Händen. Tikwa blickt zu ihr hoch, beginnt zu grinsen, zu lachen, und dann gluckst sie immer lauter: «Weisst du, was ich glaube? Er hat uns doch geholfen, er hat uns nicht vergessen!» «Wen meinst du?», fragt die Mutter, als sie ihre Sprache langsam wiederfindet. «Wer hat uns nicht vergessen?»

Bei Jesus werden alle satt

Mirjam Fisch-Köhler

Zum Inhalt: Das wollen sich Timon und seine Mutter Judith nicht entgehen lassen: Jesus ist im Dorf und erzählt vom Reich Gottes. Im Bündel, das Timon mitgenommen hat, sind fünf Brote und zwei Fische. Die bringt Timon zu Jesus. Und dann werden alle satt.
Biblischer Bezug: Joh 6,1–15 Par.
Stichwörter: Brot, Essen, Fisch, Geschichte und Umwelt, Hunger, Jesus von Nazaret, Teilen, Wunder
Bezug zur Arbeitshilfe: AH3 / 3 Abendmahl / 6 Fünf Brote und zwei Fische
Erzählzeit: 5'
Hinweise zur Gestaltung: Nach dem Erzählen der Geschichte mit den Kindern über Wunder theologisieren. Was ist für die Kinder ein Wunder? Welche Wunder haben sie schon erlebt? Was ist das Wunderbare an der Speisungsgeschichte?

Was ist denn da los? Warum sind so viele Leute unterwegs? Judith wundert sich. Sie hat auf dem flachen Dach ihres Hauses Bohnen zum Trocknen ausgelegt und schaut hinab auf die Strasse. Am Haus gehen viele Leute vorbei, Frauen, Kinder und Männer. Judith hört ihre Schritte und wie sie miteinander reden. Da ruft eine helle Stimme zu ihr hinauf: «Mutter, Mutter, darf ich etwas zu essen mitnehmen?» Das ist Timon, Judiths Sohn. Als Judith in die Küche kommt, packt Timon gerade ein paar Brote und Fische ein und sagt aufgeregt: «Ich will zu Jesus. Er ist durchs Dorf gegangen und jetzt ist er unten am See und predigt! Viele Leute wollen ihm zuhören.» «Dann komme ich auch mit», sagt Judith kurz entschlossen. Sie streift die Schürze ab und hängt sie an den Haken. Dann bindet sie sich ihr buntes Tuch um den Kopf. Timon und Judith haben schon viel von Jesus gehört. Nun können sie ihn selbst treffen. Das wollen sich die beiden nicht entgehen lassen.

Zusammen mit vielen anderen marschieren sie zum Dorfrand. Dort haben sich schon viele Menschen versammelt. «Oh, so viele Leute!», staunt Timon. Überall haben sie sich verteilt. Sie sitzen auf dem Gras, auf Steinen und im Sand. Und dort unten am See steht ein Mann, der zu den Menschen spricht. Das muss Jesus sein. Man hört seine Stimme heraufschallen. Timon will mehr sehen. Deshalb schlängelt er sich geschickt zwischen den Sitzenden und Ankommenden hindurch. Judith eilt ihm nach. Es gelingt den beiden, sich recht nah bei Jesus und seinen Jüngern am Ufer niederzulassen. So können sie Jesus gut beobachten, während er Geschichten von Gott und seinem Reich erzählt. Die Erzählungen sind so spannend, dass Timon, Judith und die Leute um sie herum gar nicht merken, wie die Zeit vergeht. Von diesem Jesus geht etwas aus. Es wird einem wohl ums Herz.

Langsam versinkt die Sonne am Horizont und der Himmel färbt sich orange. Leise schwappen kleine Wellen ans Ufer. Nach und nach breiten sich die Schatten aus. Da hören Judith und Timon, wie ein Jünger zu Jesus sagt: «Meister, es wird Abend und die Leute sind hungrig. Es ist wohl an der Zeit, sie nach Hause zu schicken.» «Gebt ihnen doch etwas zu essen!», fordert Jesus sie auf. «Wir? Aber wir haben doch nicht genug für diese vielen Leute! Schau doch, es sind Tausende!» Ratlos lassen die Jünger ihre Augen über die Menge schweifen. Da springt Timon auf. «Ich habe zu essen», ruft er und läuft zu Jesus. Er hält ihm sein Bündel hin. Es liegen zwei getrocknete Fische und fünf Brote darin.

Judiths Herz klopft wie wild, sie ist stolz auf ihren Sohn. Sie sieht, wie Jesus ihrem Buben in die Augen schaut und ihm mit einem freundlichen Lächeln das Bündel abnimmt. Nun schaut Jesus zum Himmel, dankt Gott und teilt die Brote. Er gibt Timon und den Jüngern davon und weist sie an, Brot und Fisch an die Menschen zu verteilen. Jesus teilt aus, die Jünger geben weiter, und dann lassen sich die Zuhörer das Essen schmecken. Ein staunendes und fröhliches Gemurmel breitet sich aus.

Schliesslich sind alle satt. Dann sagt Jesus zu seinen Jüngern: «Sammelt die Brocken ein!» Zwölf Körbe werden voll mit den Resten. Judith und Timon kommen aus dem Staunen nicht mehr heraus: Wie ist das nur möglich, dass die zwei Fische und fünf Brote so viele Menschen genährt haben?

Ein wundersamer Ausflug

Karin Pfister

> **Zum Inhalt:** Auf der Schulreise hat Ursina viel erlebt. Voller Freude erzählt sie am Abend ihrer Familie von ihrem Ausflug. In ihrem Rucksack findet die Mutter eine halbe Birne, ein paar Kaugummis und einen angebrochenen Müesliriegel. Woher hat ihre Tochter diese Sachen? Da erzählt Ursina von Heinz und dem vergessenen Rucksack. Eine Geschichte, die wunderbar zur Speisung der fünftausend passt.
>
> **Biblischer Bezug:** Joh 6,1–15 Par.
>
> **Stichwörter:** Brot, Essen, Fisch, Hunger, Jesus von Nazaret, Schule, Teilen, Wunder
>
> **Bezug zur Arbeitshilfe:** AH3 / 3 Abendmahl / 6 Fünf Brote und zwei Fische
>
> **Erzählzeit:** 10'
>
> **Hinweise zur Gestaltung:** In der Mitte liegt ein Tagesrucksack. Die Lehrperson fragt die Kinder vor dem Erzählen der Geschichte, was sie für einen Tagesausflug bzw. eine Schulreise einpacken würden.

Pünktlich fährt der Zug in den Bahnhof ein. Die Türen gehen auf. Müde und schmutzig steigen Ursina und ihre Klassenkameraden aus dem Zug. Sie verabschieden sich von ihrem Lehrer und lassen sich von ihren Müttern umarmen und den Rucksack abnehmen. Ursina steigt ins Auto ihrer Mutter, schnallt sich an, und da sprudelt es nur so aus ihr heraus, was sie alles auf der Schulreise erlebt hat.

Zuhause wird Ursina zuerst einmal in die Badewanne gesteckt, während die Mutter die Kleider in die Waschmaschine stopft und den Rucksack ausräumt. Ursinas jüngerer Bruder Reto schaut zu und wundert sich, was da alles zum Vorschein kommt: eine halbe Birne, ein paar Kaugummis und ein angebrochener Müesliriegel.
Bald sitzt die Familie beim Nachtessen, und Ursina erzählt und erzählt und erzählt. Doch Reto interessiert vor allem eines. Er fragt seine Schwester: «Woher hast du denn diese Kaugummis? Solche haben wir sonst nie.» Und die Mutter fügt hinzu: «Ja, und eine Birne habe ich dir heute Morgen auch nicht eingepackt, und auch keinen Müesliriegel. Warum hast du das in deinem Rucksack?»
«Stellt euch vor», sagt Ursina, «wir mussten auf der Hinreise zweimal umsteigen, und da hat doch der Heinz seinen Rucksack im Postauto liegengelassen! Dabei war da sein Picknick drin!» Reto lacht und spottet: «Das ist ja typisch für Heinz, der vergisst doch immer etwas!» «Oje», meint da der Vater, «da hat der arme Heinz wohl den ganzen Tag hungern müssen?» «Nein, sicher nicht», entgegnet Ursina, «jeder von uns hat ihm etwas abgegeben. Ich habe Heinz mein halbes Schinkensandwich geschenkt.» «Das habt ihr aber gut gemacht, Ursina», sagt die Mutter. «Das erinnert mich gerade an eine Geschichte aus der Bibel.» «Eine Geschichte?», freut sich Reto. «Oh, Mami, bitte erzähl sie uns!» Da beginnt die Mutter zu erzählen:

«Elias und seine Familie wohnen am See Gennesaret. Jeden Morgen hilft Elias seinem Vater, die Fische zu sortieren, die der Vater in der Nacht gefangen hat. Elias liebt diese Arbeit. Wenn er gross ist, möchte er auch Fischer werden, wie sein Vater. Als die Fische sortiert sind, gehen Vater und Sohn ins Haus. Die Arbeit macht hungrig. Die Mutter hat Fladenbrote gebacken. Wie fein die duften! Während die Familie beisammensitzt, sehen sie, dass viele Leute am Haus vorbeigehen. ‹Wo wollen denn all diese Leute hin?›, wundert sich Elias. Die Mutter weiss es. Sie hat von einer Nachbarin gehört, dass heute ein Rabbi aus Nazaret kommt, der spannende Geschichten erzählen kann. Und dass er auch Kranke heilt. Jesus ist sein Name. ‹Vermutlich sind deshalb so viele Leute unterwegs›, sagt der Vater. ‹Oh, darf ich auch dorthin gehen?›, fragt Elias. Die Eltern überlegen einen Moment. Dann erklärt der Vater: ‹Um ganz allein zu gehen, bist du noch etwas zu jung. Aber mich interessiert dieser Jesus auch. Lass uns zusammen gehen.› Die Mutter meint: ‹Wer weiss, wie lange ihr wegbleibt. Ich packe euch etwas zu essen ein. Elias, du bist gross genug, um das Essen zu tragen.›»

Da unterbricht Ursina die Mutter: «Ich weiss, welche Geschichte das ist. Da teilt doch der Junge sein Essen

3. Klass-Unti

mit Jesus!» «Genau», bestätigt die Mutter und erzählt weiter:

«Die Mutter packt also fünf frische Fladenbrote und zwei Fische in ein Tuch, schnürt es zu einem Bündel und gibt es ihrem Sohn. Dann machen sich Elias und der Vater auf den Weg und winken der Mutter noch einmal zu. Elias freut sich und ist gespannt, was sie alles erleben werden.
Bald kommen sie zu einem Hügel. Sie sehen auch schon die vielen Leute, die einem Rabbi aufmerksam zuhören. Das muss Jesus sein! Elias und sein Vater gesellen sich dazu. Dieser Jesus erzählt tatsächlich spannende Geschichten vom Reich Gottes und von der Liebe Gottes. Elias hört staunend zu. Er merkt gar nicht, wie die Zeit vergeht.
Doch dann hört Jesus auf zu erzählen. Einige Leute rufen: ‹Jesus, erzähl weiter. Wir wollen noch mehr hören.› Aber es ist schon spät. Die Menschen werden unruhig, Jesus und seine Freunde diskutieren zusammen. Da kommt plötzlich einer der Freunde von Jesus zu Elias und seinem Vater: ‹Ich heisse Thomas und bin mit Jesus unterwegs.› Und er fragt Elias: ‹Hast du etwas zu essen in deinem Bündel?› Elias nickt: ‹Ja, ich habe fünf Brote und zwei Fische.› Da fragt der Mann weiter: ‹Wärst du bereit, dein Essen mit Jesus und den anderen Leuten zu teilen?› Elias schaut seinen Vater an, der nickt ihm aufmunternd zu. Da reicht Elias dem Mann die fünf Brote und zwei Fische: ‹Ja, klar!› Der Mann bedankt sich und gibt das Essen Jesus. Jesus lässt die Leute sich setzen. Er nimmt die Brote und die Fische, spricht ein Dankgebet und teilt Brot und Fisch aus. Und alle Leute werden satt.»

Da staunt Reto: «Wow, das ist ja unglaublich! Das würde ich auch gern einmal erleben!» Ursina kennt das Ende der Geschichte und ruft: «Und es kommt noch besser: Am Schluss werden die Reste eingesammelt, und stell dir vor, es sind zwölf volle Körbe!» Reto lacht: «Das ist ja ein echtes Wunder. So cool!»
Da mischt sich der Vater ein: «Mit den Wundern ist das so eine Sache! – Aber wie war denn das heute auf der Schulreise? Heinz hatte nichts zu essen dabei und musste trotzdem nicht hungern. Eigentlich ja auch nicht ganz logisch, oder?» Reto antwortet: «Es haben ihm natürlich alle etwas abgegeben! Sie haben geteilt.» Der Vater runzelt die Stirn und überlegt: «Hm, vielleicht haben die Leute um Jesus auch geteilt? Vielleicht hat es deshalb für alle gereicht? Ich finde, wenn Menschen mit völlig Fremden etwas teilen, ist es immer ein Wunder.» Und die Mutter fügt an: «Vielleicht will uns die Geschichte auch sagen: Bei Jesus bekommen alle, was sie brauchen.»

Da fällt Reto plötzlich etwas ein: «Aber Ursina, jetzt wissen wir immer noch nicht, weshalb du so viele Sachen im Rucksack hast, die du gar nicht von zu Hause mitgenommen hast?» Da lacht Ursina und erzählt: «Auf dem Heimweg sind wir wieder mit einem Postauto gefahren. Und stellt euch vor, es war genau derselbe Bus wie am Morgen. Und – Heinz' Rucksack lag noch an der gleichen Stelle, ganz hinten auf der letzten Bank! Der Rucksack ist in der Zwischenzeit mit dem Postauto ein paar Touren gefahren. Und weil Heinz ja von uns verpflegt worden ist, hat er nun all seine Sachen mit uns geteilt!»

Pfingsten – ein stürmischer Neuanfang

Sabine Stückelberger

Zum Inhalt: In Jerusalem steht das jüdische Pfingstfest, das Erntefest, bevor. Der zehnjährige Michael erlebt mit, dass im Haus der Jesus-Leute Ungewöhnliches vor sich geht: Ein neuer Wind, Gottes heilige Geistkraft, erfasst die mutlosen Frauen und Männer. Das verändert ihr Leben und auch das von Michael.

Biblischer Bezug: Apg 2,1–41

Stichwörter: Begeisterung, frühes Christentum, Heilige Geistkraft, Jerusalem, Jünger, Pfingsten, Sprachen, Taufe, Wind, Wunder

Bezug zur Arbeitshilfe: AH3 / 4 Pfingsten / 1 Das Pfingstfest

Erzählzeit: 12′

Hinführung zur Geschichte

Wenn wir traurig sind, mutlos oder erschöpft, dann fühlt sich das manchmal an, wie wenn uns die Luft ausgeht. Wie gut ist es dann, nicht allein zu sein. Wir schöpfen neue Kraft, wenn uns jemand zuhört oder uns einfach in den Arm nimmt. Wir schöpfen neuen Mut, wenn ein Freund uns beisteht oder eine Freundin uns für etwas Neues begeistern kann.
All das können wir nicht sehen, nur spüren. So wie den Wind: Wir spüren ihn im Gesicht und in den Haaren. Oder wie die Luft: Wir atmen sie ein und aus. Wind und Luft können wir nicht sehen, aber das, was sie bewirken. So ist es auch mit dem Heiligen Geist.
Gottes Geist ist eine unsichtbare Kraft, die Wunderbares bewirkt. Sie bringt neuen Wind in unser Leben und lässt uns aufatmen, immer wieder neu. Genau das haben die ersten Christinnen und Christen an Pfingsten erlebt.

Pfingsten – ein stürmischer Neuanfang

Seit dem Passafest (bzw. seit Ostern) sind fünfzig Tage vergangen. In Jerusalem sind alle im Festfieber und freuen sich auf das alljährliche Erntefest, das Pfingstfest. Es geht zu wie in einem Bienenhaus. Die Gassen sind voller Menschen. Viele rennen geschäftig zum Markt für letzte Einkäufe, andere sind unterwegs zum Tempel. Der zehnjährige Michael streckt seinen Wuschelkopf zum Fenster hinaus. Ihm ist langweilig. Niemand hat Zeit für ihn. So fängt er an, die Leute zu beobachten, die sich durch die Strasse zwängen.
Er sieht einige bekannte Gesichter aus seinem Quartier. Er entdeckt aber auch Fremde. Er weiss, dass jedes Jahr viele Jüdinnen und Juden aus dem Ausland anreisen, um beim grossen Erntefest im Jerusalemer Tempel dabei zu sein.

Der Mann dort muss aus Ägypten kommen, denkt Michael, so wie der angezogen ist. Und diese Frau, die kommt sicher aus Griechenland mit ihrer spitzen Nase. Und der, der könnte aus Rom kommen, so bleich, wie er ist ... Und dieses Sprachenwirrwarr! Die Menschen reden teilweise so komisch fremdländisch, dass Michael lachen muss.

Plötzlich sieht Michael, wie sich ein paar Häuser weiter vorn in der Strasse eine grosse Menschentraube bildet. Alle starren auf ein gelbes Haus. Das ist doch das Haus dieser Jesus-Leute, überlegt Michael.
Jetzt hört er es auch. Was ist das für ein seltsamer Lärm? Es klingt wie ein brausender Sturmwind. Michael schaut zum Himmel, aber da ist weit und breit keine Wolke zu sehen. Das muss er sich näher anschauen. Michael rennt auf die Strasse und drängelt sich vor bis zum gelben Haus. Er zwängt sich durch die Menschen, bis er die Haustür sehen kann. Sie ist verschlossen. Aber er hört Stimmen, die laut singen. Das müssen die Freunde von diesem Jesus sein.
Neben ihm steht die Frau mit der spitzen Nase. «Seltsam», sagt sie mit griechischem Akzent und schüttelt verwundert den Kopf. «Diese Leute da im Haus singen und beten, aber warum reden sie griechisch? Können diese Leute tatsächlich Griechisch? Ich kann jedes Wort verstehen.»
Auch der Ägypter staunt und ruft: «Eigenartig. Ich höre sie Gott loben – auf Ägyptisch. Wie ist das möglich?»
«Aber die reden doch aramäisch», ruft Michael dazwischen. «Ich höre es ganz deutlich. Das sind die Jesus-Leute, die kommen fast alle aus Galiläa.»
«Eben», sagt der bleiche Römer hinter ihm. «Die haben doch sicher nie Latein gelernt. Aber warum höre

ich sie dann in meiner Muttersprache singen und beten?»

Andere Leute, die weiter hinten in der Menge stehen, verstehen kein Wort im Stimmengewirr. Einige fangen an zu spotten und zu lachen: «Die sind sicher schon lange am Feiern und haben zu viel Wein getrunken. Jetzt können sie nur noch lallen!»

In diesem Moment öffnet sich die Tür des Hauses und ein kräftiger Mann mit einem wettergegerbten Gesicht kommt heraus. Er trägt eine Holzkiste unter dem Arm. «Das ist Petrus», ruft jemand. Michael hat ihn schon auf der Strasse gesehen, aber noch nie so glücklich. Er strahlt über das ganze Gesicht. Petrus stellt die Holzkiste auf den Boden, stellt sich darauf und räuspert sich.

«Versteht ihr mich alle? Ich muss euch unbedingt erzählen, was heute in diesem Haus Wunderbares passiert ist. Wir sind Freunde von Jesus von Nazaret. Wie manche von euch wissen, ist Jesus vor fünfzig Tagen gekreuzigt worden. Dabei hat er nichts Böses getan! Im Gegenteil. Er hat uns und vielen anderen Mut gemacht mit seinen Geschichten und mit seinem grossen Herzen. Er hat uns Gott ganz nahe gebracht. Und er hat viele Kranke gesund gemacht.

Drei Tage nach seinem Tod erzählten uns ein paar Freundinnen: Jesus lebt! Er ist vom Tod auferstanden! Und dann ist er vielen von uns erschienen, und wir wussten und spürten, dass Jesus lebt. Aber die erste Freude und Begeisterung war schnell verflogen. Wir waren oft mutlos und traurig und wussten nicht weiter ohne Jesus.

Doch heute ist wieder Wunderbares passiert. Wir wurden alle von einer neuen Kraft erfasst. Gottes Geist hat uns wachgerüttelt wie ein Sturmwind und uns neu begeistert. Unsere Angst und unsere Sprachlosigkeit sind wie weggeblasen. Jesus lebt und ist immer bei uns! Und das gilt, ganz egal woher wir kommen und welche Sprache wir sprechen. Wir wollen euch allen von Gottes froher Botschaft erzählen.

Liebe Frauen, Männer und Kinder: Auch ihr könnt zu Jesus gehören und euch von Gottes heiliger Geistkraft begeistern lassen. Lasst euch taufen! Denn die Taufe ist ein Zeichen: Damit sagt ihr Ja zu Gottes grossem Ja zu uns Menschen.»

Michael hat gebannt zugehört. Was dieser Petrus nicht alles erzählt. Und erst wie er es erzählt! Michael spürt, dass er aufgeregt ist. Sein Herz schlägt ihm bis zum Hals. Und er fasst einen Entschluss. Er möchte auch zu Jesus und seinen Freundinnen und Freunden gehören. Er spürt eine Freude, eine neue Kraft, die ihn in Bewegung setzt. Er drängelt sich noch weiter nach vorn, bis er direkt vor Petrus steht.

Michael blickt zu Petrus auf, schluckt und sagt dann laut:

«Bitte, Petrus, taufe mich!»

«Ja, mich auch! Mich auch» tönt es von allen Seiten.

Von diesem Tag an geht Michael in dem Haus der Freundinnen und Freunde von Jesus ein und aus. Und es dauert nicht lange, da lassen sich auch seine Eltern von der Begeisterung und Freude ihres Sohns anstecken. Sie finden in der Gemeinschaft der Jesus-Leute viele neue Freunde, die füreinander einstehen und auch für die Armen und Kranken sorgen. Sie teilen ihre Freude und ihre Nöte, ihr Geld und ihre Zeit wie eine grosse Familie. Und sie feiern Gott und das Leben, das er ihnen schenkt.

Warum nicht ich?

Lukas Spinner

Zum Inhalt: Eigentlich sind Mirjam und Chantal beste Freundinnen, doch sie haben sich zerstritten. Beide Mädchen leiden unter der Situation und wollen, dass der Streit ein Ende findet. Doch den ersten Schritt soll, bitte schön, die andere machen. Wie es dennoch zur Versöhnung kommt, und das nicht nur bei den Kindern, davon erzählt diese Geschichte.

Biblischer Bezug: Mt 7,12/Lk 6,31; Mt 6,12

Stichwörter: Familie, Freundschaft, Konflikt, Schule, Stolz, Vergebung, Versöhnung

Bezug zur Arbeitshilfe: AH3 / 4 Pfingsten / 4 Die goldene Regel / 3 Mut zum Brückenbauen

Erzählzeit: 13'

Hinweise zur Gestaltung: Nach dem Erzählen mit den Kindern über die Bedeutung des Titels der Geschichte diskutieren.

Eigentlich waren Mirjam und Chantal ja die besten Freundinnen gewesen. Aber eben: gewesen. Das war einmal, aber jetzt herrschte dicke Luft. Nicht ausstehen konnten sie einander und schon gar nicht riechen.
Wie das gekommen war? Das wusste eigentlich niemand so genau. Es hing wohl mit Fabian zusammen. Dem hatte Mirjam freundlich oder jedenfalls viel zu lange zugelächelt, wie Chantal fand. Nein, eifersüchtig war Chantal überhaupt nicht, sicher nicht. Aber verkneifen konnte sie es sich nicht, den andern zu sagen, dass Mirjam seit neustem bubenverrückt sei und nicht genug jedem Jungen zulächeln könne. Das wiederum wurde brühwarm Mirjam hinterbracht, und sie fand das nun das Allerletzte – und erst noch von der besten Freundin. Jedenfalls liess nun Mirjam den Satz fallen, dass wohl noch nie ein Junge sich in Chantal verguckt hätte, das sei ja auch kein Wunder – bei der Frisur. Und auch dieser Satz wurde brühwarm weitergetragen.
So ging das hin und her. Das Resultat war, dass die beiden nicht mehr miteinander sprachen und wegblickten, wenn sie einander begegneten. Das war ja schon etwas anstrengend, immer in derselben Klasse und kein Wort wechseln. Aber jede hatte ihren Stolz. Da soll sich doch mal, bitte schön, die andere erst entschuldigen.

Nun nahte – und das war nicht zu vermeiden – Mirjams Geburtstag. Letztes Jahr hatte sie Chantal dazu eingeladen, und sie hatten einen herrlichen Tag zusammen erlebt. Aber jetzt? Chantal? Nie und nimmer! Die dumme Kuh sollte nur merken, dass sie bei ihr nichts mehr zu suchen hatte. Aber wen könnte sie dann einladen? Fabian? Nein, das war irgendwie zu früh. Da kam ihr ein Gedanke.
Am Abend, als ihre Mutter noch in ihr Zimmer kam, um Gute Nacht zu sagen, meinte Mirjam: «Mama, ich hätte einen Wunsch für meinen Geburtstag!» «Da bin ich aber gespannt, Mirjam.» «Wie wär's, wenn wir diesmal den Papa einladen würden, nur zum Essen, weisst du.» «Ach, Mirjam, du weisst doch, dass das nicht geht!», seufzte die Mutter. Die Wunden sassen tief. Die Eltern hatten sich im Streit getrennt vor zwei Jahren. Der Papa war ausgezogen, weg in eine andere Stadt. Er sah seine Tochter kaum noch. Nie hätte er seine Frau gefragt, wie es ihr gehe mit Mirjam, nie hätte er sich wirklich gekümmert um sie beide. Deshalb wollte die Mama ihren Mann auch nicht mehr in der Wohnung sehen. Nein, das ging nun wirklich nicht, ihn da plötzlich einzuladen zum Geburtstagsessen. Er sollte erst mal beweisen, dass ihm wirklich etwas an seiner Tochter lag.

«Du kannst doch wieder deine Freundin Chantal einladen, das war doch so schön letztes Jahr!», meinte die Mutter. Ach, das hätte sie besser nicht sagen sollen.

Chantal lag zur gleichen Zeit auch in ihrem Bett. Und weil ihre Mutter an einer Chorprobe war, war es der Vater, der ihr Gute Nacht sagte. Ihm schien, die Tochter sei nicht gerade zufrieden. «Was ist denn los, Chantal, du machst ein trauriges Gesicht.» «Ach nichts!», meinte die Tochter und hatte schon Tränen in den Augen. «Also doch etwas!», sagte der Vater. Und als Chantal beharrlich schwieg, fügte er hinzu: «Kannst du we-

nigstens mit deiner Freundin Mirjam darüber sprechen?» Oje, das hätte er besser nicht gesagt.
«Die blöde Gans, mit der rede ich überhaupt nicht mehr!» Und nun kam's wie ein Sturzbach aus Chantal heraus, all die Wut und all der Jammer über die zerbrochene Freundschaft. Der arme Vater verstand nicht recht, aus welchem Grund die Freundschaft auseinandergebrochen war, aber er spürte sehr wohl, wie seine Tochter darunter litt. Wie sollte er sie trösten können? Er tat, was viele Erwachsene tun: Er erzählte eine Geschichte aus seinem Leben. Etwas Besseres wusste er nicht zu tun.
«Ich weiss, Chantal, das kann sehr weh tun, wenn eine gute Freundschaft zerbricht. Ich kenne das. Du weisst ja, dass ich noch eine Schwester habe. Aber du wirst dich kaum an sie erinnern. Seit zehn Jahren hören wir nichts mehr voneinander. Ich hatte sie lieb, früher. Aber es gab Krach, als deine Grossmutter starb. Es ging ums Erben. Meine Schwester dachte, ich wolle alles an mich reissen. Da war ich beleidigt. Böse Worte fielen. Und die ganze schöne Beziehung ging kaputt.» Der Vater musste seufzen, als er an all das dachte. «Sie schreibt mir nicht einmal zu Weihnachten.» «Das hast du mir gar nie richtig erzählt», meinte die Tochter. «Was soll ich da schon gross erzählen? Aber du siehst, ich bin trotzdem ein fröhlicher Mensch und freue mich über deine Mutter und über meine Tochter. Deshalb glaube ich, dass du auch ohne Mirjam gut leben kannst.»
So sagte und so dachte der Vater. Aber irgendwie spürte er selbst, dass dieser Trost keine grosse Hilfe war. Chantal dachte jetzt einfach an Mirjam. «Und denk dir: Jetzt hat sie dann Geburtstag, und sie wird mich sicher nicht einladen. Aber ich würde sowieso nie im Leben dorthin gehen.»

«Ich hasse Geburtstage!», brauste währenddem Mirjam in ihrem Zimmer auf. Die Mutter strich ihr übers Haar. «Erzähl schon, was ist denn los mit dir?» Und endlich kam nun das ganze Elend auch aus Mirjam heraus, sie erzählte von ihrem Kummer mit Chantal und ihrer Wut über die zerbrochene Freundschaft.
«Und jetzt, was möchtest du jetzt?», fragte vorsichtig die Mutter. «Ich weiss doch auch nicht.» «Was möchtest du denn, dass Chantal jetzt täte?» «Ist mir doch egal!» «Wirklich?» «Die soll sich doch endlich mal entschuldigen bei mir!»

Die Mutter liess nicht locker: «Du wünschst dir also, dass Chantal sich bei dir entschuldigt, weil sie dich verletzt hat?» «Ja, natürlich!» «Und du, du hast Chantal auch verletzt. Könnte es sein, dass sie sich im Geheimen auch wünscht, dass du dich bei ihr entschuldigst?» Mirjam war still.
«Ich denke», sagte die Mutter, «du könntest ja einfach mal das tun, was du von Chantal erwartest. Ich glaube, das wirkt Wunder.» «Vielleicht hast du recht, Mama.» «So schlaf denn mal und schau, ob du morgen weiterkommst. Gute Nacht.»

Inzwischen versuchte Chantals Vater einen anderen Weg. «Was wäre denn, wenn Mirjam dir ein Brieflein schriebe?» «Ein Brieflein, spinnst du?» «Doch, ein Brieflein, in dem ein paar liebe Worte ständen, extra für dich!» «Das macht die nie!» «Aber du hättest Freude daran?» Chantal überlegte: «Ja, schon.» «Eben!» «Was eben?» «Ich dachte bloss, dann könntest du doch ihr ein Brieflein schreiben.»
Jetzt war es lange still. Es arbeitete in Chantals Kopf. «Danke, Papa!», sagte sie schliesslich. Und der Vater verliess das Zimmer.

Es waren vier Menschen, die sehr viel überlegten in dieser Nacht. Jedenfalls geschah am nächsten Morgen Besonderes.
Chantal sputete sich, um möglichst früh in der Schule zu sein, und sie legte ein kleines, hübsch verziertes Brieflein auf Mirjams Platz. Als dann Mirjam ins Klassenzimmer trat, ging diese gar nicht an ihren Platz, sondern zu Chantal und sagte etwas hastig: «Du, ich wollte dir einfach sagen, es tut mir leid wegen unserem Streit. Lass uns doch bitte das alles vergessen!» Chantal wies auf das Brieflein. Mirjam machte es auf, las es, und bald lagen sich die beiden Mädchen in den Armen. Und natürlich war Chantal gern bereit, zu Mirjams Geburtstag zu kommen. Sie wollte sogar vorher noch zum Coiffeur – für eine neue Frisur.
Aber auch ein anderer Brief ist geschrieben worden in jener Nacht: einer vom Bruder an die Schwester, nach zehn Jahren endlich wieder einmal.
Und Mirjams Mutter griff am Morgen zum Telefon, um den Vater ihrer Tochter zu fragen, ob er nicht als Überraschung zu Mirjams Geburtstag komme.

# Geschichten für den Club 4
Wir entdecken die Bibel (AH4)

Levi und die Juden im babylonischen Exil

Ursula Kaufmann

Zum Inhalt: Das Volk Israel lebt im babylonischen Exil, fern von Jerusalem. Während Levis Eltern am Glauben an den einen Gott, der Himmel und Erde erschaffen hat, festhalten, fühlt sich Levi zerrissen. Eigentlich möchte er viel lieber zu den Babyloniern gehören: Die Götterparade am Frühlingsfest hat ihn nachhaltig beeindruckt. Da können die alten Jahwe-Geschichten des jüdischen Volkes nicht mithalten. Oder doch? Die Geschichte einer Identitätsfindung.

Biblischer Bezug: Ex 7–12; 2Kön 24,14–16; 2Kön 25,11f; Ps 137; Jer 29; Ez 12

Stichwörter: Amulett, Babylon, Exil, Freundschaft, Geschichte und Umwelt, Glaube, Gott, Götter, Gottesdienst, Klage, Mose, Notlage, Prophet, Volk Israel

Bezug zur Arbeitshilfe: AH4 / 1 Forschungsprojekt Bibel / 4 Die Bibel entsteht / 7 Ist die Bibel wahr?

Erzählzeit: 20'

Hinweise zur Gestaltung: Die Mitte gestalten mit einem Lederband, das an den Enden zusammengeknotet, aber in der Mitte zerrissen ist; Bild eines Rollsiegels und Bildmaterial zu Babylon.

Teil 1: Der zerrissene Lederbändel

Eigentlich sollte Levi in der Schule sein. Doch er sitzt am Ufer des Eufrats. Ruhig fliesst das Wasser des Flusses dahin. Sonst aber ist es alles andere als ruhig. Am anderen Ufer schreit ein Kapitän die Arbeiter an, Hufe klappern und Wagen rumpeln. Auch vom Markt her hört man Geschrei. Doch Levi bekommt von alledem nichts mit.

Zusammengekauert sitzt er unter einer Weide und starrt auf den zerrissenen Lederbändel in seiner Hand. Sein Amulett – es ist weg! Er hat seinen Glücksbringer verloren! Ein Rollsiegel war es, aus hellem Stein. Er hatte es auf dem Schulweg gefunden. Das ist ein gutes Zeichen, hatte er damals gedacht. Nun werde ich ein richtiger Babylonier. Und von da an hat Levi das Amulett als Glücksbringer um den Hals getragen. Aber immer unter den Kleidern. Denn seine Eltern hätten sicher gar keine Freude, wenn sie wüssten, dass ihr Sohn als Jude einen babylonischen Glücksbringer trägt.

Langsam dreht Levi den kaputten Bändel in seiner Hand hin und her und seufzt. Gestern um diese Zeit war er noch so stolz und fröhlich. Seine babylonischen Freunde aus der Tempelschule hatten ihn nämlich zum Frühlingsfest eingeladen! Levi zog sein bestes Kleid an. Er strahlte über das ganze Gesicht und dachte in einem fort: Jetzt gehöre ich zu den Babyloniern!

Levi hatte sich aus dem Haus geschlichen. Er wollte keine unangenehmen Fragen. Die Eltern halten nämlich nichts vom babylonischen Glauben. Levi ist sich nicht sicher, ob sie ihm erlaubt hätten, am Frühlingsfest teilzunehmen. Zwar darf er in die Tempelschule gehen, um lesen und schreiben zu lernen. So kann er später als angesehener Schreiber sein Geld verdienen. Levi würde einmal ein besseres Leben haben als sein Vater, der für einen kleinen Lohn als Lastenträger im Hafen arbeitet. Wenn es aber um den Glauben geht, gibt es keine Diskussion. Die Eltern glauben fest an ihren jüdischen Gott Jahwe.

Levi reisst ein Grasbüschel aus und wirft es ins Wasser. Er ist sich nicht so sicher, was er von Jahwe halten soll. Die alten Geschichten, die die Priester während der Gottesdienste erzählen, versteht er nicht. Levi rümpft verächtlich die Nase. Alles ist so armselig bei ihnen am Kedar-Kanal. Die Menschen sind abgearbeitet, müde und traurig. Da gibt es nichts Prunkvolles, keine Lobgesänge, nur Klagelieder.

Levi seufzt. Warum kann er nicht einfach als Babylonier geboren sein? Gestern, das Frühlingsfest der Babylonier! Das hat ihm gefallen! Beim Ischtar-Tor haben sie sich getroffen, er und seine Freunde. Die Strasse war voller Leute. Alle warteten gespannt auf den Festumzug. Und da tauchte der erste Wagen auf. Levi sah die goldene Marduk-Statue schon von weitem in der Sonne glänzen. Diese Pracht! Einer der Freunde zog ihn mit zu Boden, und erst da merkte Levi, dass sich alle vor der Statue von Marduk, des höchsten babylonischen Gotts, verneigten. Es folgten weitere prunkvolle Wagen mit anderen babylonischen Göttern: Ea,

der Gott der Weisheit, Sin, der Mondgott, Ischtar, die Kriegs- und Liebesgöttin, und viele weitere. Je unwichtiger die Gottheit, desto kleiner und unscheinbarer der Wagen. Dann kamen kleine, ungeschmückte Wagen. Sie trugen die Götterbilder der besiegten Völker. Und ganz am Schluss, ganz zuhinterst der Wagen des jüdischen Gottes Jahwe – leer, ohne Standbild, nur ein paar silberne Schüsseln aus dem Tempel waren zu sehen.
Ein spöttisches Gelächter ging durch die Menge. Auch Levi lachte, bis er merkte, dass seine Freunde auf ihn zeigten. «He, Levi, sag mal, wo ist denn euer Gott? Wir sehen gar nichts! Nicht einmal ein Bild gibt es von ihm, und sein Tempel in Jerusalem ist zerstört. Ein Schwächling ist euer Gott! Marduk hat ihn besiegt, so wie wir euch besiegt haben. Du glaubst doch nicht etwa an diesen Gott?! Marduk ist stark, ihm musst du zujubeln!» Levi wurde rot. Alle rundum blickten zu ihm. Wütend packte er einen von seinen Freunden, schüttelte ihn und schrie: «Lass mich in Ruhe, du weisst genau, dass ich Marduk verehre!» Beinahe wäre es zu einer Schlägerei gekommen. Wahrscheinlich hatte Levi im Handgemenge sein Amulett verloren.

Levi greift nach einem Stein und wirft ihn in den Eufrat. Tränen steigen ihm in die Augen. Nicht wegen des verlorenen Amuletts. Aber es tut so weh, verspottet zu werden. Und das von den eigenen Freunden. Haben die denn nicht gemerkt, dass er kein Jude mehr sein will, dass er zu ihnen gehört? Plötzlich kommen Levi Zweifel. Sind das überhaupt echte Freunde? Habe ich mich in ihnen getäuscht? Die Freunde haben ihn anschliessend mit sich gezogen, durch die heilige Strasse dem Festplatz entgegen. «Komm schon, wir haben es nicht so gemeint. Komm und geniess es!» Kann er ihnen glauben? Levi ging zwar mit zum Festplatz beim Etemenanki-Turm. Aber irgendwann hat er sich einfach davongeschlichen. Die Freunde haben es gar nicht bemerkt. Es war eh schon spät. Ob seine Eltern ihn wohl schon vermissten?

Als er zu Hause ankam, wurde er gar nicht beachtet. Alle standen im kleinen Raum um die Schlafmatte des Vaters herum. Levi erschrak. Da lag sein Vater, mit schmerzverzerrtem Gesicht. Die Mutter weinte. Sie legte ihm die Hand auf die Schulter. «Ach, Levi, ein Unfall. Vater ist mit einer schweren Last auf der Schulter ausgerutscht und gestürzt. Dabei hat er sich das Bein gebrochen. Es sieht nicht gut aus für Vater. Vermutlich kann er nie wieder arbeiten.»

Levi betrachtet den Fluss, der ruhig dahinfliesst. Ihn schaudert. Wie soll es nur weitergehen, wenn Vater kein Geld mehr nach Hause bringt? Und Levi fühlt noch etwas anderes – eine Erwartung an ihn. Er ist der älteste Sohn. Wenn Vater nicht mehr arbeiten kann, ist es an ihm, für die Familie Geld zu verdienen. Dann muss er im Hafen die schweren Kisten und Fässer schleppen. Levi wird schlecht bei dem Gedanken, was das für ihn bedeuteten würde: keine Tempelschule mehr, keine Hoffnung auf einen guten Beruf. Fertig mit Babyloniersein, dafür harte Arbeit. Nein, nein, er will nicht! Er will weiterhin mit seinen babylonischen Freunden zusammen sein! Aber – sind sie wirklich seine Freunde? Gehört Levi zu ihnen?
Levi betrachtet das Lederband. Genauso zerrissen fühlt auch er sich. Wo gehört er hin? Zu seinen babylonischen Freunden oder zu seiner jüdischen Familie und zu seinem Volk? Glaubt er an Marduk, oder vertraut er auf Jahwe, den Gott seines Volks Israel?

2. Teil: Levis neuer Blick auf die alten Geschichten
«Schneller!», brüllt der Aufseher der Hafenarbeiter. Doch Levi kann nicht schneller. Er fällt hin. Eine Hand streckt sich ihm entgegen. Ein Junge, etwas grösser und älter als er, hilft ihm auf. Baruch heisst er. Er lächelt ihm zu. «Es wird schon gehen, du wirst dich daran gewöhnen.»
Levi schüttelt den Kopf. Am liebsten würde er losheulen, aber er reisst sich zusammen. Es ist so ungerecht. Niemand will seinem Vater helfen. «Ein einfacher Hafenarbeiter, was ist der schon wert?», sagen die Babylonier. Und was Levi noch fast mehr bedrückt: Keiner seiner babylonischen Freunde hat bei ihm vorbeigeschaut und gefragt, warum er nicht mehr zur Tempelschule kommt. Kein einziger. Nein, das sind keine Freunde, das muss sich Levi eingestehen. Aus der Traum, ein Babylonier zu werden! Aus der Traum vom besseren Leben!
«Kommst du am Sabbat auch in den Gottesdienst?» Baruch schaut Levi fragend an. Dieser zuckt gleichgültig mit den Schultern. «Ich weiss nicht, ich bin ziemlich müde. Immer diese alten Geschichten, was bringt's. Gott hilft ja sowieso nicht.» Baruch runzelt die Stirn. «Wie meinst du das?»
«Ach», erklärt Levi, «ich habe zu Gott gebetet, er solle doch Vaters Bein heilen. Aber nichts ist geschehen, gar nichts. Vaters Bein ist immer noch krumm.» Die Enttäuschung in seiner Stimme ist nicht zu überhören. Baruch klopft ihm freundschaftlich auf die Schulter. «Ich glaube, du verstehst da etwas falsch. Gott ist kein Zauberer, der einfach unsere Wünsche erfüllt. Und alte Geschichten? Na ja, das kommt drauf an, wie du das anschaust.»

Am Sabbat sitzt Levi dann tatsächlich im Gottesdienst am Kedar-Kanal, müde und schweigend. Noch nicht einmal eine Synagoge haben sie! Sie treffen sich hier auf dem sandigen Platz nahe beim Kanal. Nicht weit

vor ihm sieht er Baruch. Komisch, denkt Levi. Ich kenne Baruch kaum, und doch mag ich ihn sehr. Baruch ist anders als seine babylonischen Freunde. Er versteht ihn und weiss genau, wie es ihm geht. Er würde ihn bestimmt nicht auslachen.
Levi blickt hinüber zur Stadt. Protzig steht da die dicke Stadtmauer von Babylon. Es scheint, als ob sie ihm sagte: Hier kommt ohne den Willen des Königs keiner hinein und keiner hinaus. Die letzten Sonnenstrahlen berühren den Etemenanki-Turm. Das goldene Dach und die blauen Kacheln des Marduk-Heiligtums funkeln und glänzen in der Abendsonne. Wenn man diese Pracht sieht, könnte man schon denken, Marduk sei der grösste und mächtigste Gott. Aber eigentlich, wenn Levi es sich recht überlegt, glänzt der Tempel nur, weil er von der Sonne beschienen wird. Und die Sonne hat Jahwe geschaffen.
Levi schaut um sich. All diese Menschen da glauben an Jahwe, auch Baruch, sein neuer Freund. Warum? Was gibt ihnen den Mut und die Kraft?

«Schalom!», sagt eine freundliche Männerstimme. Einer der Priester steht vor ihnen. Alle Augen sind auf ihn gerichtet. Ezechiel heisst er. Er betrachtet die müden, von Sorgenfalten gezeichneten Gesichter. Und er lächelt. Aus diesen Augen leuchtet Hoffnung. Nun beginnt Ezechiel zu sprechen: «Ja, wir dürfen hoffen. Jahwe hat uns nicht verlassen. Er ist mit uns, auch wenn wir im Moment davon nur wenig merken. Er kennt unser Heimweh nach Jerusalem. Gott hat unser Volk schon einmal aus einer hoffnungslosen Situation befreit. Er schickte Mose …» Levi verdreht die Augen. Diese alte Geschichte – schon wieder. Die kennt er zur Genüge. Kommt drauf an, wie man sie anschaut, hat Baruch gesagt. Nun ist es schon fast dunkel. Schwarz steht die Stadtmauer da, schwarz und bedrohlich.
«Wie diese Mauer», sagt Ezechiel, «wie diese unüberwindbare Mauer war das Meer vor den Israeliten, als sie von den ägyptischen Soldaten verfolgt wurden.» Auf einmal hört Levi gespannt zu. Erzählt Ezechiel da wirklich eine alte Geschichte? Es ist fast so, als ob Ezechiel von ihnen hier in Babylon erzählt. Levi hört auf einmal nicht mehr eine Geschichte von Ägyptern und israelitischen Sklaven, sondern eine Geschichte von Babyloniern und jüdischen Arbeitern. Gespannt hört Levi zu. «Da sagte Gott zu Mose: ‹Sag den Israeliten, sie sollen aufbrechen. Du aber heb deinen Stab empor, strecke deine Hand aus über das Meer und spalte es. So sollen die Israeliten mitten durch das Meer auf dem Trockenen gehen.› Da streckte Mose seine Hand aus, und das Wasser spaltete sich. Nun gingen die Israeliten mitten durch das Meer auf dem Trockenen, und das Wasser stand wie eine Wand, wie eine Mauer auf beiden Seiten. Die Ägypter aber jagten ihnen nach und gingen hinter ihnen mitten in das Meer hinein – alle Rosse mit Wagen und Reitern. Da sagte Gott zu Mose: ‹Strecke deine Hand aus über das Meer, damit das Wasser zurückkehrt.› Mose streckte seine Hand aus über das Meer. Da kehrte das Wasser zurück und bedeckte den ganzen Wagenzug mitsamt den Reitern. Von der ganzen Heeresmacht des Pharao aber blieb nichts mehr übrig.»
Mucksmäuschenstill haben alle zugehört. Ihre Augen leuchten – auch die von Levi. Baruch dreht sich zu ihm um und zwinkert ihm zu. Levi lächelt. Ja, er hat die Botschaft verstanden. Er atmet tief durch und spürt in sich etwas Neues.
Levis Finger berühren das Lederband in der Tasche seines Kleids. Er trauert dem Amulett nicht mehr nach – ein bisschen Stein, was ist das schon! Er will sich einen neuen Anhänger suchen, einen, der ihn an die Geschichte der Befreiung erinnern wird.

Ein Nachtrag
Im Jahr 539 fiel die Mauer von Babylon. Nicht von selbst: Der Perserkönig Kyros besiegte die Babylonier und erlaubte dem jüdischen Volk, zurück nach Israel und Jerusalem zu ziehen. Nicht alle Juden kehrten in die alte Heimat zurück, aber viele. Kyros trug ihnen auf, die Geschichten ihres jüdischen Glaubens, alle Gebote Gottes und die Worte der Propheten in Schriften zu sammeln. Wir finden viele von ihnen heute in unserer Bibel.

Der Sprung aus dem Paradies

Margrit Alija-Walder

Zum Inhalt: Die Viertklässlerin Evi ist mutig und abenteuerlustig dazu. Sie wohnt mit ihrer Familie ganz zuhinterst in der Paradiesstrasse, nahe dem Sihlwald. Schon lange hat sie einen Wunsch, den sie heute in die Tat umsetzen wird: Sie will allein in der Dunkelheit den Sihlwald erleben. Die Geschichte erzählt vom Reiz und vom Risiko der Selbständigkeit.
Biblischer Bezug: Gen 3,1–13.17–23
Stichwörter: Abenteuer, Angst, Begegnung, Geschwister, Mut, Selbständigkeit
Bezug zur Arbeitshilfe: AH4 / 2 Urgeschichten – Urwahrheiten / 4 Die Menschen werden selbständig
Erzählzeit: 15'
Hinweise zur Gestaltung: Die Geschichte ist eine Rahmengeschichte für die biblische Geschichte in Gen 3, die die Kinder selbständig in der Bibel nachlesen (1 Bibel für jedes Kind). Die Mitte gestalten mit den Buchstaben U und R, gebacken aus Urdinkelmehl (siehe *Zur Einstimmung*).

Zur Einstimmung
Kinder und Lehrperson sitzen im Kreis und betrachten die gebackenen Buchstaben U und R.
Impuls: Was ist das? Was bedeuten die Buchstaben? Wenn nötig löst die Lehrperson das Rätsel um das Ur-dinkelbrot auf. Gemeinsam das Brot teilen und kosten, wie es schmeckt.
Impuls: Kennt ihr noch andere Ur-Wörter (Ur-, nicht Uhr-)? (Ur-grosseltern, Ur-ahnen, Ur-knall, Ur-zeit, ur-alt, Ur-wald, Ur-christen, Ur-geschichten, Ur-wahrheiten, Ur-sprung …)

Der Sprung aus dem Paradies
Evi wohnt im Sihltal. Zuhinterst in der Paradiesstrasse, dort, wo der Sihlwald, der Zürcher Urwald, anfängt. Jetzt sitzt die Viertklässlerin in ihrem Zimmer und schaut sehnsüchtig aus dem Fenster. Wenn doch nur bald die Hausaufgaben erledigt wären! – Endlich hat sie es geschafft. Nun noch schnell alles für den nächsten Schultag einpacken.
Evi geht in die Küche und mixt sich einen exotischen Drink aus Fruchtsäften. Im Garten legt sie sich, das Glas in der Hand, in die Hängematte. Durch die Herbstblätter des Apfelbaums lacht die Sonne hinter weissen Wolkengebirgen hervor. Eine Vogelstimme begleitet ihr Schaukeln und Evi geniesst ihr kleines Paradies, ihre Freiheit.
Das Knarren des Gartentörchens unterbricht ihre Träumereien. Ihr Bruder Adamo schlendert vorbei, auf sein Smartphone konzentriert und mit den Stöpseln in den Ohren. Natürlich reagiert er nicht auf Evis Rufen. Ja, ein Smartphone möchte Evi auch gern haben. Aber die Eltern vertrösten sie immer auf später, wenn sie «vernünftig» genug sei.

Seit kurzem hat Evi noch einen ganz anderen Wunsch. Sie möchte einmal nachts ganz allein den Zürcher Urwald erleben. Leider wollen die Eltern auch hier über den richtigen Zeitpunkt entscheiden. Also, genaugenommen war sie bis jetzt bei nächtlichen Spaziergängen durch den Wald auch ganz froh um die Hand der Mutter. Trotzdem findet Evi, dass sie selbst am besten weiss, wann es für sie Zeit ist für ein solches Abenteuer – und jetzt ist es so weit! Plötzlich hat sie eine Idee. Heute kommen die Eltern erst spät nach Hause – das wäre doch die Gelegenheit! Je mehr sich Evi vorstellt, dass sie mit der Idee Ernst macht, desto unruhiger wird sie. Vorfreude und Angst kribbeln und blubbern in ihrem Bauch durcheinander, so dass sie dreimal leer schlucken muss. Noch ein tiefer Atemzug und dann raus aus der Hängematte!
Entschlossen marschiert Evi ins Zimmer des Bruders: «He, Adamo!», stupst sie ihn an. «Ich gehe ein wenig in den Wald. Ich nehme etwas zum Nachtessen mit. Es kann spät werden.» Adamo grinst: «Aha, die kleine Schwester plant eine Mutprobe. Aber Achtung vor dem Höhlenbären!» Evi ärgert sich über ihren Bruder: «Deine Schauermärchen kannst du kleinen Kindern erzählen. Ich habe keine Angst!» «Alles klar», lenkt Adamo ein. «Aber falls die unheimlichen Nachtgeräu-

sche dich doch erschrecken sollten, gebe ich dir ausnahmsweise mein Smartphone mit. Musik hilft in jeder Situation, und ausserdem kannst du dich so noch abmelden, bevor du gefressen wirst.» Evi strahlt ihren Bruder an. So viel Grosszügigkeit hat sie nicht erwartet. «Und – du sagst den Eltern auch sicher nichts?!» «Ehrensache», verspricht Adamo.

Die Sonne ist schon untergegangen, als Evi das Haus verlässt. Sie kennt die Wege und wippt zum Takt der Musik, während sie immer tiefer in den Wald hineinwandert. Rasch dämmert es. Dunkle Wolken ziehen auf und verdecken die ersten Sterne. Wenig später ist es stockfinstere Nacht. Fast hätte Evi die Weggabelung nicht bemerkt. Sie bleibt stehen. Auf einmal ist sie nicht mehr ganz sicher, welcher Weg der richtige ist. In der Nacht ist einfach alles anders, und Wegweiser gibt's auch keine. Langsam dreht Evi sich einmal im Kreis, dann beschreitet sie entschlossen einen der drei Wege. Aber schon nach ein paar Schritten wird sie unsicher und kehrt zurück. Noch einmal dreht sie sich um sich selbst. Dabei starrt sie angestrengt in die Dunkelheit. In welche Richtung geht es nur zur Paradiesstrasse? Sie entscheidet sich für einen Weg. Dieser muss es sein, auf jeden Fall. Gerade läuft ihr Lieblingssong, Musik hilft immer! Evi stellt die Musik lauter und schreitet mutig voran. So hört sie nichts von den knackenden Geräuschen hinter ihr, die schnell näherkommen. Erst als sich ihr eine Hand auf die Schulter legt, fährt sie herum. Starr vor Schreck sieht sie eine dunkle Gestalt vor sich stehen. Ein Mann mit hohen Stiefeln und tief ins Gesicht gezogenem Hut. Wie versteinert steht Evi da. Endlich besinnt sie sich und zieht die Ohrstöpsel aus den Ohren. «Habe ich dich erschreckt?», fragt eine ruhige, tiefe Stimme. «Tja, mit diesen Dingern in den Ohren hört man halt nichts. Dabei ist der Wald in der Nacht voll wundersamer Geräusche. – Aber sag, was sucht denn die junge Dame um diese Zeit allein im Wald? Darf man fragen, wie du heisst und wo du wohnst? Und – wissen deine Eltern, wo du bist?» «Ich … ich heisse Evi», stottert Evi. «Und ich wohne hinten in der Paradiesstrasse.» Da lacht der Mann los «Soso, die Eva aus dem Paradies! Soso – du kennst doch die Geschichte?» Evi bejaht, aber sie ist sich doch nicht so sicher: «Hm, da hat, glaube ich, die Eva von einem vergifteten Apfel gegessen, oder?» Jetzt kratzt sich der Fremde verlegen am Kinn: «Aha, ich hatte gedacht, es sei da etwas mit einer Schlange gewesen, die mit Eva geredet habe. Tja, ist ja egal, alles uralte Märchen! Komm, ich bringe dich jetzt nach Hause. Dann kannst du ja deine Eltern fragen, wie die Geschichte genau geht. Bleib einfach dicht hinter mir.» Der fremde Mann geht los, aber er führt sie genau in die entgegengesetzte Richtung, über Wurzeln und Steine, einfach mitten durch das Dickicht. Evi schlägt das Herz bis zum Hals, ihre Gedanken schlagen Purzelbäume, am liebsten hätte sie laut geschrien. Wenn das … Verzweifelt umklammert sie das Smartphone. Was, wenn ich nie mehr nach Hause komme, oder, noch schlimmer … Evi hat Mühe, mit dem Tempo des Fremden Schritt zu halten. Sie spürt ihre müden, zerkratzten Beine. Soll sie abhauen? – Aber da, wie durch ein Wunder, teilt sich das Gebüsch und Evi steht vor ihrem Haus. «Ja dann, grüss deine Eltern von Gottfried Meier, dem Wildhüter im Sihlwald.» Damit verschwindet er in der Dunkelheit.

Evi stürzt ins Haus, unendlich erleichtert, dass sie zurück ist, und froh, dass die Eltern noch nicht da sind und unangenehme Fragen stellen. Das ist ja nochmal gut gegangen, denkt sie. Sie gibt Adamo das Smartphone zurück und geht schnell zu Bett. Trotz der Müdigkeit kann sie lange nicht einschlafen.

Am nächsten Morgen, noch halb verschlafen, fragt Evi beim Frühstück möglichst beiläufig: «Kann mir jemand kurz die Geschichte vom Paradies, von Eva und der Schlange erzählen?» «Ist das wieder einmal eine Hausaufgabe, die du vergessen hast?», erkundigt sich der Vater. Die Mutter schaut von der Zeitung auf: «Steht die nicht am Anfang der Bibel? Frag doch deinen Religionslehrer!»

Herr Biber freut sich über Evis Wunsch und verteilt die Bibeln. So können die Schülerinnen und Schüler gemeinsam herausfinden, was genau da erzählt wird.

(Die Kinder suchen in der Bibel Genesis 3 und lesen die Verse 1–13 und 17–23: die Geschichte von Adam und Eva und ihrem nicht ganz freiwilligen Weg in die Selbständigkeit.)

Impulse für das anschliessende Gespräch über die biblische Geschichte:
Wie war das nun mit Eva und der Schlange? Was steht tatsächlich in der Bibel? Was nicht?
Was reizt Adam und Eva, von den Früchten des Baums in der Mitte des Ur-Gartens zu essen? Warum übertreten sie das Gebot Gottes?
Will Gott, dass wir Menschen unwissend sind?
Was ist einfach, was schwierig im Paradies? Was ist einfach, was schwierig ausserhalb des Paradieses?
Warum ist es für uns Menschen auch gut, ausserhalb des Paradieses zu leben?

Zufrieden, aber doch sehr nachdenklich geht Evi nach Hause. Sie denkt darüber nach, wie Adam und Eva vor

Ur-Zeiten den Sprung aus dem Paradies gemacht haben. Die Konsequenzen waren nicht nur angenehm. Aber selbständig sind sie geworden. Und Evi überlegt: Vielleicht habe ich letzte Nacht auch so einen Sprung gemacht und spüre von beiden Welten etwas? Sie ist froh, dass ihr nichts passiert ist. Schon seltsam, dass Gottfried Meier gerade an diesem Abend an diesem Ort war. Ist das nur ein Zufall? Im Paradies ist Gott selbst spaziert. Hat er ihr den Wildhüter geschickt? Auf jeden Fall ist sie froh, dass Gott nicht nur im Paradies ist. So wie Herr Biber das gesagt hat: Auch ausserhalb des Ur-Gartens beschützt und hilft er uns. Leise summt Evi das neue Lied, das sie heute im Unterricht gelernt haben: *Weit wie das Meer ist Gottes grosse Liebe*.

Hoch – höher – am höchsten

Margrit Alija-Walder

Zum Inhalt: Jamling Tenzing Norgay, der Sohn des berühmt gewordenen Sherpa Tenzing Norgay, dem zusammen mit Edmund Hillary die Erstbesteigung des Mount Everest gelang, nimmt an einer Bergsteigerexpedition auf den höchsten Berg der Welt teil. Damit geht für ihn ein Traum in Erfüllung. Doch die Expedition erweist sich als extrem gefährlich, denn jeder Bergsteiger will als Erster auf dem Gipfel stehen. Aber um den höchsten Berg der Welt zu bezwingen, braucht es Hilfsbereitschaft, Rücksichtnahme, Ehrfurcht und Geduld.
Biblischer Bezug: Gen 11,1–9
Stichwörter: Abenteuer, Egoismus, Ehrgeiz, Geduld, Hilfsbereitschaft, Konflikt, Männerbilder, Notlage, Rücksichtnahme, Solidarität
Bezug zur Arbeitshilfe: AH4 / 2 Urgeschichten – Urwahrheiten / 6 Gute Beziehung will geübt sein
Erzählzeit: 18'
Hinweise zur Gestaltung: Die Geschichte der Besteigung des höchsten Bergs der Welt ist eine Vertiefung der Geschichte des Turmbaus zu Babel. Die Kinder lernen vorab die biblische Geschichte kennen (AH4 / 2 Urgeschichten – Urwahrheiten, M18) und lesen das Gedicht *Ein Turm bis zum Himmel* (SB4, Seite 45).

Hinführung zur Geschichte

Dies ist die Geschichte von Jamling Tenzing Norgay, einem tibetischen Sherpa. Die Sherpas sind ein Volk im Himalayagebirge und bewährte Lastenträger und Begleiter der westlichen Bergsteiger bei Expeditionen auf den höchsten Berg der Welt, den Mount Everest. Von den Tibetern wird er Chomolungma (sprich: Tschomolangma) genannt, er ist der heilige Berg und Wohnsitz der Götter. Seit zehn Jahren lebt Jamling mit Frau und Kindern in Amerika. Dort hat er den christlichen Glauben kennengelernt und verbindet ihn mit der buddhistischen Religion seiner Heimat. Im Jahr 1996, Jamling ist dreissig Jahre alt, geht sein Traum in Erfüllung: Er darf an einer Expedition auf den Mount Everest teilnehmen. Im Jahr 1953 wurde dieser Berg zum ersten Mal bestiegen. Jamlings Vater, Tenzing Norgay (1925–1986), war einer der Erstbesteiger. Und auch Jamling war als Jugendlicher schon einmal am Mount Everest. Doch damals schickte ihn sein Vater zurück, er durfte den Gipfel nicht besteigen. Nun aber würde Jamling endlich in die Fussspuren seines Vaters treten. Doch lassen wir ihn selbst erzählen.

Die Expedition beginnt

Zusammen mit einer internationalen Bergsteigergruppe lande ich auf dem Flugplatz von Kathmandu. Die Treppe wird angedockt, die Tür des Flugzeugs geöffnet. Aber ich bleibe noch einen Moment sitzen. Nach zehn Jahren Amerika bin ich endlich wieder zurück im Himalaya. Und ich habe Grosses vor, ich will mit Bergsteigerkameraden den höchsten Berg der Welt besteigen, den Chomolungma. Was wird mich erwarten? Meine Kameraden sind längst ausgestiegen. Unsicher erhebe ich mich, verlasse zögernd das Flugzeug und – ich spüre sofort: Ich bin zu Hause! Wie sehr habe ich meine Heimat, diese Berge, diese Düfte, diese Menschen vermisst! Ich bin dankbar. Zwei Wochen lang darf ich noch einmal in dieses Leben eintauchen, dann wird die Bergexpedition aufbrechen.

Ich besuche meine Verwandten. Wir reden über meinen viel zu früh verstorbenen Vater und seine Erstbesteigung des Chomolungma. Ich freue mich auf die Expedition, ich bereite mich sorgfältig vor. Jeden Morgen stehe ich in aller Frühe auf. Ich setze mich vor das Haus, erwarte die Sonne und halte meine Gebetszeit. So tanke ich inmitten der imposanten Bergwelt Kraft für mein grosses Abenteuer.

Und dann ist es endlich so weit: Zusammen mit sechs anderen Sherpas treffe ich im Basislager ein. Hier lernen wir die anderen Expeditionsteilnehmer kennen. Eine bunt zusammengewürfelte Gesellschaft mit verschiedenen Hautfarben! Wir begrüssen uns, jeder in seiner Sprache. Obwohl ich nicht alle Sprachen verstehe, können wir uns erstaunlich gut verständigen. Denn wir haben ein Ziel, das uns verbindet: den Chomolungma besteigen. Wir wollen nicht nur hoch hinaus, nein, wir wollen höher, am höchsten hinaus, auf die höchste Bergspitze der Welt. Aus den Erzählungen

meines Vaters und meinen Erfahrungen als Jugendlicher habe ich eine ziemlich klare Vorstellung davon, wie die Besteigung ablaufen wird: Start im Basislager auf 5365 Metern über Meer, über den Khumbu-Gletscher zum Camp I. Camp II liegt dann bereits auf 6492 Metern, Camp III auf 7315 Metern und das letzte betreute Camp IV auf dem Südsattel liegt auf 7925 Metern. Die Camps werden von Sherpas betreut. Für die Bergsteiger stehen Zelte bereit, dort können sie sich erholen und Proviant sowie Sauerstoff auffüllen.
So, aber jetzt werde ich langsam ungeduldig. Ich möchte starten, ich bin bereit.

Der erste Versuch
Endlich beginnt der Aufstieg vom Basislager ins Camp I. Erinnerungen steigen in mir hoch. Auf genau diesem Weg durfte ich damals als Jugendlicher meinen Vater begleiten. Seither träume ich davon, diesen Berg zu besteigen. Mein Vater liess mich damals nur bis ins Camp II mitgehen. Dort musste ich umkehren. Mein Vater wollte es so. Ich war bitter enttäuscht und wütend. Warum wollte er das? Das habe ich mich all die Jahre gefragt. Werde ich die Entscheidung meines Vaters verstehen, wenn ich auf dem Berg bin?
Wir sind bereits auf 6000 Metern. Das Tempo wird langsamer, die Schritte anstrengender, die Luft dünner. Endlich erreichen wir Camp I. Dort erwarten uns erste Probleme. Wir sind nämlich nicht die einzige Expeditionsgruppe, die auf den Berg will. Das Camp ist völlig überfüllt, Platz extrem knapp. Ich mache mir Sorgen für den weiteren Weg und bin damit nicht allein. Mit zwei Sherpa-Freunden suche ich ein wenig Distanz oberhalb des Camps. «Das ist gar nicht gut, dieses überfüllte Camp», sagt der eine, und der andere fügt an: «So viele Leute am Berg, das ist viel zu gefährlich! Die Vorausgehenden treten Steine und Eisklumpen los, was für die Nachkommenden eine grosse Gefahr ist.» Er hat noch nicht ausgeredet, da saust ein losgetretener Stein einen halben Meter an meinem Kopf vorbei in die Tiefe. Bedrückt kehren wir zurück. In der Zwischenzeit ist im Camp ein Streit unter den verschiedenen Gruppenleitern ausgebrochen, welche Gruppe als erste weitergehen darf. Ich will nichts mit den Streitereien zu tun haben und halte mich zurück. Doch muss ich zusehen, wie eben erst geknüpfte Freundschaften wieder zerbrechen und langjährige Freunde beginnen, sich zu misstrauen. Sie werden zu Rivalen. Aus einem Team, aus einem Miteinander ist ein «alle gegen alle» geworden.
Beim Aufstieg zum Camp II entwickelt sich ein regelrechter Wettlauf. Jeder will zuerst dort sein, koste es, was es wolle. Keiner ist bereit, auf den anderen zu hören oder zu warten. Kopflos streben die Bergsteiger in die Höhe, ohne Rücksicht auf die anderen. Der Egoismus ist stärker als der Sinn für die Gemeinschaft. Von meinem Vater weiss ich, dass das tödlich enden kann. Mein Vater hat mich gelehrt, wie man diesen Berg bezwingen kann: mit Hilfsbereitschaft, Rücksichtnahme, Ehrfurcht und Geduld. Diese Werte sind für uns Sherpas sehr wichtig. Viele Leute der Expeditionsgruppe aber denken nur an sich. Obwohl einige Bergsteiger mit ihren Kräften am Ende sind, streben andere immer noch weiter. Der Ehrgeiz ist übergross und macht unvorsichtig. Vor mir wird ein Mann von herabstürzendem Eis am Kopf getroffen. Bei der Dreierseilschaft hinter mir schliessen die Bergsteiger zu dicht auf. Einer rutscht aus und bringt die anderen aus dem Gleichgewicht, alle drei stürzen ab. Damit nicht genug: Ein Mann wird plötzlich vermisst – und nach kurzer Suche schwer verletzt in einer Spalte gefunden. Wir müssen ihn bergen und zurück ins Basislager bringen. Das passt nicht allen! Der erste Versuch, den grossen Berg zu besteigen, ist gründlich misslungen. Insgesamt sterben an diesem Tag neun Menschen.

Eine zweite Chance
Gibt uns das Wetter und die Natur eine zweite Chance, den Chomolungma zu bezwingen? Nach sorgfältigen Abklärungen und Absprachen mit meiner Familie steht für mich fest: Ja, wir dürfen es wagen. Zuversicht und Mut durchströmen mich, und tief im Herzen weiss ich, wir werden es schaffen. Die ganze Gruppe spürt meine neue Energie und meine Sicherheit und lässt sich neu motivieren.
Trotzdem ist der erneute Aufstieg sehr kräfteraubend. Einige Male begegnen wir anderen Bergsteigern in Not. Ein Sherpa hilft immer, auch wenn es nicht in den eigenen Plan passt oder er selbst aufgeben muss. Das hat zum Glück die ganze Bergsteigergruppe inzwischen gelernt. Im zweiten Anlauf erreichen wir ohne grössere Probleme Camp II. Nach einer kurzen Erholungspause geht es weiter zu Camp III und von dort aus weiter bis auf den Südsattel, zum letzten Camp auf fast 8000 Metern Höhe. Hier können wir ein letztes Mal Kraft tanken. Von nun an gilt es, Verpflegung, Sauerstoff und alles Notwendige für das Biwak selber mitzutragen.
Es wird eine extrem anstrengende Woche. Viele müssen aufgeben und umkehren. Schliesslich sind wir noch zwölf Personen, die auf dem Südgipfel auf 8751 Metern Höhe ankommen. Gemeinsam errichten wir ein Biwak. Wir sind alle am Ende unserer Kräfte und stark übermüdet. Sauerstoff und Essen müssen wir gut einteilen. Wir leiden unter der extremen Sonnenstrahlung, zwei Brillen übereinander sind nötig, aber sehr unbequem. Trotzdem bleibe ich zuversichtlich, dass wir es schaffen können. Das gibt allen Mut.

Die letzte Etappe

In dieser extremen Situation muss ich oft an meinen Vater denken, denn er ist genau den gleichen Weg gegangen – damals. Ich glaube, jetzt verstehe ich meinen Vater besser. Ich bin glücklich, dass ich hier bin. Ja, das lange Warten war nötig! Vom Südgipfel aus werden wir in Dreiergruppen den letzten Aufstieg in Angriff nehmen. Nur wer genügend erholt ist, kann starten. Bis zum Gipfel werden wir etwa acht Stunden brauchen, müssen aber am selben Tag wieder zurück. Das heisst Abmarsch um vier Uhr und spätestens um zwei den Rückweg antreten.

Am nächsten Tag stehe ich schon um drei Uhr früh auf. Nach meiner morgendlichen Gebetszeit wecke ich zwei meiner Freunde. Langsam kauen wir die hochkonzentrierten Kraftriegel und trinken heissen Tee. Wir prüfen sorgfältig die Ausrüstungen. Alles geschieht wortlos, es herrscht absolute Stille. Dann gehe ich den ersten Schritt der letzten Etappe, die alle unsere Kräfte in Anspruch nehmen wird. Wir dürfen nicht stehenbleiben und erst recht nicht ausruhen. Sich hinsetzen ist gefährlich. Wer einschläft, erfriert! Also weiter, langsam, Schritt für Schritt. Jetzt kommt die gefährlichste Stelle. Ein falscher Tritt und du bist tot. Wortlos, jeder in seinen Gedanken, kämpfen wir gegen den Wind an, Stunde um Stunde. Ich fühle mich von meinem Vater begleitet und höre ihn sagen: «Willkommen auf dem Berg! Aber weisst du, eigentlich bin ich damals gegangen, damit du nicht mehr gehen musst!» Ich höre seine Stimme in meinem Kopf – und dann die letzten zwanzig, zehn, fünf, zwei Meter und ich stehe ganz oben. So nahe war ich dem Himmel, dem Universum noch nie! Ich fühle mich verbunden mit allem. Mit der sichtbaren und der unsichtbaren Welt, verbunden mit dem Gott, der alles in seiner Hand hält. Ich bin überwältigt. Dankbar und voll Ehrfurcht bin ich. Ich bete alles, was mir durch den Kopf geht: buddhistische Gebete, biblische Psalmen, das Unservater, ja, «dein ist das Reich und die Kraft und die Herrlichkeit in Ewigkeit. Amen». Und ich bin ein Teil von diesem grossen Ganzen. Jetzt, da ich am höchsten Punkt der Welt bin, frage ich mich: Bin ich nun am Ziel?

Reich beschenkt verabschieden wir uns vom Berg. Ein weiter und gefährlicher Rückweg liegt vor uns. Die Versuchung ist gross, zu schnell hinunterzugehen. Ich weiss, der Abstieg ist gefährlich. Eine kleine Unachtsamkeit kann zum Absturz führen.

Ich verlangsame meine Schritte und lächle. Achtsam will ich meinen weiteren Lebensweg gehen. Das nehme ich mit vom höchsten Gipfel der Erde.

Nachtrag

Die Expedition von 1996 wurde in einem Film dokumentiert: *Everest – Gipfel ohne Gnade*. IMAX, USA 1998. Jamling Tenzing Norgay ist auch Autor des Bestsellers *Auf den Spuren meines Vaters. Die Sherpas und der Everest*. München/Zürich 2001 (engl. *Touching My Father's Soul*).

David, der Hirt

Roswith Krummenacher

Zum Inhalt: David führt als Hirt seine Schafherde und sorgt gut für sie, wenn er sie etwa gegen Löwen zu verteidigen hat. Er dichtet Lieder für Gott.
Biblischer Bezug: 1Sam 16,11 und 17,34–36a; Ps 23
Stichwörter: Angst, Beten, David, Gott, Hirt, Kampf, Lieder, Löwe, Mut, Schafe
Bezug zur Arbeitshilfe: AH4 / 3 David – Leben im Vertrauen auf Gott / 1 Der Hirtenjunge David; AH3 / 1 Taufe / 6 Psalm 23 – Gott führt zum Wasser
Erzählzeit: 10'
Hinweise zur Gestaltung: Die Mitte mit Fotos einer Schafherde mit ihrem Hirten gestalten.

«Mäh, mäh!» Hungrig blöken die Schafe und stossen unruhig gegen das Gatter. Sie wollen ins Freie. Draussen vor dem Stall steht Isai und legt seinem Sohn die Hand auf die Schulter. «David, von heute an bist du verantwortlich für unsere Tiere. Pass gut auf sie auf!» David schaut zuerst seinen Vater, dann die Tiere an. Er spürt, was für eine grosse Verantwortung der Vater ihm anvertraut. «Ja, ich passe gut auf die Schafe auf, Vater», verspricht David. Aber er ist froh, dass der Hirtenhund auch mitkommen wird.

Dann greift er nach dem Hirtenstab, wirft sich die Tasche mit dem Proviant über die Schulter und nimmt auch seine Leier, eine kleine Harfe, mit. Er öffnet das Gatter, und laut blökend drängen die Schafe aus dem Pferch. David geht langsam vor der Herde her. Gleichmässig klopft er dazu mit dem Stab auf den Boden. Denn Schafe können zwar nicht gut sehen, aber dafür hören sie umso besser. Und so folgen sie dem «tock, tock, tock» ihres Hirten.
David weiss genau, wo er hinwill. Eine schöne Weide etwas ausserhalb von Betlehem ist sein Ziel. Dort angekommen, befiehlt er dem Hund, die Schafe zusammenzuhalten. Sie dürfen noch nicht auf die Weide: Zuerst will David alles überprüfen. Mit seinem Stab klopft er die Büsche ab, um zu sehen, ob dort ein Raubtier haust oder sich eine Schlange versteckt hält. Dann läuft er zum Bach, der ganz in der Nähe fliesst, und prüft das Wasser. Alles in Ordnung. Nun pfeift David laut durch die Finger. Der Hund kommt zu ihm gerannt, die Schafe folgen langsam nach. Zufrieden beginnen die Tiere, Gräser und Kräuter zu fressen. David stützt sich auf seinen Hirtenstab und schaut ihnen zufrieden zu.

Gegen Mittag, als es heiss wird, führt David die Tiere zum Bach und lässt sie trinken. Da blökt eines der kleineren Schafe ganz jämmerlich. Es hat sich zu weit ins Wasser gewagt und ist im Schlamm eingesunken. Allein kommt es nicht mehr ans Ufer. David steigt ins Wasser und zieht es heraus.
Nun legt sich David unter einen Busch, isst Brot, Oliven und ein paar Datteln, die er aus seiner Hirtentasche nimmt. Dazu trinkt er frisches Wasser aus dem Bach. Davids Hände riechen nach den Tieren, seine Kleider sind schmutzig und nass. David ist eben ein richtiger Hirt! Er macht die Arbeit gern, aber er macht sie auch seinem Vater zuliebe. In der Ferne sieht er die Häuser von Betlehem. Bis die Schafe alle Weiden abgegrast haben, wird David allein hier draussen bleiben. Das kann schon einige Wochen dauern. Er kann die Tiere ja nicht allein lassen. Zum Glück kommt ab und zu einer der Brüder, um ihm Essen zu bringen.

David vermisst sein Zuhause, seine Eltern und seine sieben Brüder. Hier ist niemand, mit dem er reden kann. Mit den Schafen und auch mit dem Hund ist es nicht das Gleiche. Da kommt David etwas in den Sinn: Gott – zum Glück ist er da! Und David beginnt, mit Gott zu reden wie mit einem Freund. Er erzählt ihm, was ihn gerade beschäftigt. Er dankt Gott, dass er bei ihm ist. Er betet: «Gott, ich bin ein Hirt und ich sorge für meine Schafe. Das machst du auch. Du sorgst gut für mich und beschützt mich. Du gibst mir alles, was ich brauche.»

Manchmal nimmt David auch seine Leier und beginnt zu spielen. Dazu kommen ihm Lieder in den Sinn. Lieder, die er zu Hause gesungen hat, aber auch Lieder über das, was er hier draussen sieht, worüber er sich freut. Er singt seine Lieder für Gott. Eines davon singt man bis heute: «Der Herr ist mein Hirt, mir wird nichts fehlen. Du weidest mich auf einer grünen Wiese, du führst mich zur Ruhe am Wasser ...» Die Musik und der Gesang klingen über die Weiden.

Später holt David seine Steinschleuder aus der Tasche, ein Lederriemen mit einer Schlaufe. Steine gibt es hier genug. Immer wieder übt David, genau zu zielen. Er fasst den Lederriemen an beiden Enden mit einer Hand und legt einen Stein in die Schlaufe. Dann wirbelt er die Schleuder ein paar Mal schnell im Kreis. Wenn sie genug Schwung hat, lässt er eines der Enden los, und der Stein saust davon. Am Anfang hat David auf Bäume gezielt, bis er den Stamm sicher getroffen hat. Dann hat er sich als Ziel Steine vorgenommen, erst grössere, dann immer kleinere. David wird immer geschickter im Umgang mit der Steinschleuder. Mit der Zeit kann er sogar auf Blumen zielen und trifft sie. Fröhlich lacht er, wenn ihm das gelingt.

Ein paar Tage sind vergangen. David sitzt am Bach. Es ist schon fast Abend. Da merkt er, dass die Herde plötzlich unruhig wird. Ein paar Schafe rennen wild davon, andere blöken verängstigt. Der Hund bellt laut, nun knurrt er sogar. Was ist nur los? Rasch steht David auf. Da sieht er, wie ein grosses Tier sich hinter den Büschen anschleicht. Alle Muskeln angespannt. Ein Löwe! Dann geht es blitzschnell. Der Löwe macht einen Satz, packt ein Schaf, gräbt seine Zähne in das Fell und schleppt es mit sich fort. David überlegt nicht lange, nimmt seinen Hirtenstab und rennt los. Laut schreiend stürzt er sich auf die Raubkatze, um sie zu vertreiben. David schlägt mit dem Stock auf den Löwen ein. Wenn er nur vom Schaf ablässt! Der Löwe brüllt auf vor Schmerz. Er lässt das Tier los – und wendet sich wütend David zu. Er fletscht die Zähne und setzt zum Sprung an. David sieht die scharfen Zähne und erschrickt. Aber er gibt nicht auf. Egal, was es kostet. Er muss den Löwen vom Schaf fernhalten. Auch der Hund hilft mit, laut bellt und knurrt er. Doch der Löwe kommt näher. David schreit: «Gott, hilf mir!» Noch einmal schlägt er mit aller Kraft mit seinem Stock auf den Löwen ein. Und tatsächlich trifft er ihn an der richtigen Stelle, das Tier bricht zusammen. Keuchend blickt David auf die tote Raubkatze, bevor er erschöpft zu Boden sinkt.

Noch immer zittert David am ganzen Körper und muss zuerst wieder zu Atem kommen. Seine Beine und Arme bluten. Aber er lebt und das Schaf auch! Als er sich wieder etwas beruhigt hat, hebt er das verletzte Schaf hoch und trägt es in den Schatten an den Bach. Dort reinigt er seine Wunden. Schliesslich pflegt er sich selbst. Und während er die Wunden behandelt, denkt er: Gott du bist wirklich mein Hirt. Danke! Du hast mich beschützt und gerettet.

König David gibt das Zepter weiter

Margrit Alija-Walder

Zum Inhalt: König David ist alt geworden und blickt auf ein bewegtes Leben zurück. Gott war ihm trotz allem, was er sich zuschulden kommen liess, gnädig. Nun ist es an der Zeit, Abschied zu nehmen und die Königswürde in jüngere Hände zu geben. Doch vorher will David eine besondere Reise unternehmen.
Biblischer Bezug: 1Kön 1f; 1Chr 16 und 28f
Stichwörter: Batseba, Betlehem, Dank, David, Erinnerung, Geschichte und Umwelt, Gott, Jerusalem, König, Psalmen, Rückblick, Salomo, Schuld, Tempel
Bezug zur Arbeitshilfe: AH4 / 3 David / 6 Leben im Vertrauen auf Gott (Psalm 103)
Erzählzeit: 15'
Hinweise zur Gestaltung: Die Mitte mit den Hirtentaschen (siehe AH4 / 4 / 1) oder anderen Materialien der Kinder gestalten, die während der Beschäftigung mit dem Thema David entstanden sind.

König David ist alt geworden. Zusammen mit seiner Frau Batseba sitzt er auf der Dachterrasse, von wo aus er seine schöne Batseba vor langer Zeit zum ersten Mal erblickt hat. Fast jeden Abend bestaunen die beiden gemeinsam den Sonnenuntergang. Oft schauen sie schweigend zu, wie die Sonne versinkt, bis die Dunkelheit sie einhüllt und sie zu frösteln beginnen. Manchmal erzählen sie einander von früher. «Weisch na ...», so beginnen dann oft ihre Erinnerungsgespräche. Freudige und traurige, schwierige und lustige Momente laufen wie ein Film vor ihrem inneren Auge ab. König David erzählt besonders gern von seinen unzähligen Siegen über die Philister. Er erinnert sich dann aber auch an die vielen gefallenen Freunde und Gefährten, die er verloren hat. Batseba weiss über Freud und Leid auf der Königsburg zu berichten. Immer wieder erinnert sie sich an Erlebnisse in der grossen Familie, mit den vielen Söhnen und Töchtern von König David und seinen zahlreichen Frauen. Einmal bei einem solchen Nachtgespräch stellt Batseba ganz unvermittelt die Frage, die sie schon lange beschäftigt: «Mein König, welchen deiner Söhne gedenkst du zu deinem Nachfolger zu machen?» David schweigt lange. Dann fragt er Batseba: «Wen würdest du auswählen?» Ohne zu zögern antwortete die Königin: «Salomo natürlich!» Mit dem Stolz einer Mutter zählt sie alle seine guten Eigenschaften auf.

(Die Kinder aufzählen lassen, welche Eigenschaften ein guter König braucht.)

«Ja, ja, das mag wohl alles stimmen, aber Salomo fehlt etwas Wichtiges. Er ist kein Feldherr und er hat keine Kampferfahrung», gibt König David zu bedenken. Batseba ist da ganz anderer Meinung: «Ist das Land denn nicht gross genug? Sind nicht alle Grenzen gesichert, alle Feinde geschlagen? Ist nicht genug Blut geflossen?» Die Argumente fliegen hin und her. Nach langer Diskussion – es ist schon fast Mitternacht – stimmt der König Batsebas Vorschlag zu: Salomo soll Davids Nachfolger auf dem Königsthron werden. Batseba ist erleichtert, doch ganz zufrieden ist sie noch nicht. Sie befürchtet Schwierigkeiten, weil Salomos Brüder jetzt schon eifersüchtig auf ihn sind. «Genug für heute!», sagt David. «Absalom, mein geliebter Sohn, ist im Kampf um meine Thronfolge umgekommen. Und ich bin alt und müde geworden. Lass uns jetzt schlafen gehen. Du hast mein Wort, dass Salomo, dein Sohn, nach mir König werden wird. Ich werde das sehr bald regeln – ohne Blutvergiessen! Das verspreche ich dir.»

Und ein zweites grosses Vorhaben, das den König seit langem beschäftigt, lässt ihn in dieser Nacht nur schwer Schlaf finden. David will einen Tempel bauen, ein schönes Haus für Gott. Der Tempel soll das Zentrum der Stadt Jerusalem werden, grösser und schöner als die Königsburg. Seit Gott David zum König erwählt hat, hegt David diesen Wunsch. Unruhig wälzt sich der König hin und her. Die Pläne für den Tempelbau, Salomo als Nachfolger und die Machtkämpfe unter seinen Söhnen – alles vermischt sich in einem Traum mit Davids Erlebnissen aus früherer Zeit: mit seiner Flucht vor König Saul, mit der Salbung durch den Propheten Samuel, mit seiner Freundschaft mit Jonatan. Verstört wacht

König David auf. Er setzt sich auf und seufzt – wie viele, von denen er träumt, sind schon tot! Er denkt an seine grossen Brüder, die ihn immer belächelt haben, und natürlich an den Kampf mit Goliat. Er hat in seinem Leben auch Fehler gemacht, schlimme Fehler. Er sieht neben sich die schlafende Batseba und denkt daran, wie er sie ihrem ersten Mann Uria einfach weggenommen hat. Und an den Mord an Uria. – Gott war mir dennoch gnädig, staunt David, trotz all meinen Fehlern. Gott ist immer zu mir gestanden, hat mir weitergeholfen, mich beschützt, mir vergeben. Diese Gedanken machen David ruhig. Er legt sich wieder hin und bald schläft er tief.

Es ist früh am Morgen, als der König aufwacht. Leise steht er auf, Batseba schläft noch. Er sucht seine alten Kleider von früher und zieht sich an – ohne die Hilfe eines Dieners. Ohne Morgenessen begibt er sich zu den Stallungen und sattelt sein Maultier. Schon bald ist er unterwegs, seit vielen Jahren zum ersten Mal allein, ohne Leibwächter, ohne Begleitung. Wohin will David wohl so ganz allein?
Nach einer Stunde erreicht er Betlehem. Er reitet langsamer. Ziemlich fremd ist ihm die Gegend geworden. Wie viele Jahre war er nicht mehr am Ort seiner Kindheit? In grossem Bogen umrundet er das Dörfchen, bis er findet, was er sucht. Er steigt vom Maultier. Ja, dort bei diesem Baum, nahe dieser Steingruppe, dort war es! Dort will er sich jetzt noch einmal hinsetzen und sich zurückerinnern. Dort hat er sein erstes Lied für Gott gesungen.
Lange sitzt der König auf dem Stein, so wie damals als junger Schafhirt mit der Harfe. Davids Stimme ist ein wenig brüchig geworden. Doch er singt: «Der Herr ist mein Hirt ...»

(Evtl. Psalm 23 aus dem 3. Klass-Unti repetieren.)

Wann hat er das letzte Mal gesungen? Es ist lange her. Aber die Worte, die findet er noch. David erhebt sich und geht zu Fuss weiter. Er setzt sich auf einen Stein am Wegrand. Hier war doch die Begegnung mit dem Propheten Samuel. Damals hatte er das alles noch nicht so ganz verstanden. Zum Glück, sonst ... Erst jetzt bemerkt er, dass sein Maultier treu hinter ihm hergetrottet ist: «Ja, du bist ein treuer Freund. Auf dich kann ich mich verlassen.» David kommt ins Sinnieren: Wie gern würde ich jetzt mit Jonatan reden. Er war mir wie ein Bruder, ihn vermisse ich sehr. Ja, es wird Zeit, dass ich aufschreibe, was wichtig war in meinem Leben, wie Gott mich immer treu geführt hat. Ich will ein Danklied für Gott schreiben, und im neuen Tempel soll man es dann singen:

«Lobe den Herrn, meine Seele,
und vergiss nicht, was er dir Gutes getan hat.
Gott erlöst dein Leben aus der Grube.
Taten der Gerechtigkeit vollbringt der Herr
und Recht für alle Unterdrückten.
Barmherzig und gnädig ist Gott.» (aus Psalm 103)

Entschlossen steht König David auf. Es ist Zeit, nach Jerusalem zurückzukehren. Wer weiss, wie viel Zeit Gott ihm noch schenkt.

Einen Monat später stehen König David und sein Sohn Salomo auf einem grossen Stück Land. Sie schauen hinab auf die Stadt Jerusalem. Die beiden Männer schreiten die Länge und Breite ab. David hat dieses Land gekauft. Hier soll der Tempel gebaut werden, aber nicht von David, nein, Salomo soll diese Arbeit ausführen. So will es Gott: David hat zu viel Blut vergossen in all den Kriegen. Jetzt soll für das Volk Israel eine Zeit des Friedens anfangen. Salomo ist ruhig und besonnen, er ist geschickt und hat viel Sinn für das Schöne.

Wochen und Monate sind vergangen. Die Stadt Jerusalem hat sich herausgeputzt, die Menschen sind voll froher Erwartung. Vor ein paar Stunden haben sich der Prophet Natan und der Priester Zadok mit dem Königssohn Salomo auf den Weg Richtung Gichon-Quelle gemacht. Was das wohl zu bedeuten hat? Neugierig warten die Leute. Da endlich ertönt der Schofar, das Widderhorn. Das Benjamin-Tor wird weit geöffnet. Auf dem königlichen Maultier reitet der frisch gesalbte König Salomo durch die jubelnde Menge, gefolgt von Natan und Zadok. Vor der Königsburg werden sie von David erwartet. Hinter ihm stehen die Würdenträger und die hohen Beamten des Königreichs. Jetzt stellt sich der König aufs Podest und verkündet: «Hört mich, meine Brüder, mein Volk. Es liegt mir am Herzen, ein Haus der Ruhe zu bauen für Gott. Heute übergebe ich alle Baupläne und die Herrschaft über Israel meinem Sohn Salomo. Gott hat ihn erwählt, und der Prophet Natan hat ihn zum König gesalbt.»
Und zu Salomo sagt er: «Sei stark und mutig und handle, wie es deiner Weisheit entspricht. Fürchte dich nicht und hab keine Angst, denn Gott ist mit dir!»
Da bricht das Volk in lauten Jubel aus: «Hoch lebe unser König Salomo! Lange lebe unser neuer König Salomo! Hosianna!»

Von jetzt an sieht das Volk den alten König nur noch selten. Oft sitzt David zusammen mit Batseba auf der Terrasse und betet: «Lobe den Herrn, meine Seele, und vergiss nicht, was er dir Gutes getan hat.» David weiss, dass er bald sterben wird. Er ist ganz ruhig und zufrie-

den. Er fühlt sich frei und leicht. Ja, Gott loben, das kann er noch, auch wenn er nicht mehr für Gott tanzen kann, so wie früher.
Zum letzten Mal stimmt er ein grosses Danklied an: «Preist den Herrn, ruft seinen Namen an, tut kund seine Taten unter den Völkern.
Singt ihm, spielt ihm, redet von all seinen Wundern. Und unter den Nationen soll man sagen: Gott ist König!» (nach 1Chr 16)

Jesus kommt in seine Heimatstadt zurück

Anita Keiser

Zum Inhalt: Jesus kehrt in seine Heimatstadt Nazaret zurück. Doch die Leute begegnen Jesus mit Skepsis, Spott, ja Aggression. Wo kein Vertrauen ist, kann Jesus nicht zeigen, wer er in Wahrheit ist.
Biblischer Bezug: Mt 13,53–58 Par.
Stichwörter: Jesus von Nazaret, Konflikt, Prophet, Sabbat, Schriftrolle, Synagoge, Tora, Verheissung, Vertrauen
Bezug zur Arbeitshilfe: AH4 / 4 Wer ist Jesus? / 1 Den kennen wir doch!
Erzählzeit: 10'
Hinweise zur Gestaltung: Die Mitte mit einem Modell/einer Abbildung einer Synagoge oder eines Städtchens und/oder einer Schriftrolle gestalten.

Nazaret ist ein kleines, unbedeutendes Städtchen in den Hügeln von Galiläa. Selten besuchen Fremde oder Händler diese Gegend, man wohnt hier ziemlich abgeschieden. Neuigkeiten gibt es nur hin und wieder, und wenn, dann sind es meist keine Neuigkeiten mehr.

Es ist Freitagabend, bald beginnt der Sabbat. Wie immer herrscht vor der Sabbatruhe ein geschäftiges Treiben. Beim Dorfbrunnen schöpfen Frauen und Mädchen Wasser, denn der Wasservorrat muss bis zum Abend des nächsten Tags reichen. «Ich habe übrigens Jesus gesehen, er ist wieder einmal in Nazaret», erzählt eine ältere Frau wichtig. «Du meinst doch nicht etwa den Jesus von Maria und Josef, dem Zimmermann?», will eine andere wissen und schaut sich um, ob Maria in der Nähe ist. «Ja, genau den!» «Wer ist denn dieser Jesus?», fragt ein junges Mädchen interessiert. «Ich kenne ihn nicht. Ist er denn noch unverheiratet?» «Ja, das ist er», sagt die ältere Frau. «Jesus ist hier in Nazaret aufgewachsen, aber er ist vor einiger Zeit weggegangen. Man erzählt sich dies und das von ihm. Anscheinend hat er sich von Johannes taufen lassen. Also ich bin froh, dass Jesus nicht mein Sohn ist. Für seine Eltern tut er nämlich rein gar nichts. Zum Glück kümmern sich seine Brüder und Schwestern um die Eltern.» «Inzwischen soll er ein bekannter Prediger sein!», ruft eine andere von hinten. «Er hat sogar Jünger, die mit ihm durch das Land ziehen. Stellt euch vor, man munkelt, es seien auch Frauen mit Jesus unterwegs.» Ein Gemurmel geht durch die Reihen, einige Frauen schütteln den Kopf. «Meine Cousine aus Kafarnaum hat mir erzählt, dass Jesus Geschichten vom Reich Gottes erzählt und dass er sogar Kranke heilt», sagt eine andere. Die Frauen schauen einander mit grossen Augen an. Eine Frau meint: «Dann hoffe ich, dass Jesus heute in den Gottesdienst kommt. Bei uns gibt es schliesslich mehr als genug Kranke.»

Nun müssen sich alle beeilen, denn bald beginnt der Sabbat. Dann muss alle Arbeit ruhen, so will es das Gesetz. Die Frauen und Mädchen tragen ihre Krüge nach Hause. Die Männer räumen ihre Werkzeuge auf, und die Kinder, die ein Schaf oder ein paar Ziegen gehütet haben, bringen die Tiere nach Hause. Der Synagogenvorsteher bläst kräftig in den Schofar, das Widderhorn. Man hört es im ganzen Städtchen. Nun wissen alle, dass der Sabbat beginnt.

Männer und Frauen, Junge und Alte, Arme und Reiche machen sich auf den Weg zur Synagoge. Sie wollen Gottes Wort hören, das ihnen Kraft und Hoffnung gibt. Vor dem Eingang stehen grosse Wasserkrüge. Alle waschen sich die Hände, bevor sie in die Synagoge eintreten. Die Frauen setzen sich auf die Bänke längs der Wand, die Kinder suchen sich einen Platz auf dem Boden. Manche der Männer und älteren Jungen sind bereits ins Gebet vertieft. Manche tragen prächtige Gewänder, das sind die Vornehmen, die nehmen sich die besten Plätze. Vorn in der Synagoge befindet sich ein Kasten, der Toraschrein, in dem die Schriftrollen aufbewahrt werden. Vor dem Toraschrein ist das Lesepult, auf das die Schriftrolle zum Vorlesen gelegt wird.

Ob Jesus auch in der Synagoge ist? Die Frauen recken die Hälse. Und tatsächlich, dort sitzt Jesus mitten unter den Handwerkern. Ob er heute ein Wunder tut? Der Synagogenvorsteher eröffnet den Gottesdienst mit dem Glaubensbekenntnis: «Höre, Israel. Der Herr ist unser Gott. Der Herr ist einer.» Weitere Gebete folgen. Dann schreitet der Synagogenvorsteher zum Tora-

schrein, öffnet ihn und nimmt vorsichtig eine Schriftrolle heraus. Feierlich trägt er sie zum Lesepult. Er ruft einen älteren Mann auf, der einen Text aus der Schriftrolle vorliest und sich anschliessend wieder an seinen Platz begibt. Und jetzt ist der Moment, auf den alle gewartet haben. Wird der Synagogenvorsteher nun Jesus auffordern, einen Text vorzulesen? Das ist eine besondere Ehre. Und tatsächlich. Der Synagogenvorsteher bittet Jesus zum Lesepult. Jesus steht auf. Ein Gemurmel geht durch die Reihen. Man sieht erfreute, zweifelnde und auch kritische Gesichter.
Die Schriftrolle des Propheten Jesaja liegt aufgerollt, und Jesus liest vor:
«Der Geist des Herrn ruht auf mir,
weil er mich gesalbt hat,
Armen das Evangelium zu verkündigen.
Er hat mich gesandt,
Gefangenen Freiheit
und Blinden das Augenlicht zu verkündigen,
Geknechtete in die Freiheit zu entlassen,
zu verkünden ein Gnadenjahr des Herrn.» (Lk 4,18f, Par. Jes 58,6; 61,1f)
Es ist ein wichtiges Prophetenwort. Was wird Jesus wohl dazu sagen? Die Schriftgelehrten sagen, der Prophet Jesaja rede hier von dem Retter, den Gott eines Tages schicken wird, um sein Volk zu erlösen. Das wissen alle.
«Diese Worte», sagt Jesus, «diese Worte haben sich heute erfüllt. Gerade jetzt, als ich sie ausgesprochen habe, haben sie sich erfüllt.»

Viele, die zuhören, schauen einander verständnislos an. Was meint Jesus damit? «Amen! So ist es!», ruft ein Gelehrter. «Gottes Wort geht immer in Erfüllung!» «Gewiss, aber wo hat es sich erfüllt? Und wie?», fragt ein anderer. «Wo werden Blinde geheilt und Gefangene frei?» Auf einmal reden alle durcheinander. Eine Frau ruft: «Jesus, wir haben schon einiges gehört von dir. In Kafarnaum sollst du Kranke gesund gemacht haben. Wieso zeigst du uns nicht auch, was du kannst?» Spöttische Blicke treffen Jesus. Die Menschen nicken und rufen: «Ja, stimmt, er soll hier in Nazaret zeigen, was er kann!» Doch Jesus sagt ganz ruhig: «Ich kann nur dort helfen, wo Vertrauen ist.»

Die Leute von Nazaret sind empört. «Aha, so ist das also!», ruft einer. «Wir sind es nicht wert, deine Wunder zu sehen! Wahrscheinlich ist sowieso alles nur erfunden!» Wütend erhebt er seine Faust und wird noch lauter: «Denkst du, du bist etwas Besonderes, du Zimmermannssohn? Verschwinde – je schneller desto besser!» Ein Riesentumult entsteht. Kinder weinen, Frauen und Männer schreien durcheinander. Bei den einen herrscht Wut, bei anderen Entsetzen über das, was Jesus gesagt hat.
Da packen sie Jesus und zerren ihn aus der Synagoge. Sie treiben ihn aus der Stadt bis an den Rand eines Felsabbruchs. Wer kann die aufgewiegelten Menschen noch aufhalten? Aber Jesus schüttelt einfach die Arme derer ab, die ihn gepackt haben. Er schaut die Leute von Nazaret an und sagt: «Ein Prophet gilt nichts in seiner Heimatstadt. Ihr erhaltet genau das, was ihr erwartet habt.» Mehr sagt er nicht. Er geht mitten durch die Menge hindurch, und irgendwie wagt es niemand mehr, ihn aufzuhalten.
So verlässt Jesus seine Heimatstadt. Die Menschen schauen ihm nach. Die einen zornig, manche nachdenklich: Wenn wir anders reagiert hätten, wäre dann der Besuch von Jesus anders verlaufen? Es ist gar nicht so einfach, Jesus zu verstehen.

Die ersten Jünger

Anita Keiser

Zum Inhalt: Die ganze Nacht waren die Fischer Simon, Jakobus und Johannes auf dem See Gennesaret zum Fischen, doch sie haben nichts gefangen, keinen einzigen Fisch. Missmutig und enttäuscht wollen sie nach Hause. Doch da treffen sie Jesus. Und als er sie bittet, nochmals zum Fischen auf den See hinauszufahren, mitten am helllichten Tag, tun sie es, gegen alle Erfahrungen eines Fischers. Und ihr Vertrauen wird belohnt.

Biblischer Bezug: Lk 5,1–11

Stichwörter: Begegnung, Berufung, Enttäuschung, Fischer, Geschichte und Umwelt, Glaube, Jesus von Nazaret, Jünger, Missmut, Nachfolge, Predigt, Vertrauen, Wunder

Bezug zur Arbeitshilfe: AH4 / 4 Wer ist Jesus? / 2 Soll ich mit ihm gehen?

Erzählzeit: 10'

Es gibt Tage, da geht alles schief. Genau so einen Tag haben die drei Fischer Simon, Jakobus und Johannes hinter sich. Besser gesagt: so eine Nacht. Die ganze Nacht haben sich die drei Männer damit abgemüht, Fische zu fangen. Doch ihr Netz ist leer geblieben. Am frühen Morgen rudern sie ihr Boot ans Ufer des Sees zurück und steigen aus. «Das ist doch nicht möglich», sagt Simon enttäuscht, «der See Gennesaret ist voller Fische, und kein einziger geht uns ins Netz!» Schon kommen die Kinder des Dorfs angelaufen. Einer der Jungen zeigt den Fischern seine Angelrute und wedelt mit einem kleinen Fisch vor Simons Nase herum. «Schau, Simon», ruft der Junge stolz, «den habe ich gerade selbst gefangen! Wenn ich gross bin, werde ich Fischer.» «Los, verschwindet!», brummt Simon schlecht gelaunt. «Macht, dass ihr nach Hause kommt.» Er verjagt die Kinder, die lachend davonrennen. Sie werden zu Hause erzählen, dass es heute bei Simon, Jakobus und Johannes keinen frischen Fisch zu kaufen gibt.

Missmutig ziehen die drei Fischer das nasse, schwere Netz über den Strand und hängen es zum Trocknen auf. «Ich weiss nicht, wie es euch geht», sagt Johannes, «aber ich bin völlig erschöpft. Ich gehe jetzt nach Hause und versuche, ein wenig zu schlafen.» «Das ist vermutlich das Beste, was wir an diesem Tag noch tun können», pflichtet ihm Simon bei.
Gerade wollen sie sich auf den Weg machen, da bemerken sie eine grosse Menschenmenge, die sich am Seeufer versammelt hat. «Was ist denn dort wieder los?», fragt Jakobus, nun doch etwas neugierig geworden. «Ist mir doch egal», erwidert Simon, «ich brauche jetzt meine Ruhe.» Da löst sich ein Mann aus der Menge und kommt auf sie zu. Simons Müdigkeit ist mit einem Schlag verflogen: Diesen Mann kennt er – es ist Jesus! Erst kürzlich war er bei Simon zu Hause und hat die Mutter seiner Frau gesund gemacht. Sie hatte hohes Fieber, und alle rechneten damit, dass sie sterben würde. Und dann kam Jesus und hat sie geheilt. Überhaupt ist Jesus hier in Kafarnaum sehr beliebt. Er hat schon viele Kranke geheilt. Und die Menschen hören ihm gern zu. Wo Jesus auftaucht, ist immer etwas los. Jesus und Simon freuen sich, einander wiederzusehen. «Simon, könntest du mir nicht einen Gefallen tun?», bittet Jesus. «Kannst du mich mit deinem Boot ein Stück auf den See hinausfahren? Wenn ich vom Boot aus rede, können mich die Leute besser verstehen.» Natürlich erfüllt Simon Jesus diesen Wunsch gern. Beide steigen ins Boot und Simon rudert ein Stück hinaus. Nun beginnt Jesus zu predigen. Er erzählt vom Reich Gottes und von Gottes Liebe, die den Armen und Unterdrückten besonders gilt. Simon weiss, dass Jesus nicht nur redet, sondern auch hilft. Dort am Ufer sitzen einfache Menschen, die es oft schwer haben im Leben. Die Worte von Jesus ermutigen und trösten sie.

Als sie wieder ans Ufer zurückrudern und aus dem Boot steigen, erinnert sich Simon wieder, wie erfolglos dieser Tag begonnen hat. Und nun ist es doch noch ein guter Tag geworden. In diesem Moment schaut ihn Jesus an und sagt: «Simon, fahrt nochmals auf den See hinaus und werft die Netze zum Fang aus.» Simon schaut Jesus erstaunt an: Als Zimmermannssohn weiss Jesus vielleicht, wie man ein Haus baut, aber vom Fischen hat er offensichtlich keine Ahnung. Auch Jakobus und Johannes sehen einander ratlos an. Das ist doch verrückt, denkt Simon, am Tag fängt man nie einen Fisch. Dann schaut er Jesus an und sagt: «Weil du es sagst, will ich es tun.» Er winkt Johannes und Jakobus zu sich. Auf dem Weg zum Boot fragt ihn Johannes: «Du willst doch nicht allen Ernstes zu dieser Tageszeit fischen gehen?» Auch Jakobus versucht, Simon zurückzuhalten: «Das ist doch Unsinn, was Jesus da verlangt.» Aber Simon antwortet: «Ich mache es, aber nur, weil Jesus es sagt.» Simon packt das Netz, die anderen beiden Fischer helfen ihm. Gemeinsam wuchten sie das Netz ins Boot und steigen ein. Die umstehenden Menschen schauen neugierig zu. «Was tut ihr da?», ruft ein alter Mann. «Ihr wollt doch nicht tatsächlich um diese Zeit fischen gehen?» Einige lachen und schütteln den Kopf. Simon tut, als hätte er nichts gehört, und auch Jakobus und Johannes lassen sich nichts anmerken.

Bald sind sie weit genug vom Ufer entfernt. Sie werfen das Netz ins Wasser und schleppen es hinter sich her, während sie langsam weiterrudern.
Die Sonne brennt den Fischern auf den Kopf, kein Lüftchen weht. Gespannt schauen die Männer aufs Wasser, ob sich etwas bewegt. «Das war ja sonnenklar, dass wir jetzt nichts fangen werden», murmelt Johannes. «Lasst uns ans Ufer rudern, ich habe keine Lust, noch bis zum Abend ...» Mitten im Satz stockt er. Er starrt aufs Wasser. Die Oberfläche kräuselt sich, da bewegt sich doch etwas im Netz! «Um Himmels willen, was ist denn das?», fragt Jakobus. «Seht doch!», schreit Simon und springt auf, «das Netz ist voller Fische!» Mit vereinten Kräften versuchen sie, das schwere Netz ins Boot zu heben. «Wir schaffen es nicht!» «Es sind zu viele Fische!» «Hilfe, wir werden kentern!», so rufen die drei durcheinander. Das Netz ist tatsächlich so voll, dass es ihnen nicht gelingt, es ins Boot zu heben. «Wir brauchen Hilfe! Kommt und helft uns!», rufen sie den Menschen am Ufer zu und winken, um sich bemerkbar zu machen.

Endlich kommt Bewegung in die Menge. Ein paar Männer schnappen sich das erstbeste Boot und rudern hastig hinaus auf den See. Die Rettung kommt gerade rechtzeitig. Gemeinsam schaffen sie es, die Last in die Boote zu hieven. Trotz der Anstrengung strahlen sie und lachen und scherzen. Welch ein Fang! Mit letzter Kraft rudern sie ans Ufer, wo die Menschenmenge sie freudig empfängt. Einige haben schon Körbe hergebracht, um die Fische zu tragen. Das wird ein Fest! Fröhlich sitzen sie alle zusammen und essen frischen, gebratenen Fisch und Brot.

Simon ist auffallend still. Er denkt nach. Dann steht er plötzlich auf, geht zu Jesus und fällt vor ihm nieder: «Geh weg von mir, Jesus. Ich bin nur ein einfacher Mensch mit einem kleinen Glauben.» Jesus sieht Simon an und sagt: «Du wirst jetzt keine Fische mehr fangen, sondern Menschen für mich gewinnen.»
In diesem Moment weiss Simon, dass er mit Jesus gehen will. Er will mehr darüber erfahren, wie Gott ist und wie er den Menschen begegnet. «Ja, ich komme mit dir, Jesus», antwortet er. Und auch Jakobus und Johannes schliessen sich Jesus an. Sie lassen ihre Häuser, ihre Familien, ihre Netze und ihre Boote zurück. Von nun an ziehen sie mit Jesus durchs Land, bis zu seinem Tod. Und später erzählen sie allen, was sie mit Jesus erlebt haben und was er sie gelehrt hat.

In Gottes Welt gelten andere Regeln

Rahel Voirol-Sturzenegger

Zum Inhalt: Im Club 4 hat Carla von den Seligpreisungen gehört. Sie denkt über Erfahrungen von Ausgrenzung und Dazugehören nach und kommt zum Schluss: Gottes neue Welt würde ein Stück wirklicher, wenn ihre Cousine Maria, die sich mit dem Rollstuhl fortbewegt, gemeinsam mit ihr die Schule und den Club 4 besuchen könnte.

Biblischer Bezug: Lk 6,17–26/Mt 5,1–11

Stichwörter: Gemeinschaft, Inklusion, Jesus von Nazaret, kirchlicher Unterricht, Reich Gottes, Seligpreisungen, zehn Gebote

Bezug zur Arbeitshilfe: AH4 / 4 Wer ist Jesus? / 3 Was Jesus sagt, tut gut!

Erzählzeit: 15'

Hinweise zur Gestaltung: Im Anschluss an das Erzählen der Geschichte mit den Kindern darüber nachdenken, was sie dazu beitragen könnten, dass Gottes neue Welt unter uns sichtbar wird.

Nachdenklich sitzt Carla auf den Stufen, die zum Eingang der Kirche führen. Wie jeden Dienstag wartet sie nach dem Club 4 darauf, dass ihre Mutter sie abholt. Die anderen Kinder sind schon gegangen, sie können zu Fuss nach Hause. Carlas Heimweg ist zu weit. Sie wohnt im Nachbardorf und kommt jeweils nur für den Club 4 hierher.

Carla kramt ihr Schülerbuch aus dem Rucksack und schlägt es auf. Heute haben sie die Seligpreisungen kennengelernt. Seligpreisungen – ein seltsames Wort! Aber Frau Bär und Frau Fuchs, Carlas Katechetinnen, haben erklärt: Seligpreisungen sind Sätze, die Menschen ein besseres Leben versprechen. Sie sind wie ein Segen. Selig sein, das bedeutet, du gehörst bei Gott dazu. Was uns Menschen unterscheidet, trennt uns nicht mehr. Was uns traurig macht, wird verwandelt. Wir können glücklich sein.

Auf dem Bild im Schülerbuch sieht man Jesus, wie er wohl gerade die Seligpreisungen spricht. Und man sieht viele Menschen, die ihm zuhören. Sie stehen um ihn herum oder sie sitzen auf grossen Steinen. Auf diesen Steinen stehen Seligpreisungen geschrieben. Das ist natürlich nur auf dem Bild so. In Wirklichkeit waren das sicher ganz normale Steine! Aber die Steine mit der Schrift erinnern Carla an eine andere Geschichte aus der Bibel. Es ist schon eine Weile her, seit sie diese gehört hat: Wie hiess er noch, der Mann, der auf dem Berg mit Gott geredet hat? Ach ja, Mose hiess er! Gott hat Mose Regeln für das Volk Israel gegeben, auf zwei Steintafeln aufgeschrieben. Diese Geschichte geht Carla durch den Kopf, während sie das Bild betrachtet. Diese Regeln, die waren doch auch ein Zeichen dafür, dass die Menschen zu Gott gehören. Wer an Gott glaubte, sollte diese Gebote halten.

Und jetzt sitzt da Jesus auf einem Berg. Und auf den Steinen stehen diese seltsamen Seligpreisungen:
«Selig ihr Armen – euch gehört das Reich Gottes.
Selig, die ihr jetzt weint – ihr werdet lachen.
Selig, die ihr jetzt hungert – ihr werdet gesättigt werden.
Selig die Gewaltlosen – sie werden das Land erben.
Selig die Barmherzigen – sie werden Barmherzigkeit erlangen.
Selig, die Frieden stiften – sie werden Söhne und Töchter Gottes genannt werden.»

Selig sein bedeutet, dass man bei Gott dazugehört. Sind das also auch so Regeln wie bei Mose? Carla kann sich nicht mehr recht erinnern, was Gott damals auf die Steine geschrieben hatte. Aber halt, da war doch noch das Lied vom Stein, das sie damals im Unti gelernt haben. Carla singt gern, und Liedtexte, die kann sie sich besonders gut merken. Leise summt sie das Lied vor sich hin:

«Eins, zwei, drei, vier, fünf, sechs, sieben,
was steht auf dem Stein geschrieben?
Zehn Gebote sind zu sehn,
Mose hilft sie zu verstehn.

Gott ehren und den Menschen lieben,
den Schwachen nicht zur Seite schieben,
es soll dem Ärmsten Recht geschehn,

wenn Gottes Wort wir recht verstehn.
Gott wünscht, dass hier auf dieser Erde
kein Mensch des andern Spielzeug werde.
Jeder soll frei und glücklich sein.
Dies Menschenrecht schützt dieser Stein.»

Da! Auch hier geht es ums Glücklich sein! Wie bei den Seligpreisungen: Selig sein, das bedeutet: Was Menschen unterscheidet, trennt sie nicht mehr. Was einen traurig macht, wird anders. Man kann trotzdem glücklich sein. Aber stimmt das? Frau Bär und Frau Fuchs haben doch immer wieder erzählt, wie schwer es die Leute hatten, damals, als Jesus lebte. Da gab es wohl wenige, die glücklich waren; vielleicht die Reichen und Mächtigen, aber doch sicher nicht die Armen, die Traurigen, die Hungrigen und die, die sich nicht wehren konnten!

In diesem Moment fährt Carlas Mutter vor der Kirche vor. Carla packt ihr Schülerbuch und ihren Rucksack und springt zum Auto. Auf der Heimfahrt ist sie ganz still. Zu Hause steht ein Zvieri auf dem Küchentisch bereit. «Du, Mami», sagt da Carla, «stimmt alles, was Jesus erzählt hat?» «Hm», überlegt die Mutter, «es lohnt sich auf jeden Fall, darüber nachzudenken. Warum fragst du?» Carla zeigt ihrer Mutter die Seiten im Schülerbuch. «Diese Sätze da hat Jesus gesagt. Es sind Seligpreisungen. Selig sein, das bedeutet, dass man bei Gott dazugehört und dass man glücklich sein kann. Aber Arme, Hungrige und solche, die sich nicht wehren können, können doch nicht glücklich sein. Die sind doch immer die Schwachen. Die gehören doch nie richtig dazu!»

«Da hast du leider recht, Carla», sagt die Mutter, «aber ich glaube, dass es Jesus gerade darum geht. Er will nicht, dass die Schwachen an den Rand gedrängt werden. Für Jesus ist jeder Mensch gleich viel wert. Weisst du, Jesus wollte den Menschen erzählen, wie Gott sich die Welt eigentlich gedacht hat. Ja, und in dieser Welt gehören wirklich alle dazu. Wenn die Armen dazugehören, dann ist Geld weniger wichtig. Wenn die Hungrigen dazugehören, dann teilen die, die genug haben, mit ihnen. Wenn die Traurigen dazugehören, werden sie von den andern getröstet. Und wenn alle die, die sich nicht wehren können oder nicht wehren wollen, dazugehören, dann wird unsere Welt eine friedliche Welt. In einer solchen Welt trennen uns die Unterschiede nicht mehr voneinander. Da ist es normal, verschieden zu sein. Da gelten andere Regeln als die von Stärke, Schnelligkeit, Klugheit oder Reichtum.»

«Aber wo gibt es diese Welt?», fragt Carla ihre Mutter. Die Mutter überlegt einen Moment und sagt dann:

«Also ich denke, eigentlich ist sie schon da. Sie ist hier, auf unserer Welt. Überall da, wo Menschen, die am Rand stehen, plötzlich dazugehören. Überall da, wo Menschen miteinander teilen. Wo sie danach fragen, wie es dem anderen geht. Wo sie gerecht sind und die Schwachen vor Ungerechtigkeit schützen. Überall da wächst ein kleines Stück dieser neuen Welt. Jesus hat geglaubt, dass diese kleinen Stücke irgendwann die ganze Welt bestimmen werden. Jesus hat geglaubt, dass der Friede und die Liebe irgendwann unsere Welt ganz verändern können.» «Glaubst du das auch?», fragt Carla. «Ich hoffe es», sagt die Mutter. «Aber ich glaube, dass es dabei auch auf uns Menschen ankommt. Wir müssen mithelfen, dass diese andere Welt wirklich wird. Wir können die Augen offen halten, wo die kleinen Stücke dieser neuen Welt schon da sind, und ihnen Sorge tragen, dass sie nicht wieder verkümmern.»

Carla überlegt. Kennt sie solche kleinen Weltstücke schon? Ja, ihre Club-4-Gruppe zum Beispiel. Es war für Carla zuerst nicht einfach, in den Club 4 zu gehen, mit all den Kindern, die sie nicht kannte. Aber als sie einmal in der Pause allein dastand und den andern beim Spielen zusah, da kam auf einmal Tobias zu ihr und lud sie zum Mitspielen ein. Seither gehört Carla dazu. Ja, das macht wirklich glücklich!

Aber dann denkt Carla an Josephine in ihrer Klasse. Sie trägt meistens Jungenkleider. Und denen sieht man an, dass ihr grosser Bruder sie schon getragen hat. Viele Mädchen tuscheln hinter ihrem Rücken. Und da ist Mark, den sie einen Streber nennen, dabei ist er doch eigentlich ganz nett. Oder der alte Mann im kleinen Häuschen hinter dem Dorfladen? Da machen die Kinder einen grossen Bogen darum herum. Sie gehören alle nicht so richtig dazu. Könnte man sie vom Rand in die Mitte holen und so ein kleines Stück von Gottes neuer Welt schaffen? Was kann sie selbst dazu beitragen, dass Gottes neue Welt kommt?

Und da kommt Carla ihre Cousine Maria in den Sinn. Maria wohnt im gleichen Dorf wie Carla. Aber Carla sieht sie nur selten; manchmal am Wochenende und sonst in den Ferien. Marias Beine haben wenig Kraft. Sie benützt einen Rollstuhl, um sich fortzubewegen. Und sie braucht oft viel Zeit für das, was sie tut; auch fürs Lernen. Carla stört das nicht. Sie spielt gern mit Maria. Die beiden Mädchen finden immer etwas, was sie gemeinsam unternehmen können. Manchmal streiten sie zwar auch, aber sie vertragen sich meist schnell wieder. Maria geht in eine besondere Schule, und die Kinder im Dorf kennt sie kaum. Wäre es nicht schön, wenn Maria hier im Dorf in die Schule gehen könnte? Und am Dienstagnachmittag mit Carla in den Club 4?

Dann würde sie auch mehr dazugehören; zur Schule, zur Kirche, zum Dorf! Wäre das nicht auch ein kleines Stückchen von Gottes Welt?

«Mami», sagt Carla nun, «man könnte doch auch in unserem Dorf neue Stückchen von Gottes Welt wirklich machen. Man könnte dafür sorgen, dass mehr Menschen dazugehören; zum Beispiel der alte Mann beim Dorfladen oder auch Maria!» Carlas Mutter schaut sich gerade das Bild im Schülerbuch nochmals an. «Das ist eine prima Idee, Carla! Was meinst du, was könnte dann für uns auf diesen Steinen stehen?» Carla überlegt. «Wie wäre es mit: Selig, die ihr keine Freunde habt – ihr werdet Freunde finden. Selig, wenn euch alle aus dem Weg gehen – es kommt jemand auf euch zu. Selig, wenn ihr anders seid – es macht Spass, mit euch zu spielen!»

Der Himmel über Lea

Sandra Wey-Barth

Zum Inhalt: Das Leben ist schwer für die schmerzgeplagte Lea. Trotzdem macht sie sich auf den Weg, um Jesus zu begegnen. Er berührt nicht nur ihren kranken Körper, sondern auch ihre dürstende Seele.
Biblischer Bezug: Lk 13,1–17
Stichwörter: Anbetung, Begegnung, Dank, Gesetz, Gottesdienst, Heilung, Jesus von Nazaret, Leiden, Sabbat, Synagoge, Wunder
Bezug zur Arbeitshilfe: AH4 / 4 Wer ist Jesus? / 5 Jesus richtet auf
Erzählzeit: 9'

Mühsam richtet sich Lea von ihrem Nachtlager auf. So verharrt sie eine Weile und sammelt ihre Kräfte. Mühsam ist Leas Leben, sie hat viele Schmerzen. Denn ihr Rücken ist stark verkrümmt. Lea dreht sich und stemmt ihren Körper mit den Armen hoch. Endlich steht sie auf den Füssen. Ihren Rücken aber kann sie nicht aufrichten. Und das schon seit achtzehn Jahren.
Sie schlurft zur Feuerstelle. Daneben steht ein Holzschemel, an dem sie sich festhält, sich umdreht und sich nun langsam auf die Knie gleiten lässt. Geschafft! Dann bläst sie in die Glut vom Vorabend. Sie will das Feuer neu entfachen. Deshalb legt sie ein Holzscheit nach. Sie greift nach ein paar Kräutern. Diese streut sie in den Wasserkessel, der immer über der Feuerstelle hängt. Alles ist in Reichweite. Sie hat sich ihr Leben so eingerichtet, dass es für sie gerade noch zu schaffen ist. Sie taucht einen Becher in den Kessel und trinkt den Kräutertee, stemmt sich hoch und bricht sich ein Stück Brot ab. Nur jetzt nicht aufgeben!
Noch ist es früh am Morgen. Heute ist Sabbat, ein besonderer Sabbat. Denn heute predigt Rabbi Jesus in der Synagoge im nahe gelegenen Städtchen. Sie hat schon viel Gutes von ihm gehört und will ihn unbedingt sehen. Entschlossen wendet sich Lea um und geht zurück zum Nachtlager. Dort liegt ihr Kleid. Umständlich zieht sie es über ihren Kopf und streckt erst ihren Arm in den einen, dann den anderen in den zweiten Ärmel. Sie zerrt und zupft, um das Kleid über den gekrümmten Rücken zu ziehen. Geschafft! Lea schlüpft in ihre ausgetretenen Sandalen. Dann schnürt sie sich ein Bündel mit etwas Brot und einem Krüglein Wasser darin und bindet es sich um.

Nun tritt Lea vor das Haus. Sie dreht den Kopf unter Schmerzen zur Seite, um einen Blick vom Himmel zu erhaschen.
Der Himmel, wie sie ihn liebt!

Doch sogleich ist ihr Blick wieder auf den Staub der Strasse gerichtet, auf ihre Füsse in den alten Sandalen. Lea schlägt den Weg zum Städtchen ein. Ein langer und mühsamer Marsch liegt vor ihr. Ihr schmerzender Körper lässt es nicht zu, dass sie schnell geht. Der Weg wird steiler, das Städtchen liegt auf einer kleinen Anhöhe. Sie nimmt alle Kraft zusammen und geht Schritt für Schritt den Weg bergan.
«Frau, mach Platz!», hört sie es plötzlich hinter sich rufen. Erschrocken weicht Lea zur Seite. Eine Familie mit einigen Kindern will an ihr vorbei. Die Mutter raunt ihren Kindern zu: «Passt auf, diese Frau dürft ihr nicht berühren. Sie hat sicher etwas Schlechtes getan, und Gott hat sie dafür mit dem krummen Rücken bestraft!» Die Kinder schauen ängstlich und drücken sich beim Vorbeigehen eng an die Mutter.
Endlich erreicht Lea das Städtchen. Viele Leute kommen aus allen Richtungen. Sie alle wollen in die Synagoge. Schon lange ist Lea nicht mehr im Gottesdienst gewesen, aber heute hat sie es geschafft.

Lea tritt in die Synagoge. Der Synagogenvorsteher begrüsst sie freundlich. Er staunt, dass die verkrümmte Frau den weiten Weg auf sich genommen hat.
Lea geht nach hinten zu den anderen Frauen. Sie spürt die abweisenden Blicke, auch wenn sie sie nicht sieht. Auf eine der Bänke an der Mauer lässt sie sich nieder. Immer den Boden im Blick. Sie schliesst die Augen und denkt an Gott. Gott kennt ihre Tränen und ihre Schmerzen. In seiner Gegenwart fühlt sie sich angenommen.
Dann beginnt der Gottesdienst. Lea hört die Stimme des Rabbis. Das muss Jesus sein! Sie lauscht den Worten. Was für Worte! Worte der Vergebung und des Heils. Plötzlich ruft diese Stimme: «Komm her zu mir!»
Lea denkt: Wen ruft der Rabbi wohl? Neugierig dreht sie den Kopf zur Seite, um einen Blick auf Jesus zu

werfen. Da begegnet sie seinem Blick. Jesus schaut sie geradewegs an. Lea erschrickt.

«Komm her zu mir, Frau!», sagt Jesus. Seine Worte klingen freundlich. Lea zögert, doch schliesslich erhebt sie sich mühsam, stösst sich mit den Händen ab und geht gebückt auf den Rabbi zu. Endlich steht sie vor ihm. Ihr Herz pocht laut. Hat sie etwas Falsches getan? Mit aller Kraft versucht sie, sich aufzurichten, so gut es geht, um Jesus anzusehen. Da hört sie seine ruhige Stimme: «Frau, du bist von deiner Krankheit befreit!» Und Jesus legt seine Hände sanft auf Leas Rücken.

Wie lange hat mich niemand mehr berührt! Wie gut das tut! – Was hat Jesus gesagt? Meint er etwa ...? Kann ich mich aufrichten?, denkt Lea voller Hoffnung und zugleich voller Zweifel. Sie will es versuchen.

Und dann steht sie aufrecht vor Jesus.

Lea schaut Jesus fassungslos an. Dann hebt sie ihre Hände zum Himmel und dankt und preist Gott. Laut. Voll Freude. Voll Dankbarkeit. Sie jubelt, sie küsst Jesus die Hände, sie tanzt und streckt immer wieder die Hände zum Himmel empor.

Viele Leute haben sich um Jesus und Lea geschart. Und plötzlich steht auch der Synagogenvorsteher da und ruft: «Was geht hier vor sich?» Ärger liegt in seiner Stimme. Er ist aufgebracht und sagt: «Die Woche hat sechs Tage, an denen man arbeiten soll! Kommt also an diesen Tagen in die Synagoge, um euch heilen zu lassen! Ihr kennt doch das Gesetz Gottes. Es verbietet uns, am Sabbat zu heilen!»

«Ihr Heuchler!», sagt Jesus. «Auch ihr bindet am Sabbat eure Tiere los. Ihr führt sie zur Tränke und gebt ihnen zu essen. Diese Frau gehört wie wir zu den Nachkommen Abrahams. Auch sie ist eine Tochter Abrahams. Seit achtzehn Jahren leidet sie an ihrer Krankheit. Seid ihr wirklich der Ansicht, es sei nicht richtig, sie am Sabbat von ihrem Leiden zu erlösen?»

Da wird der Synagogenvorsteher ganz still. Kann es sein, dass Jesus recht hat? Aber ist es nicht doch gegen das Gesetz?

Die Frau aber ist umringt von Menschen, die sich mit ihr freuen und Gott loben.

Dann tritt Lea aus der Synagoge. Aufrecht. Der Himmel strahlend blau über ihr. Sie schaut voll Freude nach oben.

Lea macht sich auf den Heimweg.

Den Himmel immer vor Augen.

Heilsame Begegnungen am Sabbat

Barbara Hefti

Zum Inhalt:	Nahums Vater ist Synagogenvorsteher und daher für das Einhalten der Sabbatruhe verantwortlich. An einem Sabbat aber wird die Ruhe gleich mehrmals gestört. Zuerst vergisst Nahum, die Ochsen rechtzeitig am Brunnen zu tränken, und dann heilt Jesus in der Synagoge die kranke Hanna. Die Heilung Hannas bleibt aber nicht die einzige positive Veränderung, die Nahum an diesem Sabbat beobachten kann.
Biblischer Bezug:	Lk 13,1–17
Stichwörter:	Begegnung, Dank, Gesetz, Gottesdienst, Heilung, Jesus von Nazaret, Krankheit, Sabbat, Synagoge, Synagogenvorsteher, Wunder
Bezug zur Arbeitshilfe:	AH4 / 4 Wer ist Jesus? / 5 Jesus richtet auf
Erzählzeit:	10'

Nichts wie nach Hause!, denkt Nahum und rennt durch die Gassen. Er hat mit Freunden gespielt und dabei völlig die Zeit vergessen. Jetzt ist er zu spät für das Abendessen. Beim Dorfbrunnen kommt ihm mit Schrecken in den Sinn, dass er ja die beiden Ochsen zur Tränke hätte bringen müssen. Das ist seine Aufgabe, jeden Abend vor dem Essen.

Keuchend kommt Nahum zu Hause an. Die ganze Familie sitzt schon um den Tisch und wartet auf ihn. Er murmelt leise «Entschuldigung» und setzt sich schnell dazu. Nachdem der Vater das Dankgebet gesprochen hat, greifen alle zu, auch Nahum, er hat Hunger. Als er aufschaut, sieht er den prüfenden Blick des Vaters. Nahum wird rot. «Ich bring die Ochsen gleich nach dem Essen zum Brunnen, Vater, versprochen!», murmelt er. «Aber Nahum, heute ist doch Freitag!», sagt der Vater streng. Auch das hat Nahum völlig vergessen. Freitagabend beginnt der Sabbat, der Ruhetag. Für sie als Juden sind dann alle Arbeiten streng verboten. Einen ganzen Tag lang gilt dieses Verbot, vom Freitagabend, wenn die Sonne untergeht, bis zum Sonnenuntergang am Samstagabend. Kein Jude darf in dieser Zeit irgendeine Arbeit verrichten, nicht einmal ein Feuer anzünden. Nahums Familie hält sich streng an diese Regel, schliesslich ist Nahums Vater Synagogenvorsteher. Da gehört es zu seinen Aufgaben, dafür zu sorgen, dass die Gebote Gottes eingehalten werden. Er ist ein Vorbild für die Menschen im Dorf. Nahum erinnert sich noch genau, wie stolz er auf seinen Vater war, als dieser für diese wichtige Aufgabe ausgewählt wurde.

In dem Moment sieht Nahum, wie die Sonne langsam hinter den Bergkuppen verschwindet. Der Sabbat hat begonnen. Nahum schluckt. Sein Vater seufzt: «Wir haben mit den Ochsen den ganzen Tag in der Hitze gearbeitet, sie haben grossen Durst. Wenn wir ihnen erst morgen Abend zu trinken geben, müssen sie unnötig leiden. Besser du führst sie trotzdem noch heute Abend zum Brunnen.»

Gleich nach dem Essen bindet Nahum die zwei Ochsen los und führt sie zum Dorfbrunnen. Erleichtert stellt er fest, dass er nicht der Einzige ist, der trotz Sabbat noch mit Tieren unterwegs ist. Ein anderer Bauer ist auch am Brunnen, um seinen Ochsen und seine Esel zu tränken.

Als Nahum die Ochsen zu Hause wieder angebunden hat, hat Mutter Besuch: Hanna, ihre Nachbarin. Nahum mag Hanna. Sie ist eine sehr herzliche Frau. Wegen ihres verkrümmten Rückens kann sie nur mühsam gehen, sie muss sich immer auf einen Stock stützen. «Früher», hat ihm seine Mutter erzählt, «früher war Hanna eine grosse, starke Frau. Doch dann ist sie plötzlich schwer krank geworden, und ihr Rücken hat sich mehr und mehr verkrümmt.» Jetzt ist Hannas Rücken schon so krumm, dass sie den Kopf kaum mehr hoch genug heben kann, um Nahum bei der Begrüssung ins Gesicht zu blicken. «Komm, Nahum, setz dich zu uns», fordert ihn seine Mutter auf. «Hanna erzählt gerade eine Geschichte.» Nahum setzt sich gern dazu, Hannas Geschichten sind immer spannend.

Am nächsten Morgen ist Nahum früh unterwegs. Er begleitet seinen Vater zur Synagoge. Während der Vater schon ins Versammlungshaus hineingeht, bleibt Nahum draussen auf den Stufen der Treppe sitzen und beobachtet die Menschen, die vorbeigehen. Nach einer Weile sieht er Hanna, wie sie mit ihrem schleppenden Schritt näherkommt. Sie steigt langsam und mühsam die Treppe hoch. Jeder Schritt scheint ihr grosse Schmerzen zu bereiten. Es muss ihr sehr wichtig sein, in die Synagoge zu gehen, denkt Nahum und blickt Hanna nach, bis sie in der Synagoge verschwunden ist.

Fremde Stimmen reissen Nahum aus seinen Gedanken. Eine Gruppe von Männern kommt die Treppe zum Eingang der Synagogen hinauf. Nahum kennt sie nicht. Der Mann in der Mitte scheint ihr Lehrer zu sein, denn die anderen nennen ihn «Rabbi». Wer sind diese Männer? Woher kommen sie? Nahums Neugier ist geweckt. Er folgt den Männern in die Synagoge. Der Gottesdienst beginnt. Nahum sieht, wie der fremde Lehrer – der offenbar Jesus heisst – zu den Dorfbewohnern spricht. Die hören ihm gespannt zu. Plötzlich blickt Jesus auf. Sein Blick schweift über die Zuhörerinnen und Zuhörer und bleibt an Hanna hängen. Einen Moment lang ist es ganz still in der Synagoge. Dann sagt Jesus mit klarer, warmer Stimme: «Frau, komm zu mir!» Gebannt schaut Nahum auf Hanna, wie sie sich langsam und mühsam vorankämpft, bis sie vor Jesus steht, die kleine Frau mit dem krummen Rücken. Jesus blickt sie liebevoll an und sagt: «Frau, du bist von deiner Krankheit erlöst.» Er legt ihr die Hände auf den Rücken. Auf der Stelle richtet sich Hanna auf. Sie strahlt über das ganze Gesicht, wirft die Hände in die Luft und betet laut: «Grosser, wunderbarer Gott, ich danke dir. Du hast mich von meiner Krankheit befreit!» Auch Nahum strahlt. Er freut sich für Hanna.
Da hört er plötzlich die Stimme seines Vaters. Sie klingt verärgert: «An sechs Tagen dürfen wir arbeiten. Kommt also an diesen Tagen, um euch heilen zu lassen. Nicht heute, an einem Sabbat!» Nahum erschrickt. Sein Vater hat recht. Am Sabbat darf man doch nicht arbeiten! Da hört Nahum, wie Jesus antwortet: «Seid ehrlich, bindet nicht jeder von euch auch am Sabbat seinen Ochsen oder Esel von der Krippe los und führt ihn zur Tränke? Die Tiere erlöst ihr von ihrem Durst. Und diese Frau soll nicht noch heute von ihrer schweren Krankheit befreit werden?» Als Nahum die Wörter «Ochse» und «Tränke» hört, zuckt er zusammen. Ihm wird ganz heiss. Alle Blicke in der Synagoge sind jetzt auf seinen Vater gerichtet. Der steht mit offenem Mund da, wie versteinert. Nahum sieht, wie sein Vater etwas entgegnen will, es sich dann aber anders überlegt. Die Lippen fest zusammengepresst, eilt er mit gesenktem Blick an den Menschen vorbei aus der Synagoge. Nahum will ihm nach. Doch als er aus der Synagoge kommt, ist sein Vater schon um die nächste Hausecke verschwunden. Sein Vater will allein sein.

Auch Nahum will jetzt mit niemanden reden müssen. An seinem Lieblingsort am See findet er Ruhe zum Nachdenken. Erst gegen Abend macht er sich wieder auf den Heimweg. Im Dorf herrscht grosse Aufregung. Die Nachricht von der wunderbaren Heilung Hannas hat sich wie ein Lauffeuer verbreitet. Vor Hannas Haus stehen die Nachbarn, sie lachen, singen und freuen sich mit der geheilten Frau. Plötzlich verstummt die Menge. Als Nahum sich umdreht, sieht er, warum. Sein Vater steht da. Und zum zweiten Mal an diesem Tag ruhen alle Blicke auf ihm, dem Synagogenvorsteher. Er räuspert sich und sagt dann mit leiser Stimme an Hanna gewandt: «Hanna, ich freue mich für dich und ich danke Gott, dass er dich heute erlöst hat.» Nahum sieht, wie sich ein Strahlen auf Hannas Gesicht ausbreitet. Und jetzt kann auch er wieder strahlen.

Streng geheim!

Ursula Kaufmann

Zum Inhalt:	Die spannende Zeitreise führt nach Damaskus im Jahr 253 n. Chr. Es ist die Zeit der Christenverfolgung. Wir begegnen römischen Soldaten, die Leute gefangen nehmen, die dem Kaiser Ehre als Gott verweigern, z. B. die Christinnen und Christen. Durch Zufall geraten wir in einen christlichen Gottesdienst. Wir staunen über den Mut der Gläubigen, die ihren Gottesdienst im Geheimen feiern, immer in der Angst, entdeckt zu werden.

Biblischer Bezug: Röm 8,35; 2Kor 12,10; 2Thess 1,4

Stichwörter: Abendmahl, Abenteuer, Christen, Fisch, Geschichte und Umwelt, Gottesdienst, Mut, Nachfolge, Soldaten, Spannung, Taufe, Unservater, Verfolgung

Bezug zur Arbeitshilfe: AH4 / 5 Unsere Kirche lebt mit Symbolen / 1 Ein besonderer Fisch

Erzählzeit: 17'

Hinweise zur Gestaltung: Die Mitte mit Ichthys-Fischen gestalten. Nach dem Erzählen der Geschichte schreiben die Kinder einen kurzen Tagebucheintrag zur Zeitreise. Anschliessend sich darüber austauschen, was den Einzelnen beeindruckt hat.

Stellt euch vor, ihr habt eure Koffer gepackt und wir begeben uns gemeinsam auf eine Zeitreise. Wir reisen in unserer Zeitrechnung fast 1800 Jahre zurück ins Jahr 253 n. Chr., in die Stadt Damaskus. Hier herrschen, wie überall rund ums Mittelmeer, die Römer. Wir begegnen auf dem Weg zum Marktplatz einigen römischen Soldaten, die durch die Strassen patrouillieren. Doch das scheint hier niemanden zu stören. Die Handwerker arbeiten auf den Gassen, und auf dem Markt hören wir die Händler ihre Ware anpreisen. Am Rand des Marktplatzes steht die Herberge «Zur goldenen Amphore». Da treten wir ein. Ein freundlicher Mann – er heisst Ursus – zeigt uns die Zimmer.

Nach dem Abendessen machen wir einen kleinen Spaziergang. Die Sonne ist bereits untergegangen, und langsam wird es in der Stadt ruhiger. Wir schlendern über den Marktplatz. Die Händler haben ihre Waren weggeräumt, sie beladen ihre Lasttiere und machen sich auf den Heimweg. Wir marschieren weiter. Wir haben kein bestimmtes Ziel, wir bummeln einfach ein wenig durch die Gassen von Damaskus. Ein angenehm kühler Wind säuselt uns vom Tempelbezirk her entgegen. Es riecht nach Rauch, wahrscheinlich von all den Feuern in den Küchen oder vielleicht auch von den Brandopfern in den Göttertempeln. Je weiter wir uns vom Stadtzentrum entfernen, desto weniger Menschen begegnen wir in den verwinkelten Gassen. Ein paar schmutzige Kinder, die niemand zu Bett schickt, tollen noch herum. Wir gelangen in eine etwas grössere Gasse. Es ist nun schon recht dunkel. Nur aus dem Wirtshaus da vorn dringt etwas Licht und Lärm. Es strahlt etwas Heimeliges aus. Das macht uns neugierig.

Kurz bevor wir das Wirtshaus erreichen, hören wir hinter uns eilige Schritte. Wir schauen uns um und erkennen in der Dunkelheit drei Männer. Sie verlangsamen ihre Schritte, kommen näher und betrachten uns aufmerksam. Und da zeichnet einer der Männer mit dem Fuss etwas wie einen Bogen auf den staubigen Boden, kaum zu erkennen. Er schaut uns erwartungsvoll an. Was will er von uns? Wir begreifen es nicht. Bevor wir ihn fragen können, murmelt einer der beiden anderen: «Komm, die sind harmlos, das sind Fremde.» Dann eilen die Männer am Wirtshaus vorbei und verschwinden links in eine Seitengasse.

Eigenartige Leute, denken wir. Wir haben uns noch nicht entschieden, ob wir ins Wirtshaus hineingehen oder nicht, da vernehmen wir wieder Schritte. Diesmal kommen sie aus einer anderen Richtung. Ein Mann und eine Frau huschen nicht weit von uns am Wirtshaus vorbei und biegen in dieselbe Seitengasse ein wie die Männer. Wir gehen den beiden hinterher und sehen gerade noch, wie sie durch eine Haustür verschwinden. Wieder eilige Schritte. Es kommen weitere Männer, Frauen und auch Kinder, zum Teil einzeln, zum Teil in kleinen Gruppen. Und alle schauen sich, bevor sie durch die geheimnisvolle Tür gehen, vorsichtig um. Als ob sie etwas zu verbergen hätten.

Nun sind wir aber doch neugierig, was sich hinter dieser Tür wohl verbirgt. Auch wir sind vorsichtig. Ein Kontrollblick nach allen Seiten: Es ist niemand da. Wir nähern uns der geheimnisvollen Tür und sind fast ein wenig enttäuscht: Es ist eine ganz gewöhnliche, ja fast schäbige Tür, nichts Besonderes – oder doch? Da, auf dem Querbalken, kaum erkennbar eingeritzt, entdecken wir einen Fisch. Ein Fisch? Dieses Zeichen kommt uns irgendwie bekannt vor. Der Fisch ist doch das Geheimzeichen der Christen. Ist etwa hinter der Tür ein Versammlungsraum, in dem sich die Christen zum Gottesdienst treffen?

Ob wir da wohl eintreten dürfen? Schliesslich sind auch wir Christen, zwar nicht aus derselben Zeit und auch nicht vom selben Ort. Aber das sollte doch keine Rolle spielen. Wir nehmen all unseren Mut zusammen und öffnen die Tür. Wir sehen in einen grossen Raum, in dem sich viele Menschen, Frauen, Männer und einige Kinder, versammelt haben. Sie blicken uns ängstlich und misstrauisch an. Da kommt ein Mann auf uns zu und begrüsst uns freundlich. Wir atmen auf. Es ist Ursus aus der Herberge. Er nickt uns zu, zieht uns hinein und schliesst rasch die Tür. «Man darf uns hier nicht sehen», sagt er. Dann wendet er sich an die Versammelten, stellt uns kurz vor und erklärt den anderen, dass wir für sie keine Gefahr bedeuteten. Zu uns sagt er: «Wisst ihr, wir Christen leben hier in ständiger Angst, die Spione des Kaisers könnten uns entdecken und verhaften. Dann müssten wir mit dem Schlimmsten rechnen, sogar mit dem Tod.» «Aber warum denn, ihr habt doch sicher nichts verbrochen!», wenden wir ein. «Aus der Sicht des Kaisers eben schon», antwortet Ursus, und als er unsere fragenden Gesichter sieht, fährt er fort: «Das römische Grossreich steht im Moment auf wackeligen Füssen. All die verschiedenen Völker zusammenzuhalten, ist eine schwierige Aufgabe. Deshalb braucht der Kaiser etwas, das all die verschiedenen Untertanen verbindet und ihn, den Kaiser, stärkt. Alle Völker dürfen zwar ihre Religion behalten, müssen aber zusätzlich den Kaiser als Gott verehren und ihm Opfer bringen.» Nun fallen wir Ursus ins Wort: «Aber das können Christen doch gar nicht! Für euch und uns ist der Kaiser auch nur ein Mensch und sicher kein Gott!» Ursus nickt. «Wir Christen anerkennen keine anderen Götter. Wir glauben allein an den lebendigen Gott, an den Vater, den Sohn Jesus Christus und den Heiligen Geist. Und deshalb weigern wir uns, den Kaiser als Gott zu verehren und ihm zu opfern. Für diese Überzeugung sind schon viele Christinnen und Christen mutig eingestanden und mussten dafür mit ihrem Leben bezahlen – auch Menschen aus unserer Gemeinde», fügt Ursus leise und traurig hinzu.

Nun verstehen wir die angstvollen Blicke! Einen Moment lang überlegen wir uns, ob wohl auch wir den Mut hätten, uns in solch einer Situation Christen zu nennen. Ursus seufzt. «Wir müssen sehr vorsichtig sein! Wir treffen uns an geheimen Orten und geben uns nur durch ein Geheimzeichen zu erkennen.» «Das kennen wir! Du meinst den Fisch, nicht wahr?» Fragend blicken wir Ursus an. Der malt mit dem Fuss einen Bogen auf den Boden, gleich wie der Mann vorhin in der Gasse. Und auf einmal verstehen wir: Wenn wir einen gleichen Bogen spiegelverkehrt ergänzen, so ergibt das einen Fisch. Als wir den Bogen mit der Fussspitze andeuten, lächelt Ursus und nickt.

Die Leute singen, der Gottesdienst hat längst begonnen. Ursus deutet mit der Hand auf eine freie Bank und lädt uns ein, zu bleiben. Wir setzen uns und lassen unsere Blicke durch den Raum schweifen. Obwohl wir uns eigentlich in einem Wohnhaus befinden, erinnert dieser Raum uns doch an einen Kirchenraum. Sicher wurde er für die Gottesdienste umgebaut und eingerichtet. Vorn, leicht erhöht, steht ein grosser Tisch. Ein Kelch und Brot stehen bereit. An der Seitenwand unter einem Bogen ist ein einfaches Taufbecken in den Boden eingelassen. Wir können uns gut vorstellen, wie die Täuflinge – und das sind vor allem Erwachsene – in ihren weissen Gewändern für die Taufe ins Wasser steigen und kurz untertauchen. Die Wölbung des Bogens sieht wunderschön aus, wie der Nachthimmel, dunkelblau mit kleinen Sternen. Auch die Wände sind bunt bemalt. Vorn über dem Altar sehen wir ein Lamm mit einem Kreuz, rechts weidet ein Hirt seine Schafe.

Wir schauen uns weiter um. Da entdecken wir ihn wieder, den Fisch. Mit hellblauer Farbe ist er gemalt und darunter stehen die Buchstaben I-CH-TH-Y-S. «Was heisst das?», fragen wir Ursus leise. «Ichthys ist griechisch und heisst Fisch», erklärt er uns flüsternd. «Der Fisch ist unser Erkennungszeichen und sein Name unsere Geheimbotschaft. Jeder Buchstabe steht für ein griechisches Wort. Der I für Iesous, Jesus, CH steht für Christos, Christus. TH steht für Theou, Y für Hyios und S für Soter. Das heisst übersetzt: Gottes Sohn Erlöser.» Plötzlich werden wir aus unseren Gedanken gerissen. Die ganze Gemeinde steht auf und beginnt zu beten. Automatisch stimmen wir mit ein: «Unser Vater im Himmel, geheiligt werde dein Name ...» Während wir leise mitsprechen, erfüllt uns ein ehrfürchtiges Gefühl. Da stehen wir und beten das gleiche Gebet wie zu Hause in unseren Gottesdiensten. Wie eine Brücke zwischen den Christinnen und Christen aus verschiedenen Zeiten und Orten kommt uns das Unservater vor. Nun lädt der Gemeindeleiter alle ein zum Tisch mit dem Kelch und dem Brot. «Wir feiern jetzt gemeinsam das Abendmahl und dann teilen wir die Speisen, die wir mitgebracht haben», erklärt uns Ursus. «Jeder bringt mit, was er kann. So reicht es für alle, auch für die Armen unter uns.»

Gerne wären wir noch länger geblieben, doch wenn wir an die düsteren Gassen denken, machen wir uns jetzt lieber auf den Heimweg. Leise verabschieden wir uns und verlassen den Gottesdienstraum. Wir sind sehr vorsichtig. In der Nähe des Wirtshauses hören wir plötzlich einen grossen Lärm. Es ist das Klirren von Waffen, und eine Männerstimme dröhnt: «Halt, haben wir dich erwischt!» Wir ducken uns in den Schatten der Mauer und erkennen zwei römische Soldaten und einen Mann in ihrer Mitte. Der eine Soldat hat den Mann am Kragen gepackt. «Bist wohl auch einer von diesen Christen, wie?! Wenn du dein Leben retten willst, führst du uns jetzt zu eurem Versammlungslokal. Dann haben wir die ganze Bande auf einmal!» Der Mann aber zischt: «Lass mich los, mit diesen Christen habe ich nichts, aber auch gar nichts zu tun. Ich will ja nur nach Hause.» «Und das sollen wir dir glauben?», höhnt der andere Soldat. «Nein, nein, da stimmt etwas nicht! Wir wissen, dass du nicht hier wohnst. Unsere Ohren und Augen sind überall.» «Ich will nur einem armen Verwandten Brot und Käse bringen!», antwortet der Mann verängstigt. «Zeig die Sachen, vorher glauben wir dir gar nichts!», befiehlt der Soldat. Der Mann zieht aus seiner Tasche einen Laib Brot und ein Stück Käse hervor. Der zweite Soldat nimmt ihm beides ab. «Das können wir auf der Wache gut gebrauchen.» «Nun verschwinde und lass dich nie mehr hier blicken», sagt der erste Soldat. «Und nimm dich in Acht! Unseren Spionen entgeht nichts.» Der Mann entfernt sich schnell. Die Soldaten kontrollieren mit ihren Blicken die Strasse. Hoffentlich entdecken sie uns nicht. Glück gehabt! Sie marschieren von uns weg und wir atmen auf. Das war knapp! Jetzt aber rasch heimwärts! Die Herberge «Zur goldenen Amphore» erreichen wir ohne Zwischenfall.

Als wir ein paar Tage später Ursus unsere Zimmerschlüssel zurückgeben, zwinkert er uns zu. «Gute Heimreise!», wünscht er uns. «Hoffentlich nehmt ihr viele unvergessliche Eindrücke mit nach Hause.» Wir nicken. Ja, da sind wir sicher – den ersten Abend in Damaskus werden wir bestimmt nicht vergessen! Wir verabschieden uns von Ursus und reisen zurück – zurück nach … und ins Jahr 20.. *(Wohnort der Zuhörerinnen/Zuhörer und aktuelles Jahr einfügen).*

Vom Kreuz zum Lebensbaum

Rahel Voirol-Sturzenegger

Zum Inhalt: Stefan besucht mit seiner Grossmutter das Grab des Grossvaters, der als junger Vater gestorben ist. Beim anschliessenden Besuch in der Friedhofskapelle kommen sie auf unterschiedliche Kreuze und deren Bedeutung zu sprechen. Später entdeckt Stefan auf dem Grabkreuz des Grossvaters blühendes Moos. Das alte Holzkreuz wird so zum Lebensbaum.
Biblischer Bezug: Mk 15,20–26 Par.; Joh 12,32–34; 1Kor 1,18f
Stichwörter: Friedhof, Grab, Grosseltern, Hoffnung, Kreuz, Sterben, Symbole, Tod, Trauer, Trost
Bezug zur Arbeitshilfe: AH4 / 5 Unsere Kirche lebt mit Symbolen / 2 Was das Kreuz bedeuten kann
Erzählzeit: 12'
Hinweise zur Gestaltung: Im Anschluss an das Erzählen der Geschichte mit den Kindern darüber nachdenken, was das Kreuz für sie bedeutet.

Stefan stösst das Gittertor auf. Es quietscht leise. Eigentlich mag der Junge diesen Ort. Er wirkt schon fast etwas verwunschen. Die Steinmauer im hinteren Teil des alten Friedhofs ist von Moos und Unkraut überwachsen. Viele Gräber werden kaum mehr von jemandem gepflegt. Deshalb wirkt der alte Friedhof ein wenig chaotisch, nicht so aufgeräumt wie der neue grosse Zentralfriedhof. Ein wenig Chaos mag Stefan ganz gern. Zudem hört man hier öfter einen Vogel zwitschern, und im Sommer tanzen Schmetterlinge zwischen den Grabsteinen und Holzkreuzen.
Stefan ist mit seiner Grossmutter hier. Sie trägt einen Korb mit kleinen Osterglocken, die will sie auf Grossvaters Grab pflanzen. Nein, herausputzen will sie das Grab nicht. Das würde hier nicht passen. Aber ab und an ein paar neue Blumen sind eben doch schön! Und Osterglocken sind Grossmutters Lieblingsblumen. Jetzt stehen die beiden vor dem Grab. Stefan hat seinen Grossvater nicht gekannt. Er ist schon ganz lange vor Stefans Geburt gestorben. Als Grossvater starb, war Stefans Vater erst zwei Jahre alt. Die Grossmutter hat immer wieder davon erzählt:

Es war an einem warmen Sommerabend. Grossvater war mit seinen Turnkollegen mit dem Velo zum nahen Baggersee gefahren. Er wollte in einer guten Stunde zurück sein. Grossmutter hatte an diesem Tag ganz viele frische Himbeeren gepflückt, um ihn beim Nachhausekommen mit einem feinen Dessert zu überraschen. Stefans Vater schlief bereits in seinem Kinderbettchen, und die Grossmutter deckte gerade den Tisch auf dem Balkon, als es an der Haustür klingelte.

Zwei Polizisten standen draussen. Grossvater war auf der Landstrasse von einem Auto erfasst und tödlich verletzt worden.
Von da an war Grossmutter ganz allein mit ihrem kleinen Buben. Für einen Grabstein reichte das Geld nicht, deshalb blieb es bei dem schlichten Holzkreuz, das die Gemeinde mit Grossvaters Namen beschriftet hatte: René Wiederkehr, 1949–1974. Unterdessen kann man das kaum mehr lesen. Das Kreuz ist verwittert und da und dort mit Moos bewachsen, wie die Steine der Friedhofsmauer. Später hätte die Grossmutter Geld für einen Grabstein gehabt, aber sie wollte das Kreuz nicht ersetzen. Es war ihr so vertraut geworden. Wie oft war sie hier gewesen! Wie oft hatte sie hier geweint, bis keine Tränen mehr flossen! Wie oft war sie mit Stefans Vater am Grab gesessen und hatte ihm von seinem Vater erzählt! Und das schlichte Holzkreuz auf Grossvaters Grab hatte das alles mitbekommen, die Tränen, die Sorgen, die Erinnerungen an den verstorbenen Mann.

Seit es den grossen Zentralfriedhof gibt, ist es hier auf dem alten Friedhof still geworden. Kaum jemand kommt noch hierher, und wenn, dann bestimmt nicht in diese hinterste Ecke, wo Grossvaters Grab liegt.
Unterdessen hat Grossmutter die Osterglocken eingepflanzt und begossen. «Kommst du mit in die Kapelle?», fragt sie ihren Enkel. Eigentlich gehen sie immer noch in die Friedhofskapelle. Das gehört zum Friedhofbesuch dazu. In der Kirche zünden Stefan und Grossmutter eine Kerze an. Dann setzen sich die beiden in die vorderste Bank und schweigen. Nach einer

Weile beginnt dann jeweils die Frage- und Erzählzeit. Da haben die beiden schon manche Frage des Lebens besprochen. Heute zeigt Stefan auf das grosse Kreuz an der Kirchenwand, an dem der sterbende Jesus hängt. «Du, Grosi, warum gibt es in Kirchen und auf dem Friedhof so viele Kreuze? Gehören die alle irgendwie zusammen oder ist das Zufall? Was bedeuten sie? Ich habe eigentlich gedacht, die Kreuze auf dem Friedhof stehen für ‹tot›.» Stefan schreibt mit seinem Finger t – o – t in die Luft. *(Die Lehrperson schreibt beim Erzählen mit den Fingern die drei Buchstaben in die Luft.)* «Zweimal ein Kreuz, wie wenn etwas durchgestrichen wird, und dazwischen ein leeres Loch. Das passt doch! Oder hat das doch etwas mit Jesus zu tun?»

«Ja, die Kreuze auf dem Friedhof haben auch mit Jesus zu tun. Wenn wir an den Tod denken, kommt es uns zwar oft so vor, wie du sagst: Das Leben wird durchkreuzt, durchgestrichen, zählt nicht mehr – und das gleich doppelt. Was bleibt, ist ein grosses, leeres Loch. So habe ich es auch ganz oft in den Jahren nach Grossvaters Tod empfunden. Aber eigentlich will uns das Kreuz etwas anderes sagen. Es sagt, dass Gott uns auch in diesen traurigen und schweren Momenten nahe ist. Jesus ist am Kreuz gestorben. Gott ist da; auch in diesen durchkreuzten, leeren Momenten, wo nichts mehr einen Sinn zu haben scheint.»

Stefan denkt nach. Was seine Grossmutter sagt, ist nicht leicht zu verstehen. Aber es steckt darin etwas Geheimnisvolles, eine leise Kraft, die tröstet. «Aber, Grosi, warum bleibt man dann nicht einfach beim Kreuz als Zeichen, wie du das jetzt gerade erklärt hast? Warum muss hier in der Kirche der Jesus am Kreuz hängen? In unserer neuen Kirche hat es auch ein Kreuz – ohne Jesus. Ist es nicht schrecklich, beim Kirchenbesuch immer den Jesus ansehen zu müssen, wie er leidet?»

«Ich kann dich gut verstehen.» Die Grossmutter schaut Stefan an. Dann blickt sie zum Kreuz mit dem leidenden Jesus. «Mir ging es als Kind und als junge Frau auch so, ich fand das nur schrecklich. Als dein Grossvater starb, konnte ich den Anblick hier in der Friedhofskapelle kaum ertragen. Später begann ich, das Bild anders zu verstehen. So wie dieser Jesus hier immer noch am Kreuz hängt, so leidet er auch heute noch mit allen mit, die von Trauer und Schmerzen gequält werden. Gott ist den Menschen nahe, über alle Zeiten hinweg. Er weiss, was Leiden bedeutet. Er trägt mit, auch wenn er den Schmerz nicht einfach wegtragen kann. So ist mir dieses schreckliche Bild auch zu einem Trostbild geworden.»

Die Grossmutter hält inne. Ihr Blick wandert vom Kreuz über die brennende Kerze zu Stefan. Mit einem Lächeln fährt sie fort: «Ich finde es aber gut, dass es nicht nur solche Kreuzesdarstellungen mit dem leidenden Jesus gibt. Ein Gott, der nur mitleidet, könnte ja auch nicht viel ausrichten. Aber dass Jesus gelitten hat und gestorben ist, ist ja nicht das Ende der Geschichte. Man könnte den Buchstaben o bei t – o – t auch anders verstehen: Mitten zwischen diesen Kreuzen ist ein runder Raum, ein offenes Grab. An diesem leeren Ort geschieht ein Geheimnis. Niemand kann es wirklich fassen. Es ist ein Geheimnis des Glaubens: Da, wo alles aus zu sein scheint, entsteht neues Leben. Jesus ist auferstanden. Und so steht das Kreuz auch dafür, dass etwas Neues aus dem Leiden entsteht: neue Freude, neues Leben.»

Stefan und seine Grossmutter schweigen. Es ist, als wollten sie das Geheimnis nicht weiter zerren. Dann verlassen sie die Kirche und gehen über den Friedhof. Am Grab des Grossvaters bleibt Stefan nochmals stehen. «Schau, Grosi, schau!» Stefan deutet auf eine Stelle, wo das Kreuz des Grossvaters mit Moos überwachsen ist. Das Moos blüht! Ganz fein und zart sind die kleinen Blüten. Da spriesst Leben aus dem Holz! «Das ist schön!», staunt die Grossmutter. «So wird das Kreuz zum Lebensbaum! Holz, das blüht, erinnert uns daran, dass Leben nicht verloren gehen kann. Es ist aufgehoben bei Gott. Es gibt ein Leben nach dem Sterben. Wie das wohl sein wird?»

Ein Haupt und viele Glieder

Andrea Herzog Kunz, Ralph Kunz

Zum Inhalt:	Phoebe, Tochter eines Hauslehrers und Sklaven in Korinth, sagt offen, was sie denkt: Sie findet es ungerecht, dass die Reichen, die nicht arbeiten müssen, mit dem Essen vor dem Gottesdienst nicht auf die Sklaven warten. Da kann man nichts machen, findet der Vater. Doch Phoebe ist anderer Meinung und wird aktiv.
Biblischer Bezug:	1Kor 11,17–34; 1Kor 12,12–27
Stichwörter:	Armut, Familie, frühes Christentum, Gemeinschaft, Gender, Gerechtigkeit, Gottesdienst, Konflikt, Mahl, Mut, Reichtum, Sklavinnen und Sklaven, Solidarität, Symbole
Bezug zur Arbeitshilfe:	AH4 / 5 Unsere Kirche lebt mit Symbolen / 3 Wir leben in Gemeinschaft; AH2 / 1 Wir gehören zusammen / 2 Ich gehöre dazu
Erzählzeit:	15'
Hinweise zur Gestaltung:	Eine Karte des Mittelmeerraums zur Zeit des Neuen Testamtens zeigen, auf der Korinth zu sehen ist. An der Stelle mit Sternchen (*) den Ortsnamen der eigenen Kirchgemeinde einfügen.

Unsere Geschichte führt uns zurück in eine Zeit vor beinahe 2000 Jahren, in die griechische Stadt Korinth. Korinth war damals eine bedeutende Stadt im römischen Reich, denn sie lag am Schnittpunkt vieler Handelsstrassen. *(Auf einer Karte zeigen, wo Korinth liegt.)* Handel und Handwerk blühten. Menschen aus unterschiedlichen Kulturen und mit verschiedenen Religionen lebten in Korinth. Einige Korinther waren sehr reich und hatten grosse Häuser, andere waren arm und hatten nur das Nötigste zum Leben, wieder andere waren Sklaven und mussten ihren Herren ein Leben lang ohne Lohn dienen.

Ich erzähle euch die Geschichte von Phoebe, einem Sklavenmädchen aus Korinth. Phoebe ist blitzgescheit, und wenn Phoebe heute in (*) lebte, würde sie in die vierte Klasse gehen. Aber damals gab es noch keine Schulen, wie wir sie heute kennen. Nur reiche Familien konnten es sich leisten, für ihre Kinder einen Hauslehrer anzustellen. In einem solchen Haus lebt Phoebe mit ihrer Familie. Phoebes Vater ist der Hauslehrer und, wie das oft der Fall ist, ein Sklave. Manchmal darf Phoebe beim Unterricht ihres Vaters dabei sein. Und so hat sie mit der Zeit lesen und schreiben gelernt.

In der Familie, der Phoebes Eltern dienen, sind alle Christen. Das ist etwas Besonderes, weil es in dieser Zeit noch nicht viele Christen gibt, auch keine Kirchen mit Orgeln, keinen Unti und keine Pfarrer. Nur wenige kennen die Geschichten von Jesus. Doch im Haus, in dem Phoebe und ihre Familie leben, kennt man sie. Zusammen mit einigen anderen Familien bildet diese Familie die erste christliche Gemeinde in Korinth. Einmal in der Woche feiern sie Gottesdienst. Dann kommen alle Christinnen und Christen in der grossen Halle des Hauses zusammen, essen zuerst Fladenbrot, Früchte und Fleisch und trinken Wasser und Traubensaft. Und dann feiern sie Gottesdienst, beten Psalmen und singen Lieder. Von Zeit zu Zeit kommt ein Brief von Paulus, der vorgelesen wird. Paulus hat in Korinth als Erster von Jesus erzählt und die Gemeinde gegründet. Beinahe ein Jahr hat Paulus in Korinth gelebt. Dann ist er weitergereist, um in einer anderen Stadt eine neue Gemeinde zu gründen. In seinen Briefen erinnert er die Korinther an Jesus und daran, was es bedeutet, an Jesus zu glauben: Dass sie wie eine grosse Familie zusammenleben und einander lieben und achten sollen, weil Gott jeden – ob reich oder arm, ob jung oder alt, ob Frau oder Mann – liebt und achtet.

Das ist alles andere als selbstverständlich. Und deshalb ist der Gottesdienst vor allem für die Sklaven und die Kinder, die sonst nichts zu sagen haben, jedes Mal ein Fest. Aber damit ist es eines Tages vorbei.
Und das kam so:

Als Phoebe und ihre Eltern an einem Abend nach der Arbeit in die Halle kommen, ist alles ratzeputz weggegessen. Kein Brot und kein Traubensaft. Nur ein paar Krüge Wasser stehen noch herum. Nicht einmal eine trockene Dattel haben die anderen übrig gelassen. Die anderen, das sind der Hausherr, seine Frau und seine

Kinder und die anderen reichen Familien. Die müssen nicht arbeiten und sind schon am Feiern, wenn die Sklaven noch arbeiten müssen. Phoebe und ihren Eltern knurrt der Magen. Aber die Eltern beschweren sich nicht. Schliesslich sind sie die Sklaven, und die andern dürfen befehlen. Sie sind es gewohnt, vieles zu ertragen.

Phoebe aber ist nicht nur gescheit, sie ist auch mutig. Und hin und wieder ein wenig frech. Als sie die leer gegessenen Platten und Schüsseln sieht, sagt sie laut und deutlich: «Das ist gemein!» Der Vater schaut sie streng an. Das sagt man doch nicht! Und so beten und singen sie alle, als ob nichts geschehen wäre. Als die Feier vorbei ist, zupft Phoebe ihren Vater am Ärmel und fragt: «Du, Papa, ich hatte doch recht, oder? Paulus hat uns doch erzählt, dass Jesus alle eingeladen hat. Und alle haben zu essen bekommen!» Der Vater sieht sie traurig an. «Ja, das stimmt, aber weisst du, wir sind halt nur Sklaven.» Phoebe versucht es noch einmal und sagt: «Trotzdem, das war gemein. Kann man denn nichts machen?» «Warten wir es ab», meint der Vater, «vielleicht ist es nächste Woche besser.» Und so machen sie es auch.

Doch nächste Woche ist es wieder dasselbe. Das Essen ist weggeputzt, als die Sklaven kommen. Niemand scheint das zu kümmern. Jetzt nimmt der Vater seinen ganzen Mut zusammen und sagt zum Hausherrn: «Herr, es ist nicht recht, dass ihr uns nichts übrig lasst. Wir haben den ganzen Tag hart gearbeitet und sind sehr hungrig. Wir Christen sind doch wie eine Familie. Warum habt ihr nicht auf uns gewartet?»

Der Hausherr sieht Phoebes Vater etwas verlegen an und erwidert dann: «Ihr müsst halt selbst schauen, wie ihr zu eurem Essen kommt. Im Himmel sind wir dann alle gleich. Aber jetzt können wir nicht so tun, als wärt ihr wie wir. Das musst du verstehen. Ich bin der Herr und du bist mein Sklave. Du hast mir zu gehorchen, so, wie deine vorlaute Tochter dir gehorchen sollte. Weisst du, das ist so: Ich bin der Kopf, und du bist eben nur ein Fuss oder eine Hand.»

Phoebes Vater nickt traurig. Da gibt es nichts mehr zu diskutieren. Es ist so, wie es ist.

Phoebe hört das Gespräch mit an und ist ganz und gar nicht einverstanden. Doch für einmal hält sie ihren Mund. Sie hat eine bessere Idee. Spät abends, als alle im Haus schon schlafen, steht sie noch einmal auf und schleicht auf leisen Sohlen durchs Haus. Sie stiehlt sich ins Zimmer, in dem ihr Vater unterrichtet. Dort stehen die Wachstafeln im Gestell, in die die Kinder die Buchstaben einritzen. Auf dem weichen Wachs kann man mit einem Holzstift schreiben. Eine solche Tafel holt sich

Phoebe und beginnt zu schreiben: «L i b e r P a u l us.» Phoebe muss sich richtig Mühe geben, es ist nicht leicht im Dunkeln. «E s i s t u n g e r e c h t.» Phoebe merkt, dass sie sehr müde ist, ihr fallen beinahe die Augen zu. Ich muss morgen weiterschreiben, denkt sie und lässt, ohne weiter zu überlegen, die Wachstafel auf dem Tisch liegen. Bald ist sie zurück in ihrem Bett und schläft tief.

In dieser Nacht aber kann ein anderer nicht schlafen. Es ist Phoebes Vater. Unruhig wälzt er sich hin und her. Als er es nicht mehr aushält, steht er auf und geht ins Unterrichtszimmer. Die Wachstafel fällt ihm sofort auf. Er nimmt sie und liest: «L i b e r P a u l us. E s i s t u n g e r e c h t.»

Ja, das ist wahr, denkt der Vater, und ich weiss auch, wer das geschrieben hat. Und dann setzt sich der Vater hin und beginnt seinen Brief – auf Papyrus – mit denselben Worten: «Lieber Paulus. Es ist ungerecht …» Als er fertig ist, rollt er den Papyrus zusammen. Er kennt einen Händler, der den Brief dem Paulus überbringen wird.

Niemand weiss von dem Brief, auch Phoebe nicht. Eine Woche vergeht. Und noch eine Woche. Und noch eine Woche. Nichts verändert sich. Immer wieder essen die Reichen alles weg, bevor die Sklaven zur Feier kommen können. Aber dann, eines Tages, steht der Hausherr nach dem Singen auf. «Geschwister», sagt er, «unser Bruder Paulus hat uns einen Brief geschickt.» Ein Raunen geht durch die Menge. Alle freuen sich. «Ich bin gespannt, was Paulus uns schreibt. Hört gut zu!» Und der Hausherr liest vor:

«Brüder und Schwestern in unserem Herrn Jesus Christus. Einige unter euch haben mir berichtet, dass ihr bei euren Zusammenkünften nicht aufeinander wartet und diejenigen, die zuerst da sind, den anderen alles wegessen. Wisst ihr nicht, dass ihr damit das Gegenteil von dem tut, was Jesus euch lehrt? Ihr könnt nicht die, die später kommen, hungern lassen und dann zusammen Gottesdienst feiern. Wartet aufeinander! Ihr seid doch wie ein Leib und gehört zusammen. Oder sagt etwa euer Kopf zur Hand: ‹Ich bin der Chef, du machst ja nur die Drecksarbeit›? Oder reklamiert euer Bauch und sagt dem Mund: ‹Hör auf zu essen, du Schlabbermaul. Ich will nicht mehr verdauen›? Oder prahlt das Auge und sagt zum Ohr: ‹Du blödes, blindes Ohr. Sehen ist tausendmal wichtiger als Hören›? Oder sagt die Nase zum Fuss und rümpft sich dabei: ‹Ich bin ganz oben und du ganz unten. Mit dir will ich nichts zu tun haben. Ausserdem stinkst du›? – Nein. Also seid auch ihr *ein* Leib, und Christus ist das Haupt.»

Als der Hausherr fertiggelesen hat, blinzelt Phoebe ihrem Vater zu. Einige haben einen roten Kopf bekommen. Ob sie sich ärgern oder schämen? Jedenfalls essen und feiern die Korinther von diesem Tag an wieder zusammen. Und den Brief des Paulus bewahren sie auf und sammeln ihn zusammen mit anderen Briefen. Phoebe schreibt den Brief ab, und später schreibt ihn Phoebes Tochter ab. So geht es immer weiter.

Und so kommt es, dass dieser Brief von Paulus an die Korinther zusammen mit den Geschichten von Jesus und seinen Jüngern ein Teil der Bibel geworden ist. Wir können ihn noch heute lesen.

Das Mahl in Korinth

Jens Naske

Zum Inhalt: Als der Tagelöhner Quintus am Sonntagabend müde und hungrig zur Versammlung der Christengemeinde in Korinth kommt, sind die Platten und Teller leer gegessen. Wieder einmal haben die Reichen, die nicht arbeiten müssen, mit dem Essen nicht auf die Tagelöhner, Sklavinnen und Sklaven gewartet. Und niemand findet das schlimm, niemand ausser Priscilla.

Biblischer Bezug: 1Kor 11,17–34

Stichwörter: Armut, frühes Christentum, Gemeinschaft, Geschichte und Umwelt, Gottesdienst, Konflikt, Mahl, Männer- und Frauenbilder, Reichtum, Schuld, Sklavinnen und Sklaven, Solidarität, Tagelöhner, Vergebung

Bezug zur Arbeitshilfe: AH4 / 5 Unsere Kirche lebt mit Symbolen / 3 Wir leben in Gemeinschaft; AH2 / 1 Wir gehören zusammen / 2 Ich gehöre dazu; AH3 / 3 Abendmahl

Erzählzeit: 15'

Hinweise zur Gestaltung: Die Mitte mit Brot, Oliven, Datteln, Traubensaft gestalten. Nach dem Erzählen die Speisen miteinander teilen und sich über die Geschichte austauschen.

Es ist Sonntagnachmittag in Korinth, der grossen griechischen Hafenstadt. Quintus sitzt auf einem Sack am Kai. Er ist Tagelöhner. Er entlädt die Schiffe im Hafen. Immer wenn ein Schiff anlegt, steht Quintus mit all den anderen da, die auch Arbeit suchen, und hofft, dass er ausgewählt wird. «Nehmt mich!», ruft er dann. «Nehmt mich, ich arbeite für zwei!» Und alle anderen rufen das auch. Heute war kein guter Tag für Quintus. Denn immer wenn ein Schiff angekommen ist, wurden andere genommen. So hat Quintus bis jetzt noch gar nichts verdient.

Zum Glück ist heute Sonntag, denkt Quintus. Er gehört nämlich zur Christengemeinde in Korinth. Immer am Sonntag kommen alle Christinnen und Christen zusammen. Zuerst wird gemeinsam gegessen und getrunken, so wie Jesus es mit seinen Jüngern oft gemacht hat. Dazu bringen alle etwas mit, soweit es ihnen denn möglich ist. Quintus kann nur selten etwas mitbringen. Aber es sind ja auch Reichere in der Gemeinde. Titius Iustus zum Beispiel, der Vorsteher der Gemeinde, er ist ein erfolgreicher Kaufmann. Oder Aquila und Priscilla, die vor kurzem aus Rom nach Korinth gekommen sind: Sie haben eine gut gehende Zeltmacherwerkstatt. Die Reichen bringen so viel mit, dass es für alle reicht. Nach dem Essen wird Gottesdienst gefeiert. Dann werden Worte aus der Heiligen Schrift gelesen, es wird gesungen, gebetet und das Abendmahl gefeiert. Und heute, so ist es in der vergangenen Woche angekündigt worden, heute wird im Gottesdienst auch ein Brief von Paulus, dem grossen Apostel, vorgelesen. Paulus hat die Gemeinde vor einigen Jahren gegründet. Quintus freut sich auf den Gottesdienst – und auch auf das gute Essen.

Gerade läuft ein ägyptisches Schiff in den Hafen ein. Schon sammeln sich die Tagelöhner an der Kaimauer. Quintus überlegt. In drei Stunden fängt die Zusammenkunft der Christen an. Genau so lange würde es dauern, das Schiff zu entladen. Soll er sich noch um Arbeit bemühen? Ja, er braucht das Geld. Er wird dann direkt vom Hafen zur Versammlung gehen. So stellt sich Quintus schnell zu den anderen Tagelöhnern und ruft: «Nehmt mich! Nehmt mich!» Der Kapitän kommt den Anlegesteg herunter und schaut sich die Arbeitssuchenden an. Dann zeigt er auf die, die er nehmen will: «Du, du, du.» Leider zeigt er dabei nicht auf Quintus. Wie viele würde er noch brauchen? «Du, du, du», sagt der Kapitän. «Du, du, du und ... du.» Beim letzten «Du» zeigt der Kapitän auf Quintus. Der ist erleichtert.

Drei Stunden später geht Quintus müde, aber zufrieden die Strasse entlang. Er würde es noch rechtzeitig zur Versammlung schaffen. Er freut sich auf seine Freunde in der Gemeinde, er sieht sie ja nur am Sonntag. Und er freut sich auf das gemeinsame Essen. Vielleicht gibt es heute wieder das feine Olivenbrot und den Wein aus Sizilien, den Titius Iustus öfter mitbringt. Schliesslich ist die Versammlung heute in seinem Haus. An den letzten Sonntagen ist es allerdings zu Missstimmungen gekommen. Diejenigen, die am Sonntag nicht arbeiten müssen, hatten schon vor dem vereinbarten Zeitpunkt mit dem Essen begonnen. Für die Tagelöhner und Sklaven war fast nichts übrig geblieben. Letzten Sonntag haben sie darüber gesprochen, dass das so nicht gehe. Und sie haben vereinbart, mit dem Essen aufeinander zu warten. Deswegen wollte Quintus heute auch ganz pünktlich sein.

Wenig später sieht er auch bereits das Haus von Titius Iustus. Schon von draussen hört Quintus ein lautes Stimmengewirr. Zum Glück kommt er rechtzeitig. Quintus klopft an die Tür. Doch niemand öffnet. Noch einmal klopft Quintus, diesmal lauter. Er hört Schritte, dann öffnet Aquila. Aquila küsst Quintus zur Begrüssung, so ist es unter Christen üblich. Riecht Aquila nicht nach Wein?, fragt sich Quintus und sagt: «Habt ihr etwa schon mit dem Essen angefangen?» «Na ja, die meisten von uns waren heute schon früh hier. Da dachten wir, es ist nicht so schlimm, wenn wir schon mal anfangen.»
Quintus und Aquila betreten den Versammlungsraum. Da sitzen sie alle an gedeckten Tischen, manche liegen auch. Alle scheinen sich bestens zu amüsieren. Die Schalen und Teller auf den Tischen, auf denen die Speisen gelegen haben, sind fast leer. Quintus steht da wie angewurzelt. «Quintus», ruft Titius Iustus, «komm, setz dich zu uns. Zu essen gibt es zwar nicht mehr viel, aber Wein hat es noch genug.» Doch Quintus mag sich nicht setzen. Er ist enttäuscht, ja er ist wütend. Sie haben schon wieder nicht gewartet!

Da klopft es noch einmal. Priscilla, Aquilas Frau, ist gekommen, zusammen mit einigen Sklavinnen und Sklaven, die auch zur Christengemeinde gehören. Was Priscilla zu sehen bekommt, entrüstet sie: «So geht das nicht!», ruft sie laut. «Wer hat euch erlaubt, vorher anzufangen? Haben wir nicht abgemacht, dass das nicht mehr vorkommt? – Titius Iustus! Das hier ist dein Haus! Warum hast du nicht dafür gesorgt, dass die Ersten warten, bis alle da sind?»
«Nun ja», verteidigt sich Titius Iustus, «einige waren schon am Vormittag da, und da haben sie nach dem feinen Wein aus Sizilien gefragt. Und dann haben wir ein Gläschen getrunken und dann noch eins, und dann kamen noch andere, und ich weiss auch nicht wie ... dann haben wir einfach angefangen mit dem Essen. Wir waren halt hungrig ...» «Wie lange seid ihr schon am Essen?», will Priscilla wissen. «So zwei Stunden vielleicht», antwortet Titius Iustus. «Zwei Stunden!», ruft Priscilla. «Und in dieser Zeit habt ihr nicht ein einziges Mal an unsere Abmachung gedacht?» «Nun ja, gedacht schon, aber es war so gemütlich und ...», murmelt Titius Iustus. Priscilla ist empört und entgegnet: «Und ihr wollt eine christliche Gemeinschaft sein, in der alle gleich sind? Egal ob arm oder reich, egal ob Sklave oder Freier, egal ob Römer, Grieche oder Ausländer, egal ob Mann oder Frau?»

Das hat gesessen! Es ist ganz still im Raum. Alle schauen auf Priscilla. Quintus ist froh, dass Priscilla so klare Worte gesprochen hat. Das hätte er sich nie getraut. Er ist ja nur ein Tagelöhner. Priscilla lässt ihren Blick durch den Raum schweifen. Dann nimmt sie eine Schriftrolle hervor. «Eigentlich wollte ich den Brief von Paulus erst später im Gottesdienst lesen. Aber ich glaube, jetzt ist der richtige Zeitpunkt. Hört zu!»

(Die Lehrperson liest 1Kor 11,17–26.33 vor.)

Alle sind betroffen und schweigen. Irgendwann steht Titius Iustus auf, räumt seinen Platz am Ende des Tischs auf, stellt die Reste der Speisen zusammen und holt ein frisches Trinkglas. Er geht auf Quintus zu, verneigt sich vor ihm, führt Quintus an seinen eigenen Platz am Kopf des Tischs, schenkt ihm ein Glas Wein ein und sagt: «Es ist zwar nicht mehr viel, aber bitte, greif zu!» Alle Augen sind auf Quintus gerichtet, das ist ihm unangenehm. Sein Zorn ist noch nicht ganz verflogen. Doch im Gesicht von Titius Iustus sieht er echtes Bedauern. So greift Quintus in die Schale mit den Oliven und steckt sich zwei in den Mund. Erleichterung geht durch den Raum. Sogar Priscilla schaut nicht mehr so streng. Noch einmal nimmt Quintus von den Oliven und trinkt einen Schluck Wein. Dann stehen andere auf und tun es Titius Iustus nach. Sie machen Platz für die Sklaven und Sklavinnen und die anderen Tagelöhner. Zusammen mit Titius Iustus gehen sie in die Küche und den Vorratsraum und holen, was noch zu holen ist.
Als sich alle satt gegessen haben, ergreift Titius Iustus das Wort. «Ich habe heute eine wichtige Lektion gelernt, was es bedeutet, eine christliche Gemeinschaft zu sein. Es tut mir sehr leid, liebe Brüder und Schwestern. Wie gut, dass wir Priscilla haben. – Nun möchte ich dich, Quintus, bitten, das Eingangsgebet für den Gottesdienst zu sprechen.» Ein weiteres Mal an diesem Abend spürt Quintus alle Blicke auf sich gerichtet. Diesmal ist es ihm nicht unangenehm. So betet er:
«Gott des Lebens, wir loben dich, dass wir eine Gemeinschaft sind. Lass uns einander gerecht werden. Lass uns immer vor Augen haben, wie Jesus mit den Menschen umgegangen ist. Sei bei uns in diesem Gottesdienst und schenke uns deinen Frieden!»
Und alle rufen laut: «Amen.»

Stichwortverzeichnis

Die Reihenfolge der Geschichten folgt dem Alphabet.

Geschichte aus der Geschichtenkiste	Seite	Bibel								Glaube leben						
		Gott	Jesus von Nazaret	Prophet/-in	Jünger/-in/Nachfolge	Reich Gottes	Botschaft/Engel	Wunder/Heilung	Tora/Gesetz/Heilige Schrift	Geschichte und Umwelt	Gerechtigkeit	Frieden/Versöhnung/Heil	Schöpfung	Solidarität/Teilen	Herrschaft/Retter	Begegnung	Glaube/Vertrauen
Andreas und Simeon warten auf den Retter	29								x	x					x		
An(n)a und zweimal Fabian	15																
Aus Kleinem entsteht Grosses	59																
Bei Jesus werden alle satt	83		x					x		x				x			
Das blaue Katzenkissen	25																
Das kostbare Buch	57	x							x								
Das Mahl in Korinth	133									x				x			
David, der Hirt	105	x															
Der Engel bringt Maria eine Botschaft	27						x			x						x	
Der Engel mit dem Zaubersack	67						x										
Der Himmel über Lea	119		x				x	x			x					x	
Der Oberzöllner Zachäus	75		x							x		x		x	x		
Der Sprung aus dem Paradies	97															x	
Der zwölfjährige Jesus im Tempel	33		x						x								
Die ersten Jünger	113		x		x		x		x							x	x
Die Prophetin Mirjam singt und tanzt	39			x													
Ein Besuch, der das Leben von Zachäus verändert	79		x		x											x	
Ein Haupt und viele Glieder	129										x			x			
Ein wundersamer Ausflug	85		x					x						x			
Eine Oster-Steingeschichte	71								x								
Familie Meister und das Hochzeitsfest	19																

					Spiritualität						Kirche und Kirchenjahr									Lebenswelt						
Hoffnung/Mut/Trost	Leiden/Sterben/Tod/Trauer	Schuld/Vergebung	Angst/Notlage	Konflikt	Gottesdienst	Lob/Anbetung/Dank	Klage/Fürbitte	Unservater/Beten	Segen	Achtsamkeit	Advent/Weihnachten	Passion/Karwoche	Ostern/Auferstehung	Pfingsten/Heilige Geistkraft	Abendmahl	Taufe	Gemeinschaft	Symbole/Rituale	Kirche heute	Männer- und Frauenbilder/Gender	Familie/Geschwister	Grosseltern/Paten	Kirchlicher Unterricht/Schule	Freundschaft	Humor/Spass	Spannung/Abenteuer
×	×		×	×							×															
																		×	×	×			×			
				×																		×	×	×		
	×																	×			×			×		
																					×	×				
			×		×	×											×			×						
×				×					×																	
											×															
					×																				×	
	×				×	×																				
		×																								
×			×																		×					×
									×																	
					×		×																			
		×																							×	
×				×	×													×	×		×	×				
																									×	
												×	×													×
										×								×	×		×					

Geschichte aus der Geschichtenkiste	Seite	Bibel									Glaube leben						
		Gott	Jesus von Nazaret	Prophet/-in	Jünger/-in/Nachfolge	Reich Gottes	Botschaft/Engel	Wunder/Heilung	Tora/Gesetz/Heilige Schrift	Geschichte und Umwelt	Gerechtigkeit	Frieden/Versöhnung/Heil	Schöpfung	Solidarität/Teilen	Herrschaft/Retter	Begegnung	Glaube/Vertrauen
Fisch und Brot – eine Ostergeschichte	73		x		x			x									
Grossvater, Franz und die Schöpfung	43	x											x				
Hat Tikwa umsonst gehofft?	81		x									x					
Heilsame Begegnungen am Sabbat	121		x					x	x							x	
Hoch – höher – am höchsten	101													x			
In der Wüste: Erinnerung an den Auszug aus Ägypten	37																x
In Gottes Welt gelten andere Regeln	115		x			x											
Jesus kommt in seine Heimatstadt zurück	111		x	x					x								x
Jesus segnet die Kinder	51		x			x											
König David gibt das Zepter weiter	107	x								x							
Levi und die Juden im babylonischen Exil	93	x		x						x							x
Manna	41																x
Marie und Luca feiern Hochzeit. Eine romantische Geschichte zu den Bildern von M10	21																
Noomi und Rut	63													x			
Pfingsten – ein stürmischer Neuanfang	87				x		x										
Simon besucht seine Gotte	17																
Simon, Natan und die Taufe der Johannes	53			x													
Streng geheim!	123				x				x								
Vom Kreuz zum Lebensbaum	127																
Warum nicht ich?	89											x					
Was ist Gottes Wille?	61	x										x					x
Wasser ist Leben	55												x				
Wenn Hirten zu Königen werden	31		x			x	x			x		x				x	

	Spiritualität						Kirche und Kirchenjahr									Lebenswelt						
Hoffnung/Mut/Trost	Leiden/Sterben/Tod/Trauer	Schuld/Vergebung	Angst/Notlage	Konflikt	Gottesdienst	Lob/Anbetung/Dank	Klage/Fürbitte	Unservater/Beten	Segen	Achtsamkeit	Advent/Weihnachten	Passion/Karwoche	Ostern/Auferstehung	Pfingsten/Heilige Geistkraft	Abendmahl	Taufe	Gemeinschaft	Symbole/Rituale	Kirche heute	Männer- und Frauenbilder/Gender	Familie/Geschwister	Grosseltern/Paten	Kirchlicher Unterricht/Schule	Freundschaft	Humor/Spass	Spannung/Abenteuer
×												×	×		×											
								×		×												×			×	
×			×																							
						×	×																			
			×	×																×						×
×			×																							
																		×					×			
							×																			
									×											×						
		×					×																			
			×		×		×																	×		
			×																							
									×									×	×							
	×		×																	×	×			×		
														×	×											
																			×			×				
		×													×											
×					×			×								×										×
×	×																	×				×				
		×		×																			×		×	×
×	×																					×				
										×														×	×	
											×															

Verzeichnis der Bibelstellen

Bibelstelle	Geschichte aus der Geschichtenkiste	Seite
Gen 1,1–2,4	Grossvater, Franz und die Schöpfung	43
Gen 3,1–13.17–23	Der Sprung aus dem Paradies	97
Gen 11,1–9	Hoch – höher – am höchsten	101
Ex 1–15	Die Prophetin Mirjam singt und tanzt	39
	Manna	41
Ex 5–15	In der Wüste: Erinnerung an den Auszug aus Ägypten	37
Ex 7–12	Levi und die Juden im babylonischen Exil	93
Ex 16	Manna	41
Rut	Noomi und Rut	63
1Sam 16,11; 17,34–36a	David, der Hirt	105
1Kön 1f	König David gibt das Zepter weiter	107
2Kön 24,14–16; 25,11f	Levi und die Juden im babylonischen Exil	93
1Chr 16f; 28f	König David gibt das Zepter weiter	107
Ps 23	David, der Hirt	105
Ps 23,2	Wasser ist Leben	55
Ps 103,14–16	Das blaue Katzenkissen	25
Ps 104	Grossvater, Franz und die Schöpfung	43
Ps 137	Levi und die Juden im babylonischen Exil	93
Spr 25,25f	Wasser ist Leben	55
Jes 41,17f	Wasser ist Leben	55
Jer 29	Levi und die Juden im babylonischen Exil	93
Ez 12	Levi und die Juden im babylonischen Exil	93
Mt 5,1–11	In Gottes Welt gelten andere Regeln	115
Mt 6,9	Das kostbare Buch	57
Mt 6,10a	Aus Kleinem entsteht Grosses	59
Mt 6,10b	Was ist Gottes Wille?	61
Mt 6,11	Noomi und Rut	63
Mt 6,12	Warum nicht ich?	89
Mt 6,13	Der Engel mit dem Zaubersack	67
Mt 7,12	Warum nicht ich?	89
Mt 13,31f	Aus Kleinem entsteht Grosses	59
Mt 13,53–58	Jesus kommt in seine Heimatstadt zurück	111
Mt 18,20	An(n)a und zweimal Fabian	15
Mk 1,4–10	Simon, Natan und die Taufe des Johannes	53
Mk 10,13–16	Jesus segnet die Kinder	51
Mk 15,20–26	Vom Kreuz zum Lebensbaum	127
Mk 15,20–16,8	Eine Oster-Steingeschichte	71
Lk 1,26–38	Der Engel bringt Maria eine Botschaft	27
Lk 2,1–3	Andreas und Simeon warten auf den Retter	29
Lk 2,8–20	Wenn Hirten zu Königen werden	31
Lk 2,41–52	Der zwölfjährige Jesus im Tempel	33
Lk 4,16–30	Jesus kommt in seine Heimatstadt zurück	111
Lk 5,1–11	Die ersten Jünger	113
Lk 6,17–26	In Gottes Welt gelten andere Regeln	115
Lk 6,31	Warum nicht ich?	89

Bibelstelle	Geschichte aus der Geschichtenkiste	Seite
Lk 11,2	Das kostbare Buch	57
Lk 11,4	Der Engel mit dem Zaubersack	67
Lk 13,1–17	Der Himmel über Lea	119
	Heilsame Begegnungen am Sabbat	121
Lk 19,1–10	Der Oberzöllner Zachäus	75
	Ein Besuch, der das Leben von Zachäus verändert	79
	Hat Tikwa umsonst gehofft?	81
Joh 6,1–15	Bei Jesus werden alle satt	83
	Ein wundersamer Ausflug	85
Joh 12,32–34	Vom Kreuz zum Lebensbaum	127
Joh 21,1–14	Fisch und Brot – eine Ostergeschichte	73
Apg 2,1–41	Pfingsten – ein stürmischer Neuanfang	87
Röm 8,35	Streng geheim!	123
1Kor 1,18f	Vom Kreuz zum Lebensbaum	127
1Kor 11,17–34	Das Mahl in Korinth	133
	Ein Haupt und viele Glieder	129
1Kor 12,4–6	Simon besucht seine Gotte	17
1Kor 12,12–27	Ein Haupt und viele Glieder	129
1Kor 13,4–7	Familie Meister und das Hochzeitsfest	19
	Marie und Luca feiern Hochzeit. Eine romantische Geschichte zu den Bildern von M10	21
2Kor 12,10	Streng geheim!	123
2Thess 1,4	Streng geheim!	123

Autorinnen und Autoren und ihre Geschichten

Autor/-in	Titel der Geschichte	Seite
Margit Alija-Walder	Der Sprung aus dem Paradies	97
	Hoch – höher – am höchsten	101
	König David gibt das Zepter weiter	107
Mirjam Fisch-Köhler	Bei Jesus werden alle satt	83
	Die Prophetin Mirjam singt und tanzt	39
Susanne Gugger	Simon, Natan und die Taufe der Johannes	53
Barbara Hefti	Aus Kleinem entsteht Grosses	59
	Heilsame Begegnungen am Sabbat	121
	Was ist Gottes Wille?	61
Andrea Herzog Kunz, Ralph Kunz	Ein Haupt und viele Glieder	129
Ursula Kaufmann	Levi und die Juden im babylonischen Exil	93
	Streng geheim!	123
Anita Keiser	Der Engel bringt Maria eine Botschaft	27
	Der zwölfjährige Jesus im Tempel	33
	Die ersten Jünger	113
	In der Wüste: Erinnerung an den Auszug aus Ägypten	37
	Jesus kommt in seine Heimatstadt zurück	111
	Manna	41
	Noomi und Ruth	63
Roswith Krummenacher	David, der Hirt	105
Irène Lehmann-Gysin	Jesus segnet die Kinder	51
Doris Müller	Grossvater, Franz und die Schöpfung	43
Jens Naske	Das Mahl in Korinth	133
	Der Oberzöllner Zachäus	75
Nadja Papis-Wüest	An(n)a und zweimal Fabian	15
	Das blaue Katzenkissen	25
	Wasser ist Leben	55
	Wenn Hirten zu Königen werden	31
Karin Pfister	Ein wundersamer Ausflug	85
Esther Ramp	Familie Meister und das Hochzeitsfest	19
	Simon besucht seine Gotte	17
Manuela Raschle-Kundert	Ein Besuch, der das Leben von Zachäus verändert	79
Regina Sauer	Marie und Luca feiern Hochzeit. Eine romantische Geschichte zu den Bildern von M10	21
Lukas Spinner	Das kostbare Buch	57
	Der Engel mit dem Zaubersack	67
	Warum nicht ich?	89
Felix Studer-Wehren	Hat Tikwa umsonst gehofft?	81
Sabine Stückelberger	Eine Oster-Steingeschichte	71
	Fisch und Brot – eine Ostergeschichte	73
	Pfingsten – ein stürmischer Neuanfang	87
Rahel Voirol-Sturzenegger	Andreas und Simeon warten auf den Retter	29
	In Gottes Welt gelten andere Regeln	115
	Vom Kreuz zum Lebensbaum	127
Sandra Wey-Barth	Der Himmel über Lea	119

Literaturtipps für kreative Methoden und Gestaltungsformen des Erzählens

Ines Jenny-Richterhofen. *Kindern die Bibel erzählen. Geschichten, Methoden und Ideen.* **Grosse Werkbücher. Mit CD-Rom. Verlag Herder, Freiburg i. Br. 2011**

Anhand von 25 biblischen Geschichten werden unterschiedliche Erzählmethoden gut verständlich, leicht nachvollziehbar und systematisch geordnet vorgestellt. Ziel der Methoden ist, biblische Geschichten für Kinder verschiedener Altersstufen so aufzubereiten, dass sie lebendig, spannend und anschaulich erzählt werden können. So werden aus scheinbar schwierigen Texten aufregende Erlebnisreisen. Das Buch eignet sich zum Selbststudium, aber auch zur Durchführung von Weiterbildungskursen.

Aus dem Inhalt: Erzählen mit Erlebnisperson, Erzählen mit Bildern, Rahmenerzählungen, Erzählungen mit Symbolhandlungen, Ich-Erzählungen, Erzählspiele mit Figuren

Birgit Brügge-Lauterjung/Rüdiger Maschwitz/Brigitte Messerschmidt/Heidrun Viehweg (Hrsg.). *Erzählen mit allen Sinnen. Ein Kreativbuch mit über 50 Methoden und biblischen Erzählbeispielen.* **Verlag Junge Gemeinde, Leinfelden-Echterdingen ⁴2014**

Das Erzählen biblischer Geschichten ist und bleibt zentral im kirchlichen Unterricht. Über 50 Ideen kreativen Erzählens werden nach einem einheitlichen Raster beschrieben und jeweils an einem Beispiel, z. T. mit Zeichnungen, erklärt. Die Anregungen sind durch die praktischen Beispiele leicht umzusetzen. Für die pädagogische Arbeit mit Kindern von 3 bis 13 Jahren.

Aus dem Inhalt: Erzählen mit Gegenständen (z. B. mit Legematerial), Erzählen mit Symbolen und Zeichenhandlungen (z. B. mit Kerzen oder einem Fühlsack), Erzählen mit Bildern (z. B. Kurbelkino oder Reibebildern), Erzählen mit Sprechzeichen, Erzählen mit darstellendem Spiel, Sprechchor und Bewegung, mit Puppen, mit Musik

Jochem Westhof. *Biblische Geschichten lebendig erzählen. Anregungen – Beispiele – Übungen.* **Gütersloher Verlagshaus, Gütersloh 2011**

Viele meinen, sie könnten nicht erzählen! Doch Erzählen ist keine geheimnisvolle Kunst, Erzählen kann man lernen. Dabei hilft dieses kleine Buch. Es stellt zunächst zwei Regeln vor, die die Grundlage für lebendiges Erzählen sind. Ergänzt werden die beiden Regeln mit einigen Tipps aus der Praxis des Erzählens. Mit seinen zahlreichen Beispielen und Übungsvorschlägen ist dieses Buch ein wertvoller Begleiter für alle, die fesselnd und spannend erzählen wollen.

Aus dem Inhalt: Die erste Regel – das innere Bild, Die zweite Regel: Benutze wörtliche Rede!, Zur Erzählpraxis – Besonderheiten und Tipps

Buchtipp
Buchstabe für Buchstabe

Käthi La Roche. *Buchstabe für Buchstabe. Den Glauben lesen lernen. Ein Buch für Kinder, Eltern und Grosseltern.* Illustriert von Hannes Binder. Theologischer Verlag Zürich, Zürich 2015
Buchstabe für Buchstabe gehen neue Welten auf, wenn Kinder lesen lernen. Buchstabe für Buchstabe erzählt Käthi La Roche eine (meist) biblische Geschichte nach und erklärt einen Grundbegriff aus der christlichen Tradition. Beim gemeinsamen Betrachten, Lesen und Erzählen tauchen Gross und Klein in die Welt des Glaubens ein. Das Buch macht Mut, miteinander über Fragen, Worte und Glaubensinhalte zu sprechen und das Alphabet des Glaubens zu lernen.

Geschichten aus *Buchstabe für Buchstabe* zu Sequenzen der Zürcher Unterrichtshilfen

- **A** wie Abraham, S. 10–13, zu AH2 / 4 Biblische Wandergeschichten / 1 Abraham und Sara brechen auf / 2 Gott hält sein Versprechen
- **B** wie Bibel, S. 21, zu AH4 / 1 Forschungsprojekt Bibel
- **C** wie Christophorus, S. 22–25, zu AH3 / 4 Pfingsten / 6 Christophorus
- **D** wie David, S. 28–33, zu AH4 / David – Leben im Vertrauen auf Gott / 1 Der Hirtenjunge David; AH4 / David – Leben im Vertrauen auf Gott / 2 Wer ist wirklich stark?
- **J** wie Jesus, S. 81–83, zu AH4 / 4 Wer ist Jesus?
- **K** wie Kain und Abel, S. 84–88, zu AH4 / 2 Urgeschichten – Urwahrheiten / 5 Gott will nicht, dass Menschen einander töten
- **K** wie Kreuz, S. 89f, zu AH4 / 5 Unsere Kirche lebt mit Symbolen / 2 Was das Kreuz bedeuten kann
- **M** wie Mose, S. 100–107, zu AH2 / 4 Biblische Wandergeschichten / 3 Das Volk Israel in Ägypten; AH2 / 4 Biblische Wandergeschichten / 4 Mose und der brennende Dornbusch
- **N** wie Noah, S. 110–114, zu AH3 / 1 Taufe / 2 Regenbogen
- **S** wie Samariter, S. 152–156, zu AH3 / 4 Pfingsten / 5 Der barmherzige Samaritaner
- **T** wie Taufe, S. 165f, zu AH3 / 1 Taufe / 3 Meine Taufe
- **U** wie Unser Vater, S. 172f, zu AH3 / 2 Das Unservater
- **V** wie der Verlorene Sohn, S. 174–178, zu AH3 / 3 Abendmahl / 5 Der verlorene Sohn
- **X** wie X-Öppis, S. 186–189, zu AH2 / 2 Die Kirche – ein besonderes Haus / 4 In der Kirche nehmen wir Abschied
- **Z** wie Zachäus, S. 194–198, zu AH3 / 3 Abendmahl / 4 Zachäus
- **Z** wie Zehn Gebote, S. 199–201, zu AH2 / 4 Biblische Wandergeschichten / 7 Am Berg Sinai

Die *Zürcher Unterrichtshilfen*: Alle Arbeitshilfen und Begleitmaterialien

Club 4, *Wir entdecken die Bibel* – Arbeitshilfe
mit Begleit-DVD und 36 Postenblättern (4. Schuljahr),
Schweizer Broschur DIN-A4, 269 Seiten, TVZ ²2012
ISBN 978-3-290-17652-5, CHF 70,00 • EUR 53,80

Club 4, *Wir entdecken die Bibel* – Begleit-DVD
(4. Schuljahr), TVZ 2012
ISBN 978-3-290-17645-7, CHF 20,00 • EUR 18,00

Club 4, *Wir entdecken die Bibel* – Schülerbuch
(4. Schuljahr), DIN-A4, 104 Seiten, TVZ ²2013
ISBN 978-3-290-17446-0, CHF 22,00 • EUR 17,50

3. Klass-Unti, *Wir leben Kirche* – Arbeitshilfe
mit Begleit-DVD (3. Schuljahr), Schweizer Broschur
DIN-A4, 262 Seiten, TVZ ²2012
ISBN 978-3-290-17651-8, CHF 70,00 • EUR 53,80

3. Klass-Unti, *Wir leben Kirche* – Begleit-DVD
(3. Schuljahr), TVZ 2012
ISBN 978-3-290-17644-0, CHF 20,00 • EUR 18,00

3. Klass-Unti, *Wir leben Kirche* – Schülerbuch
(3. Schuljahr), DIN-A4, 104 Seiten, TVZ ²2011
ISBN 978-3-290-17482-8, CHF 22,00 • EUR 17,50

minichile, *Wir gehören zusammen* – Arbeitshilfe
mit Begleit-DVD (2. Schuljahr), Schweizer Broschur
DIN-A4, 224 Seiten, TVZ ²2014
ISBN 978-3-290-17747-8, CHF 70,00 • EUR 53,80

minichile, *Wir gehören zusammen* – Begleit-DVD
(2. Schuljahr), TVZ 2014
978-3-290-17748-5, CHF 20,00 • EUR 18,00

minichile, *Wir gehören zusammen* – Schülerbuch
(2. Schuljahr) DIN-A4, 92 Seiten, TVZ ²2014
ISBN 978-3-290-17444-6, CHF 20,00 • EUR 15,90

Zu beziehen bei:
TVZ Theologischer Verlag Zürich
Badenerstrasse 73, CH-8004 Zürich
Tel. +41 (0)44 299 33 55, Fax +41 (0)44 299 33 58
tvz@ref.ch – www.tvz-verlag.ch

Die Zürcher Unterrichtshilfen werden von der
Evangelisch-reformierten Landeskirche des
Kantons Zürich herausgegeben und erscheinen
im Theologischen Verlag Zürich.

Kartensätze zur Arbeitshilfe minichile, Wir gehören zusammen
AH2 / 1, Sequenz 2 *Ich gehöre dazu* (12 Karten)
CHF 4,00 • EUR 2,50
AH2 / 1, Sequenz 3 *Ein Haus auf gutem Grund gebaut* (12 Karten)
CHF 4,00 • EUR 2,50
AH2 / 2, Sequenz 3 *In der Kirche feiern wir* (16 Karten)
CHF 5,00 • EUR 3,00
AH2 / 2, Sequenz 4 *In der Kirche nehmen wir Abschied* (12 Karten)
CHF 4,00 • EUR 2,50

Kartensätze zur Arbeitshilfe 3. Klass-Unti, Wir leben Kirche
AH3 / 1, Sequenz 7 *Taufbilder aus aller Welt* (12 Karten)
CHF 4,00 • EUR 2,50
AH3 / 4, Sequenz 2 *Zeichen von Gottes Geist* (12 Karten)
CHF 4,00 • EUR 2,50
AH3 / 4, Sequenz 5 *Menschen, die gut miteinander umgehen* (12 Karten)
CHF 4,00 • EUR 2,50

Poster zur Arbeitshilfe 3. Klass-Unti, Wir leben Kirche
AH3 / 1, Sequenz 4 *Die Taufe von Jesus* (Joachim Schuster)
67 × 67 cm farbig, CHF 4,00 • EUR 2,50
AH3 / 1, Sequenz 7 *Taufbilder aus aller Welt*
85 × 60 cm farbig, CHF 4,00 • EUR 2,50
AH3 / 3, Sequenz 3 *Unterwegs nach Emmaus* (Janet Brooks Gerloff)
85 × 60 cm farbig, CHF 4,00 • EUR 2,50
AH3 / 4, Sequenz 1 *Pfingsten* (Joachim Schuster)
98 × 49 cm farbig, CHF 4,00 • EUR 2,50

Die Preise verstehen sich zuzüglich Versandkosten.

Lieder- und Playback-CDs mit allen Lieder der Schülerbücher
minichile – Lieder-CD
gegen Versandkosten

minichile – Playback-CD
gegen Versandkosten

3. Klass-Unti – Lieder-CD
gegen Versandkosten

3. Klass-Unti – Playback-CD
gegen Versandkosten

Club 4 – Lieder-CD
gegen Versandkosten

Club 4 – Playback-CD
gegen Versandkosten

Die CDs werden gegen Erstattung der Versandkosten kostenlos abgegeben.

Zu beziehen bei:
Evangelisch-reformierte Landeskirche des Kantons Zürich
Abteilung Kirchenentwicklung
Blaufahnenstrasse 10, Postfach, CH-8024 Zürich
Tel. +41 (0)44 258 92 00
kirchenentwicklung@zh.ref.ch – www.zh.ref.ch – www.rpg-zh.ch

 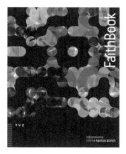

Konf, *Wir leben in Beziehungen* – Arbeitshilfe
mit 2 Begleit-DVDs und 103 Karten [Eure Wahl!]
für die Konfirmationsarbeit, Ringordner für DIN-A4,
702 Seiten, TVZ 2014
ISBN 978-3-290-17725-6, CHF 150,00 • EUR 115,00

Konf, *FaithBook. Inspirationen zum Glauben.*
Begleitbuch für die Jugendlichen, 80 Seiten
mit 18 QR-Codes, 17 × 22 cm, TVZ 2014
ISBN 978-3-290-17726-3, CHF 18,00 • EUR 13,80

JuKi, *Wir glauben in Vielfalt* – Arbeitshilfe
mit Begleit-DVD (5.–7. Schuljahr), Schweizer Broschur
DIN-A4, 483 Seiten, TVZ 2011
ISBN 978-3-290-17571-9, CHF 70,00 • EUR 53,80

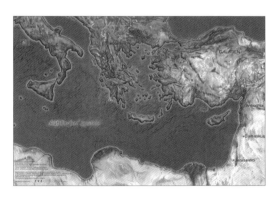

JuKi, *Auf Paulus' Spuren* – Poster DIN-A2
mit 30 farbigen Aufklebern zum Themenfeld 2
(5.–7. Schuljahr), TVZ 2011
ISBN 978-3-290-17572-6
Set à 7 Stück: CHF 28,00 • EUR 21,80

JuKi, *Mit vollem Einsatz. Ein Comic über das Leben
von Huldrych Zwingli* – Begleitheft zum Themenfeld 3
(5.–7. Schuljahr), DIN-A5, 32 Seiten, TVZ ²2014
ISBN 978-3-290-17573-3, CHF 6,00 • EUR 4,50

JuKi, *Menschen glauben in Vielfalt* – Begleitheft
zum Themenfeld 6 (5.–7. Schuljahr), DIN-A5,
32 Seiten, TVZ 2011
ISBN 978-3-290-17574-0, CHF 6,00 • EUR 4,50

Zu beziehen bei:
TVZ Theologischer Verlag Zürich
Badenerstrasse 73, CH-8004 Zürich
Tel. +41 (0)44 299 33 55, Fax +41 (0)44 299 33 58
tvz@ref.ch – www.tvz-verlag.ch

Die Zürcher Unterrichtshilfen werden von der
Evangelisch-reformierten Landeskirche des
Kantons Zürich herausgegeben und erscheinen
im Theologischen Verlag Zürich.